本书得到中国社会科学院创新工程项目及
教育部哲学社会科学研究重大课题攻关项目（13JZD005）资助

中国社会科学院文库
经济研究系列
The Selected Works of CASS
Economics

中国社会科学院创新工程学术出版资助项目

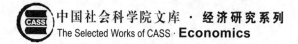

中国社会科学院文库 · 经济研究系列
The Selected Works of CASS · **Economics**

中国储蓄之谜的系统解析
——基于储蓄供需理论与人口结构视角

SYSTEMIC ANALYSIS OF THE CHINESE SAVING PUZZLE:
Based on Supply – Demand Theory for Saving and Demographic Structure

李 军 刘生龙 著

中国社会科学出版社

图书在版编目（CIP）数据

中国储蓄之谜的系统解析：基于储蓄供需理论与人口结构视角/
李军，刘生龙著 . —北京：中国社会科学出版社，2015.10
ISBN 978 - 7 - 5161 - 7129 - 5

I.①中… II.①李… ②刘… III.①储蓄—研究—中国 IV.①F832.22

中国版本图书馆 CIP 数据核字（2015）第 281966 号

出 版 人	赵剑英
责任编辑	卢小生
特约编辑	林 木
责任校对	周晓东
责任印制	王 超

出 版	中国社会科学出版社
社 址	北京鼓楼西大街甲 158 号
邮 编	100720
网 址	http：//www.csspw.cn
发 行 部	010 - 84083685
门 市 部	010 - 84029450
经 销	新华书店及其他书店

印 刷	北京君升印刷有限公司
装 订	廊坊市广阳区广增装订厂
版 次	2015 年 10 月第 1 版
印 次	2015 年 10 月第 1 次印刷

开 本	710×1000 1/16
印 张	19
插 页	2
字 数	318 千字
定 价	70.00 元

凡购买中国社会科学出版社图书，如有质量问题请与本社营销中心联系调换
电话：010 - 84083683

《中国社会科学院文库》出版说明

　　《中国社会科学院文库》（全称为《中国社会科学院重点研究课题成果文库》）是中国社会科学院组织出版的系列学术丛书。组织出版《中国社会科学院文库》，是我院进一步加强课题成果管理和学术成果出版的规范化、制度化建设的重要举措。

　　建院以来，我院广大科研人员坚持以马克思主义为指导，在中国特色社会主义理论和实践的双重探索中做出了重要贡献，在推进马克思主义理论创新、为建设中国特色社会主义提供智力支持和各学科基础建设方面，推出了大量的研究成果，其中每年完成的专著类成果就有三四百种之多。从现在起，我们经过一定的鉴定、结项、评审程序，逐年从中选出一批通过各类别课题研究工作而完成的具有较高学术水平和一定代表性的著作，编入《中国社会科学院文库》集中出版。我们希望这能够从一个侧面展示我院整体科研状况和学术成就，同时为优秀学术成果的面世创造更好的条件。

　　《中国社会科学院文库》分设马克思主义研究、文学语言研究、历史考古研究、哲学宗教研究、经济研究、法学社会学研究、国际问题研究七个系列，选收范围包括专著、研究报告集、学术资料、古籍整理、译著、工具书等。

中国社会科学院科研局

2006 年 11 月

目　录

绪　论

一　储蓄问题及其研究现状

储蓄是经济中十分重要的问题。在宏观层面,储蓄是一个国家或地区的投资基础,体现经济增长的潜力。在微观层面,储蓄是个人或家庭的未来消费,体现生活水平的保障能力。特别是在宏观经济中,储蓄的本质是决定经济成果的配置,决定积累与消费的关系,是深刻影响经济增长方式的基本因素。高储蓄有利于投资增长,但是,以牺牲消费水平为代价,并扩大净出口压力而影响外部经济。因此,一个重要国家的储蓄状况,既事关本国经济,也影响外部世界。

1978 年改革开放以来,中国经济实现了快速增长。1978—2013 年,中国 GDP 年均增长 9.8%,是同期世界上经济增长最快的国家。到 2010 年,中国 GDP 总量已居世界第 2 位。然而,在中国经济实现快速增长的过程中,储蓄率不断上升。1980 年中国的国民储蓄率为 34.5%,2013 年上升至 50.2%,提高了 15.7 个百分点;消费率则从 1980 年的 65.5%,下降至 2013 年的 49.8%。高储蓄对应着高投资。按可比价计算,1980—2013 年,中国的全社会固定资产投资年均增长 15.2%,高于同期 GDP 年均增速 6.6 个百分点;全社会固定资产投资与 GDP 的比率,从 1980 年的 20% 上升至 2013 年的 78.6%,提高了 58.6 个百分点,年均提高 1.8 个百分点。

上述数据表明,1978—2013 年,中国经济增长呈现出显著的"高储蓄、高投资、低消费"特征。为了扭转经济增长过于依赖投资驱动的局面,中国政府采取了多方面政策措施,旨在形成消费、投资、出口协调拉动经济增长的格局。然而,高储蓄、高投资、低消费的基本情况始终没有得以显著改变。长期存在的中国高储蓄率现象,被国内外学术界称为"中国储蓄之谜"(Chinese Saving Puzzle)。

为此,有关中国储蓄问题的研究受到了国内外学术界的高度重视。包括诺贝尔经济学奖得主莫迪里阿尼（Modigliani，2004）在内的国内外广大学者，对中国储蓄问题进行了多方面的深入研究。现有的研究成果显示，中国高储蓄现象可归因于收入增长、人口结构、通货膨胀、预期寿命、改革预期乃至勤俭节约的传统习惯等多方面因素。

然而，虽然关于中国储蓄问题的研究已经取得了不少成果，但是，在总体上，这方面的研究直到目前仍处于"分散化"、"碎片化"的状态，主要是从分散、个别、孤立的因素分析中寻求答案，尚缺乏整体性、系统性认识。这种局部性、分散性的研究储蓄问题的方式，犹如盲人摸象，难以得到全面的系统性认识。解释中国高储蓄现象的因素，彼此之间有怎样的逻辑关系？其中，哪些是影响储蓄客观的、内在的、长期的因素？哪些是影响储蓄特殊的、随机的、短期的因素？决定储蓄实际水平的内在机制是什么？对于诸如此类关键问题的认识，目前仍是不清晰的，亟待进一步深入研究。

总的来看，当前需要加强对中国高储蓄现象的系统性解析，需要探究有关解释因素之间的内在关系。其中，认识决定中国高储蓄现象内在的、客观的、本质的影响因素，是一个至关重要的问题。这是因为，如果中国高储蓄现象主要是由一些内在的、客观的因素决定的，就意味着中国高储蓄现象是不可以由人的主观愿望改变的，意味着高储蓄是中国经济发展到一定阶段的一种必然现象。其政策指导意义是：如果中国高储蓄现象是由内在的、客观的因素决定的，那么，试图以政策措施来根本改变中国高储蓄现象的做法实际上是徒劳的。而对影响储蓄因素之间内在逻辑关系的认识，是系统地认识中国储蓄问题的重要环节，这是正确把握中国经济增长潜力变化趋势的重要基础，对提高相关政策的针对性、协调性与有效性具有非常重要的意义。

二　当前储蓄理论的不足

事实上，目前的储蓄理论是不完整的。主要表现是：当前的主流储蓄理论的核心内容主要是消费者行为分析的理论，缺乏生产者行为分析的理论。甚至可以说，当前的储蓄理论本质上仍是一种消费理论。这意味着在以往解释中国高储蓄现象的研究中，实际上缺乏一种完整的储蓄理论的指导，因此难免出现"分散化"、"碎片化"的研究局面。

基于消费分析储蓄，这一研究储蓄问题的方式同经济学中对储蓄概念的界定有关。在经济学中，储蓄被认为是产出（或收入）用于消费之后的剩余。因此，若产出（或收入）既定，消费与储蓄便是此消彼长的互替关系（trade off）。即如果产出（或收入）一定，消费增加则储蓄减少，消费减少则储蓄增加。这意味着消费者在进行消费选择的同时，也在有意或无意地进行着储蓄行为的决策。因此，在一些人看来，消费理论即等同于储蓄理论。当前储蓄理论的核心内容就是建立在经典消费理论基础之上的，如主要以凯恩斯消费理论、生命周期消费理论（LCH）及世代交叠消费理论（OLG）等经典消费理论为基础。

事实上，消费只是影响储蓄的一个方面的因素，而不是全部。现实经济中还存在对储蓄有重要影响的另一个方面的因素，即生产。这是因为，消费与生产是不可分割的统一体，两者是互为存在、相互促进又相互制约的对立统一关系。一方面，消费不能离开生产而独立存在。这是因为，消费来源于生产的成果，没有生产便没有消费。另一方面，生产也不能离开消费而独自持续下去。这是因为，生产的目的就是消费，没有消费，生产便失去了意义与动力。

生产对消费的影响是多方面的。一些生产性因素对消费者行为有直接的重要影响。例如，生产成本提高而导致产品价格上涨，必然对消费产生影响。产品的数量、功效、质量、种类等一些生产方面的因素，对消费者的消费行为选择都有直接或间接的影响。生产与消费彼此之间需要协调、均衡地发展，否则经济将无法持续而必然出现停滞。

生产对储蓄的影响有两个基本作用途径：一是生产影响消费而影响储蓄；二是生产影响产出而影响储蓄。前一种途径是由生产与消费之间的关系决定的。如果生产方面的因素对消费产生影响，消费变动而影响了储蓄，那么实际上是生产因素影响了储蓄。后一种途径是由生产与产出（收入）之间的关系决定的。产出（收入）是储蓄的源头。在数量上，储蓄是产出与消费的差值。因此，没有产出便没有储蓄。而产出是来自生产要素投入的结果，产出的实现最终是由生产方面决定的。在现实经济中，生产者并不是简单地依据需求决定产出，而是基于对生产者自身的生产能力、成本核算、市场需求及竞争需要等综合因素的考虑，按照利润最大化原则决定产出数量。

综上所述，如果撇开生产对储蓄的影响，而只是关注消费对储蓄的影响，是不能完整地分析储蓄决定机制的。在储蓄问题上，生产与消费是彼此对等的因素，不能将两者截然分开。忽略或忽视其中任何一方的研究都是不完整的。目前，主流储蓄理论的重心是在消费方面，对生产方面因素的研究还不够。因此，缺少生产方面因素分析的储蓄理论必定是不完整的。

三　储蓄供给与储蓄需求的储蓄理论框架

事实上，储蓄如同产品，存在供给与需求问题。在产品市场，生产者为供给方面，消费者为需求方面，供给与需求两方面共同决定产出水平。而在储蓄方面，消费者为供给方面，生产者为需求方面，储蓄的供给与需求两方面共同决定储蓄水平。因此，从储蓄供给与储蓄需求两方面出发分析储蓄决定机制，由此可以建立一种完整的储蓄理论框架。

消费者与生产者在不同方面的角色是不同的。在储蓄方面，储蓄是来自消费者的消费剩余，因此消费者为储蓄供给主体，是储蓄供给方。储蓄用于投资以满足生产需要，因此生产者为储蓄需求的主体，是储蓄需求方。消费者为储蓄供给主体，意味着基于消费因素而对储蓄问题的分析，实际上是对有关储蓄供给方面问题的分析。生产者为储蓄需求主体，意味着基于生产因素而对储蓄问题的分析，实际上是对有关储蓄需求方面问题的分析。因此，对储蓄决定机制的完整分析，需要从储蓄供给与储蓄需求两方面展开。传统的以消费理论为基础的主流储蓄理论，实际上只是一种储蓄供给理论，缺乏储蓄需求理论。

生产对储蓄的需求，本质上源于生产对资本积累的需求。生产是人类赖以生存与发展的基本活动。生产不能凭空进行，而是以一定资本投入为基础的。资本积累来自投资，投资来自储蓄，因此生产对储蓄有着天然的内在需求。生产者为了取得储蓄以进行投资，需要对储蓄供给者支付报酬。如果生产者投资需求旺盛，愿意支付较高的价格（利率）来获取资本（储蓄），则将产生激励消费者多储蓄的效应；反之，如果生产者投资意愿低下，投资需求下降，导致资本（储蓄）价格下降，就将产生降低消费者储蓄意愿的效应。而储蓄的实际水平由储蓄供给与储蓄需求两方面因素共同决定。

以上论述表明，完整的储蓄理论应当由储蓄供给理论与储蓄需求理论构成。其中，储蓄供给理论主要以消费因素分析为核心内容，储蓄需求理论主要以生产因素分析为核心内容。即对储蓄决定机制的全面认识，必须从消费（储蓄供给）与生产（储蓄需求）两方面展开。单一方面的分析，无法得到对储蓄决定机制的全面认识。而事实上，这种以储蓄供给与储蓄需求为基本框架的储蓄理论体系，至今尚未形成。缺少完整的储蓄理论的指导，是导致有关中国储蓄问题研究陷入"分散化"、"碎片化"状态的一个重要原因。

建立以储蓄供给与储蓄需求分析为核心内容的储蓄理论框架，是本书的一个重要目的。按此理论框架，可以识别一些储蓄影响因素分析的逻辑关系，从而有利于全面、系统地认识中国储蓄之谜问题。本书建立的储蓄理论的基本框架如图1所示。

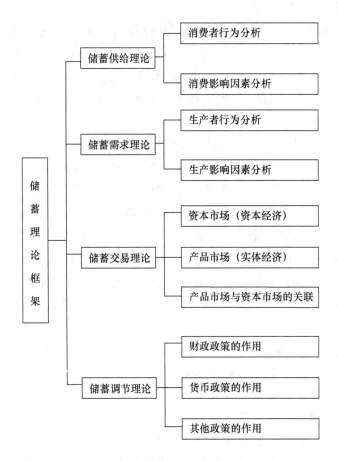

图1 储蓄理论的一种框架

如图1所示的储蓄理论框架主要由储蓄供给、储蓄需求、储蓄交易及储蓄调节等理论构成：

（1）储蓄供给理论。主要以消费者为主体对象，是关于消费者消费行为及有关影响因素分析的理论，主要涉及收入、价格、利率、消费者数量与结构等影响因素的分析。目前，主流储蓄理论主要是以消费行为分析为核心内容，因此可以说，当前的主流储蓄理论实际上主要是储蓄供给理论。

（2）储蓄需求理论。主要以生产者为主体对象，是关于生产者生产行为及有关影响因素分析的理论，主要涉及生产性要素如资本要素、劳动力要素，以及资本折旧、价格、利率、生产行为决策、投资需求及生产规模与结构等影响因素的分析。目前，这方面的研究在总体上还不够，应当是未来储蓄理论研究重点。

（3）储蓄交易理论。储蓄供给与储蓄需求，两者彼此并不是独立无关的，而是存在内在的密切关系。消费者与生产者在储蓄上的交易，不是在两者之间直接进行的，而是通过资本（货币）市场与产品市场这两个"市场"进行的。因此，储蓄交易理论主要涉及储蓄在两个市场如何被决定的分析。

（4）储蓄调节理论。储蓄供给与储蓄需求的交易并不总是均衡、顺畅或适宜的，因此存在对储蓄进行调节的问题。在储蓄交易过程中，参与者并非只有消费者与生产者，还有政府与银行两个重要参与者。政府与银行是交易行为规则的制定者与监督者，并且根据总体经济目标需要，对消费者与生产者行为甚至对产品市场与货币市场进行干预，从而对储蓄产生影响。

总的来看，经济中存在使储蓄供给与储蓄需求趋于均衡的作用机制。例如，利率（储蓄的价格）提高，使消费者愿意多提供储蓄，由此产生增加储蓄供给的效应；然而利率上升使生产者多支付成本，因而产生降低储蓄需求的效应。反之，如果利率降低，使消费者提供储蓄的意愿下降，由此产生减少储蓄供给的效应；然而，利率降低使生产者减少支付成本，因而产生提高投资而增加储蓄需求的效应。储蓄实际水平将取决于储蓄供给与储蓄需求的均衡状况。

四　储蓄理论与人口结构的关系

本书的储蓄理论是建立在储蓄与人口结构之间存在密切关系基础上的。这主要是因为人口兼有生产者与消费者的双重属性，因此人口结构的变化对储蓄供给的主体即消费者，以及对储蓄需求主体即生产者两方面均有系统性的深刻影响。而这种影响最终反映在人口结构对经济总供给及经济总需求两方面均有内在影响。一方面，人口是活的生产要素——劳动力的源泉。一定经济中的人口数量与质量，是影响生产能力水平的基本要素，与经济总供给的能力密切相关。另一方面，人口是产出成果的需求者与消费者。一定经济中的人口规模及其结构，是影响总消费水平与消费结构的基础性因素，与经济总需求密切相连。人口状况与经济人口影响经济运行的基本机制如图 2 所示。

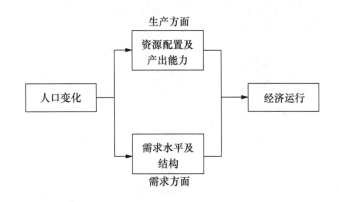

图2　人口变化影响经济运行的基本机制示意

　　由于人口具有生产者与消费者双重属性，由此决定人口状况与储蓄必然存在内在的密切关系。一方面，消费者是储蓄供给的主体，因此具有消费者属性的人口状况与储蓄供给有关。实际上，人人都是消费者，因为没有人可以不消费而生存。因此，人口数量与结构实际上就等同于消费者的数量与结构，人口因素的变化也会影响消费因素的变化，从而人口影响储蓄供给。另一方面，生产者是储蓄需求的主体，因此具有生产者属性的人口状况与储蓄需求有关。在生产方面，人口是劳动力的源泉，而人口因素的变化对应着劳动力因素的变化，劳动力因素的变化影响资本需求，因此人口影响储蓄需求。

　　人口老龄化已成为不可逆转的常态，意味着未来经济运行将始终处于人口老龄化态势之下。因此，人口老龄化是未来人口结构变化的主要特征，是深刻影响消费行为与生产行为的重要因素。这说明人口老龄化与储蓄的关系同样是一个至关重要的问题。因此，研究人口结构、人口老龄化与储蓄的关系，乃是本书的重点内容之一。以人口老龄化为主要特征的人口结构的变化，深刻影响储蓄供给主体与储蓄需求主体，进而成为影响储蓄的重要因素，这是人口结构影响储蓄的基本逻辑关系。

第一章 储蓄基本问题

本章主要简述与储蓄有关的基本问题。首先论述储蓄的基本内涵、相关概念及有关的储蓄理论。在此基础上，对中国储蓄问题的研究现状进行简述，并实际估计1978—2013年中国国民储蓄率水平。其中，正确理解储蓄的基本内涵，是深入研究储蓄问题的重要基础。

第一节 储蓄基本内涵

在现实生活中，储蓄概念有一定的通俗性，似乎人人皆知。然而，要对储蓄给出统一、标准的定义却是十分困难的，因为在不同的情况下储蓄的具体内涵可以是不同的。一般来说，储蓄即保留、积攒、储存的意思。将某种有用、有价值的东西积攒起来，是生活中非常普遍的行为。例如，孩子把大人给的零花钱放入"存钱罐"，是孩子进行的一种储蓄；公司职员将其工资收入的一部分存入银行，是成年人进行的一种储蓄；企业将产品销售收入的一部分留作生产基金，是企业进行的一种储蓄。类似的行为在现实生活中不胜枚举。

本书所论述的并不是现实生活中某种具体的储蓄，而是经济学意义上的储蓄。经济学意义上的储蓄，是指一定产出或收入用于消费后的剩余。如此定义的储蓄概念，是对现实经济中具体储蓄的一般性概括。即储蓄共有的一般性特征是：消费者消费后的剩余品。

经济学意义上的储蓄，既以现实生活中的具体储蓄为基础，但又有别于生活意义上的储蓄。例如，在居民看来，把其节余下来的资金存入银行而形成的存款是一种储蓄。对此，可视为这是现实生活中的一种狭义的储蓄概念。而经济学意义上的储蓄对象，被界定为产出或收入，这是将储蓄对象进行了抽象，由此可使经济学意义上的储蓄对象具有广泛性。因此，经济学意义上的储蓄概念，实际是一种广义的储蓄概念。

对经济学意义上的储蓄概念的理解，必须注意以下要点，这是深入研究储蓄问题的重要基础：

（1）储蓄本身仍是一定的经济成果。由于储蓄的对象是一定的经济产出或收入，而不论是经济产出还是收入，都是经济成果的体现，因此储蓄作为经济产出或收入的消费剩余，自然仍是一定的经济成果。经济成果既可以体现为产出形式，也可以体现为收入形式。对此如同一枚"硬币"的两个面，从生产方面看，经济成果是产出；而从收益方面看，经济成果是收入。因此，储蓄既可以表现为产出形式，也可以表现为收入形式。在实际生活中以何种形式表述储蓄，主要取决于考察问题的需要。明确储蓄仍是经济成果的意义在于，表明作为"剩余品"的储蓄不是多而用不了的"过剩品"，而是"留而后用"的重要资源。

（2）不可将经济学意义上的储蓄与银行储蓄存款等同。经济学意义的储蓄本质上是一定的经济成果，而经济成果真正体现的是实体经济中的生产成果，而不是经济中结余下来的货币。银行储蓄存款是一种货币，而货币是由货币当局发行出来的。货币是度量财富的一种符号。货币发行越多，以货币度量的生产成果价值相对越低。经济中货币的多少，并不代表实际存在的经济成果的多少。经济学意义上的储蓄对象，是指经一定人力、物力与技术相结合的生产过程才能生产出来的经济成果，这种经济成果不是由货币当局"发行"出来的。明确经济学意义上的储蓄与银行储蓄存款不同的意义在于，有利于区别实体经济储蓄与资金形态储蓄，两者的意义不同。

（3）实体经济储蓄与资金形态储蓄是分属两种不同经济体系中的储蓄。现代经济是由两种经济体系构成的：一种是以物质生产和消费服务为主要内容的实体经济；另一种则是以资金运行流转为主要内容的资本经济。相应的，实体经济与资本经济中分别存在储蓄，而且两种经济体系中的储蓄分别有不同的影响因素与运行机制。从计量角度也能看出两种经济体系中的储蓄不同。对实体经济储蓄进行计量，主要是国民经济核算问题，如涉及 GDP、国民收入、消费与投资的核算。而对资本经济中的资金形态储蓄进行计量，主要是货币统计问题，如涉及银行存款、手持现金以及有关证券的统计。当然，由于实体经济与资本经济并不是截然分开的，而是存在密切的联系，因此实体经济储蓄与资金形态储蓄，两者之间必然存在内在关系。明确实体经济储蓄与资金形态储蓄分属两种不同经济体系的意义在于，有利于分析影响不同层面储蓄的决定机制与影响因素，因为不同的经济体系有不同的运行机制。

（4）在有关储蓄问题分析中首先明确储蓄的具体内涵。对储蓄有关问题的分析不能一概而论，而是应首先明确所述储蓄的具体内涵。这是一个至关重要的环节，否则容易引起理解上的偏差甚至产生误导性结果。例如，要回答"人口老龄化对储蓄有怎样的影响"这一问题，首先需要明确这里的"储蓄"的具体含义。是指宏观经济的国民储蓄，还是指微观经济的个人（家庭）储蓄？事实上，人口老龄化对不同层面储蓄的影响效应是不同的。在不同的层面，或从不同的角度、范围或形式出发，可以有不同意义的储蓄。如在宏观经济层面有国民储蓄，在微观经济层面有个人或家庭储蓄，在产品市场有实物形式储蓄，在资本市场有资金形式储蓄，等等。在储蓄有关问题分析中明确储蓄的具体内涵的意义在于，提高研究问题的针对性和有效性，以避免出现将不同的储蓄问题混为一谈。

对于不同经济层面的储蓄问题，实际上涉及不同经济体系中的经济运行机制分析。如人口老龄化对国民储蓄的影响主要是宏观实体经济中的储蓄问题，而人口老龄化对资金层面的个人储蓄的影响则主要是资本经济中的储蓄问题。有关人口老龄化与储蓄关系的研究，本书将在有关部分进行深入分析，这里不再赘述。

本书主要讨论经济学意义上的储蓄问题，因此，如果没有特别声明，本书论及的储蓄均指经济学意义上的储蓄。

第二节　关于国民储蓄

一　国民储蓄的内涵

宏观储蓄与经济增长密切相关，因此宏观储蓄是储蓄问题中的一个核心问题。宏观储蓄主要体现为国民储蓄。在宏观经济学中，将经济总产出（总收入）扣除消费后的剩余部分称为国民储蓄。

假定在一定时期内某地区的经济总产出为 Y，居民消费为 C，政府支出为 G（可视为政府消费），投资为 I，并且假定经济系统是封闭的（不考虑进出口），则根据国民收入恒等式（National Income Accounts Identity），有下面的关系式：

$$Y = C + G + I \qquad (1-1)$$

即：

$$Y - (C + G) = I \qquad (1-2)$$

在(1-2)式中，居民消费 C 与政府消费 G 之和为总消费。于是，$Y - (C + G)$ 的含义是经济总产出(Y)减去总消费($C + G$)后的剩余部分，记为 $S = Y - C - G$。在宏观经济学中，S 定义为国民储蓄。

注意，这里 Y 是实际经济总产出概念，在现实经济中它等同于实际 GDP（Gross Domestic Product）。GDP 即地区生产总值，是度量一个地区在一定时间内经济实际总产出量的重要指标。这里的"实际"表明对 GDP 的度量是按不变价计算的，以此剔除价格变动的影响。由此可见，如此定义的国民储蓄 S 是实际 GDP 的一部分，这表明国民储蓄 S 是实体经济层面的问题，而不是"资金"或"货币"层面的问题。

由于测算角度与方法不同，GDP 可以有不同的"身份"，如 GDP 可以表现为总产出、总收入和总支出等形式。但无论怎样，GDP 在本质上是度量一定经济中的实际产出量。在国民经济核算体系（SNA）中，GDP 是指一定地区在指定时期内所创造出的最终产品或服务的价值总和，或者是全部产品或服务的增加值的总和。总之，GDP 是实物量概念。相应的，国民储蓄 S 作为来自 GDP 中的消费剩余，自然是实际产出中的部分，因此其本质上也是实物量。相比而言，微观的个人或家庭储蓄则主要是资金层面的问题。

GNP（Gross National Product）即国民生产总值，也是一个常用的经济总量概念，它和 GDP 既相近又有区别。GNP 是指一个国家或地区居民的收入总和。这里的收入即是指经济中的产出成果。经济中的产出和收入是相等关系。GDP 和 GNP 的计算对象都是最终产品或增加值，所不同的是，GDP 是按地域计算的，而 GNP 是国民计算的。这里的国民，是指国籍意义上的居民。也就是说，一个国家的居民不论在什么国家工作，其收入都是其国籍所在的 GNP 的一部分。而对 GDP 核算时，只要是核算地域内所生产出的最终产品或产生的增加值，都在 GDP 核算之内，而不论是本国企业生产还是外国企业生产。然而，在经济学中，两者可视为具有相同的含义，即都是指经济总产出或总收入。

根据（1-2）式，有如下关系式：

$$S = I \tag{1-3}$$

（1-3）式的经济含义是：在封闭经济系统中，宏观经济的储蓄数量等于投资数量。对此如何理解其经济含义？

（1-3）式的"储蓄等于投资"的关系，是在产出使用方面的核算关系，而不体现现实经济中的储蓄供给与投资需求的行为关系。这如同一个人有了一笔收入，其支出后的剩余部分自然为储蓄，而这些储蓄用作投资，那么该储蓄的数量就自然等于投资的数量，但这并不等于现实恰好就需要如此数量规模的投资。经济中所需要的投资，与可能提供的储蓄是不同方面的问题。因此，不能因为有（1-3）式的成立，就可以认为在任何时候都有储蓄等于投资。或者说，（1-3）式不是体现现实经济中储蓄供给与储蓄需求始终是相等的关系，而是体现一种核算关系，即收入用于消费后的剩余自然就是储蓄。

二 国民储蓄率

国民储蓄率是指总产出（总收入）中用于储蓄的比率，以小写字母 s 表示，即有如下表达式：

$$s = \frac{S}{Y}$$

相应的，投资与总产出的比率称为投资率，以小写字母 i 表示。根据（1-3）式有下面的结果：

$$s = \frac{S}{Y} = \frac{I}{Y} = i \tag{1-4}$$

（1-4）式的含义是：在封闭经济系统中，在经济总产出的使用方面，有储蓄率等于投资率的关系。再次强调，（1-4）式的成立仅限于在经济总产出使用方面的核算关系，而并非任何时候储蓄率都必然等于投资率。

三 私有部门储蓄与公有部门储蓄

设 T 为政府的税收，于是根据（1-2）式与（1-3）式可得如下关系式：

$$S = (Y - T - C) + (T - G) = I \tag{1-5}$$

在（1-5）式中，$Y - T$ 的意义是经济产出成果扣除税收后的部分，此项可理解为宏观经济中的可支配收入。于是，$Y - T - C$ 乃是可支配收入中扣除消费后的剩余部分，也就是国民储蓄中私有部门的储蓄，记为

S_P。即：

$$S_P = Y - T - C \tag{1-6}$$

注意，这里的 S_P 不是指经济中某单个人的储蓄。如果把一定经济中的所有个人看成是一个集合，那么称这个集合为私有部门。因此，S_P 是经济总产出（GDP）中的私有部门储蓄，属于非公有部门拥有的实体经济产出成果的储蓄。主要是通过国民经济核算而得到其测算结果，它不同于经济中的个人或家庭的货币储蓄。这意味着 S_P 并不等于经济中所有微观个人货币收入的储蓄之和。

由于现实经济中的税收 T，一方面来自居民的收入，另一方面来自企业的收入。或者说，经济中的纳税人可分为居民和企业两个群体。因此，私有部门储蓄可进一步分为居民储蓄和企业储蓄，设居民储蓄为 S_H，企业储蓄为 S_F。因此，私有部门储蓄 S_P 可表示为居民储蓄和企业储蓄之和，有下面的关系式：

$$S_P = S_H + S_F \tag{1-7}$$

税收 T 为政府收入，$T - G$ 就是公有部门的收入扣除政府消费后的剩余部分，称为公有部门储蓄，也可称为政府储蓄，记为 S_G。即：

$$S_G = T - G \tag{1-8}$$

因此（1-5）式表明：国民储蓄 S 可以表示为私有部门储蓄 S_P 与公有部门（政府）储蓄 S_G 两项之和，即有如下关系：

$$S = S_P + S_G \tag{1-9}$$

（1-9）式表明，国民储蓄是私有部门储蓄与公有部门储蓄之和，故国民储蓄可以通过计算经济中的私有部门储蓄与公有部门储蓄而得到。注意，这里的私有部门储蓄与公有部门储蓄，都是国民经济核算的结果，是 GDP 的组成部分，而非货币储蓄的含义。

由（1-7）式和（1-9）式可得：

$$S = S_H + S_F + S_G \tag{1-10}$$

（1-10）式表明，国民储蓄也是居民储蓄、企业储蓄和政府储蓄之和。

四　开放经济系统的国民储蓄与投资的关系

上一节讨论了封闭经济系统的情况。如果经济系统是开放的，即存在着进出口（以 EX 表示出口，以 IM 表示进口），则国民收入恒等式为：

$$Y = C + G + I + EX - IM \tag{1-11}$$

得：

$$Y - C - G = I + EX - IM$$
$$S = I + EX - IM$$
$$S - I = EX - IM \qquad (1-12)$$

（1-12）式中，$S-I$ 为净国外投资，即储蓄与投资的差额；$EX-IM$ 称为贸易平衡项，即出口与进口的差额，或称净出口。（1-12）式表明，在开放的经济系统中，产出成果使用方面的储蓄与投资可能不相等。如果储蓄大于投资，储蓄超出投资部分表现为正的净出口。如果储蓄小于投资，表明储蓄相对投资有缺口，该缺口表现为由正的净进口弥补。

如何认识封闭经济系统的国民储蓄决定机制是一个基础性问题。下面主要以封闭经济系统为背景进行分析。事实上，可以通过（1-11）式和（1-12）式将封闭经济系统扩展为开放经济系统，从而成为研究开放经济系统中储蓄问题的桥梁。

五 个人储蓄与私有部门储蓄

个人储蓄是指微观经济的个人或家庭的储蓄，与前面私有部门储蓄有截然不同的含义。首先，个人储蓄与私有部门储蓄是不同经济层面的储蓄。个人储蓄是微观经济个体层面的储蓄，而私有部门储蓄是宏观经济层面的储蓄，即国民储蓄的一个构成部分。如（1-9）式展现的关系，国民储蓄是私有部门的储蓄与公有部门的储蓄之和。其次，个人储蓄形式主要是资金型储蓄，而私有部门储蓄本质是实际 GDP 的组成部分，是国民经济核算的结果，属于实体经济层面的储蓄。最后，个人储蓄是个人收入的组成部分，而个人收入主要以货币收入为主。因此不能简单地将所有个人储蓄加总视为国民储蓄。

在现代社会中，个人或家庭的财富虽然呈现多样性，如股票、债券、贵重金属及房产等都可以是个人及家庭的财富，但是，当这些财富变现成为现时支付力时，通常要转换为可流通的货币。因此，对个人储蓄的度量一般是采用现时货币资金而非实物量形式。

在研究储蓄相关问题时，注意个人及家庭的储蓄主要是资金层面上的问题是很重要的，因此应将其与私有部门储蓄和国民储蓄概念区分开来。而这种区分是分析同一因素对个人储蓄及国民储蓄影响效应的关键所在。资金型储蓄主要对应于资本经济，而产出型储蓄则主要对应于实体经济，即分别属于不同经济层面的问题。

然而，个人储蓄是宏观储蓄的微观基础，个人储蓄与宏观储蓄并不是截然无关的。两者之间的联系主要通过资本市场与产品市场的关联，或者说是通过资本经济与实体经济的关联而实现。两种经济系统有效实现关联，才能使整体经济顺利运行。

第三节　有关储蓄的理论

现行主流储蓄理论多以消费理论为基础。这主要归结为在储蓄与消费之间存在密切的关系，即储蓄与消费成为此消彼长的互替关系，即在其他条件不变的情况下，增加消费则减少储蓄，减少消费则增加储蓄。消费与储蓄之间这种此消彼长的关系意味着消费者在选择消费行为的同时，实际上也在决定着储蓄行为。因此，传统储蓄理论实际上是消费理论的另一种表述。

一　生命周期假说

当今西方主流经济学中的消费与储蓄理论，主要是基于个人行为分析的理论。其中，宏观总量的消费与储蓄是基于微观加总的结果。生命周期消费理论就是一种具有代表性的重要理论，也称为生命周期假说（Life - Cycle Hypothesis）。该理论是20世纪50年代由诺贝尔经济学奖得主莫迪里阿尼（Modigliani）提出的，旨在解释理性人在其生命周期内如何按一生效用最大化原则分配消费与储蓄的关系。

生命周期假说从理性个人消费行为出发，假定个人生存期分为工作和退休两个时期，在工作期个人获得劳动收入和财产收入，用于消费和储蓄；退休后没有劳动收入，而是依靠工作期的储蓄和财产收入维持生活。个人通过选择各期的消费以实现一生的效用最大化。考虑一个寿命为 N 期（年）的人，其一生的效用为：

$$U = \sum_{t=1}^{N} u(C_t), \quad u'(\cdot) > 0, u''(\cdot) < 0$$

其中，$u(\cdot)$ 为即期效用函数，C_t 是 t 期消费，初始财富为 A_0，工作时间有 L 期，各期劳动收入为 Y_1，Y_2，…，Y_L，假定贴现率为0，且没有遗赠动机，则他的预算约束为：

$$\sum_{t=1}^{N} C_t \leq A_0 + \sum_{t=1}^{L} Y_t$$

效用最大化问题的拉格朗日函数为：

$$\ell = \sum_{t=1}^{N} u(C_t) + \lambda \left(A_0 + \sum_{t=1}^{L} Y_t - \sum_{t=1}^{N} C_t \right)$$

C_t 的一阶条件为：$u'(C_t) = \lambda$，并且对于每年都成立。由于消费水平唯一决定了消费的边际效用（效用函数单调递增），所以就有 $C_1 = C_2 = \cdots = C_N$，且有：$C_t = \dfrac{1}{N}(A_0 + \sum_{t=1}^{L} Y_t)$，对所有的 t 成立。

进一步假定各期劳动收入相等，即 $Y_1 = Y_2 = \cdots = Y_L$，所以有：

$$C = \frac{1}{N}A_0 + \frac{1}{N}YL = \alpha A_0 + \beta Y$$

上述结果表明，个人要使自己一生的效用最大化，应将一生资源平均分配到每一期。对此，可用图 1－1 来示意：消费者为了实现其一生效用的最大化，他应在一生中始终保持消费水平为常数 C。为了实现工作时期的消费水平与退休时期的消费水平相等，该消费者需要确定工作时期的收入中用于储蓄的比例部分，也就是决定个人储蓄率的问题。

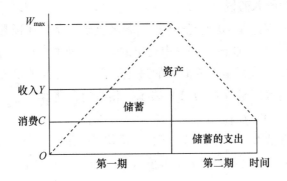

图 1－1　生命周期假说理论的消费与储蓄决定

二　持久收入假说

持久收入假说（Permanent Income Hypothesis）主要是关于个人的储蓄问题。该理论是美国经济学家弗里德曼（1976 年诺贝尔经济学奖金获得者）对经济学的重大贡献之一。持久收入假说的主要观点是，消费是由持久收入部分决定的，而暂时性的短期收入对消费者的支出行为几乎没有影响。实际上，持久收入就是消费者一生中稳定收入的部分。持久收入假说与生命周期假说存在一定相似性，都否定短期收入对当期消费的重要性，强调长期收入对消费的影响。

弗里德曼认为，要正确分析消费对经济的影响，必须严格区分两种收入：一种是暂时性收入，另一种是持久性收入。相应的，消费也应分为暂时性消费与持久性消费。暂时性收入是指带有偶然性的现期收入，如彩票、奖金、遗产、馈赠、意外所得等；而持久性收入是指消费者可以预期到的长期性收入，如职业工资收入。持久性收入实际上是个人或家庭长期收入的平均值。

持久收入假说可以说明这样的道理：如果政府为刺激消费需求而采取临时性减税措施，以便增加居民可支配收入，那么按照持久收入假说理论，这种临时性的减税措施从长期来看是无效的，因为这种收入增加是临时性的，而这种额外的收入其中只有很少一部分可以转化为实际消费，剩余将全部转化为储蓄。因此，政府的临时减税措施可能达不到刺激消费目的。根据该理论，只要个人或家庭的消费主要与预期的持久性收入相关联，那么，凯恩斯主义的相机调节税收（增税或减税）政策的效应，对于现期消费的影响是很小的。

三　绝对收入假说

绝对收入理论是 20 世纪 30 年代著名英国经济学家凯恩斯在其名著《就业、利息与货币通论》一书中提出的。凯恩斯消费理论有三个要点：

（1）可支配收入是决定消费的最主要因素，因此消费 C 与可支配收入 Y 的关系可以用函数 $C = f(Y)$ 表示。相应的，储蓄 S 为：

$$S = Y - C = Y - f(Y) \tag{1-13}$$

（2）边际消费倾向在 0—1 之间。边际消费倾向是经济学中一个常见概念，其定义是：当收入增加 1 个单位时对应消费的增加量。用数学公式表示就是 $\dfrac{dC}{dY}$。于是，凯恩斯理论的第二点要求是 $0 < \dfrac{dC}{dY} < 1$。与此相对应，边际储蓄倾向为 $\dfrac{dS}{dY}$，根据（1-13）式，得：

$$\frac{dS}{dY} = 1 - \frac{dC}{dY} \tag{1-14}$$

由于 $0 < \dfrac{dC}{dY} < 1$，因此根据（1-14）式，得 $0 < \dfrac{dS}{dY} < 1$。

（3）平均消费倾向随收入增加而降低。平均消费倾向即总收入中用于消费的比例，用数学公式表达就是 $\dfrac{C}{Y}$。于是，按凯恩斯理论的第三点要求，

$\dfrac{C}{Y}$ 随着 Y 的增加而下降。与此相对应，平均储蓄倾向为 $\dfrac{S}{Y}$，根据（1-13）式，得：

$$\frac{S}{Y} = \frac{Y-C}{Y} = 1 - \frac{C}{Y} \qquad (1-15)$$

由于 $\dfrac{C}{Y}$ 随着 Y 增加而下降，因此（1-15）式表明，平均储蓄倾向 $\dfrac{S}{Y}$ 随着收入的增加而提高。

总的来看，凯恩斯储蓄理论表明，当期储蓄是当期可支配收入的稳定函数，即当期储蓄主要取决于当期可支配收入的多少；随着收入增加，储蓄也将增加。同时，存在边际储蓄倾向与平均储蓄倾向，其中边际储蓄倾向介于0—1之间，平均储蓄倾向随收入增加而提高。绝对收入假说理论实际上揭示了储蓄与收入之间的短期数量关系。

四 相对收入假说

相对收入假说是美国经济学家杜森贝利（James Duesenberry）1949年提出的关于消费和储蓄的理论。该假说认为，个人消费不取决于当期绝对收入水平，而取决于相对收入水平，即在收入分配中的相对地位及个人过去的最高收入水平，消费存在"棘轮效应"，即易于向更高的标准调整而比较难以向下调整。将该假说应用于储蓄率的决定，可使用一个简单的线性函数表示为下面的表达式：

$$s_t = \alpha + \beta \frac{Y_t}{\overline{Y}}$$

其中，$\beta > 0$，s_t 表示当期的储蓄率，$\dfrac{Y_t}{\overline{Y}}$ 表示当期收入与过去的最高收入之比。可以看出，如果当期收入水平越低，当期的储蓄率也将越低（消费越高）。

五 世代交叠模型

世代交叠模型是由阿莱斯（Allais，1947）、萨缪尔森（1958）和戴蒙德（Diamond，1965）以微观经济为基础建立的宏观经济模型。"世代交叠"表明，任何一个时点都有不同代的人生活并且互相交易，即每一代人在其生命的不同时期和不同代的人做交易。由于该模型可以研究个人在生命周期中储蓄的影响作用而被广泛应用。该理论认为，资本存量是来自个人在工作期间的储蓄，而这些储蓄是为了在个人退休后消费而进行的。利用世代交叠模型可以研究社会保障体系对资本存量的影响和对不同代人福利的影响。世代交叠模型将养老行为纳入一生消费中来考虑，即从个人一生消费效用的最大化角度来决定养老行为。由于世代交叠模型在研究社会保障问题中有广泛应用，因此有必要进行简单的介绍。以下介绍两期世代交叠模型的主要构成。

假定市场是由个人与企业构成。经济中的每个人只生活两期，t 期出生的人在 t 期的消费是 c_{1t}，t 期出生的人在 $t+1$ 期的消费是 c_{2t+1}。其效用是：

$$u(c_{1t}) + (1+\theta)^{-1}u(c_{2t+1}), \qquad \theta \geqslant 0, u'(\cdot) > 0, u''(\cdot) < 0 \quad (1-16)$$

在个人方面，每个人仅在第一期工作，其实际工资为 w_t，并在第一期消费其收入的一部分，剩余部分进行储蓄，用于在第二期（退休）的消费。在 t 期的储蓄生成资本存量，与在 $t+1$ 期和 $t+1$ 期出生的年轻人相结合用于生产。假定在 t 期出生并在 t 期工作的人数为 N_t，人口增长率为 n，即有 $N_t = N_0(1+n)^t$。

在企业方面，企业处在完全竞争状态，生产技术是规模收益不变的生产函数 $Y = F(K, N)$。人均产出为 Y/N，由生产函数 $y = f(k)$ 给定，其中 k 是资本劳动比率。假定生产函数满足稻田（Inada）条件。每个企业追求利润最大化，并且工资率 w_t 和资本租金率 r_t 为给定。

考虑个人和企业在市场均衡情况下的最优化问题。

（1）个人最大化问题

$$\max u(c_{1t}) + (1+\theta)^{-1}u(c_{2t+1}) \qquad (1-17)$$

约束条件为：

$$c_{1t} + s_t = w_t$$
$$c_{2t+1} = (1+r_{t+1})s_t \qquad (1-18)$$

其中，s_t 为储蓄，r_{t+1} 为从 t 期到 $t+1$ 期的储蓄利息。在第二期消费者耗尽所有的财富，包括利息和本金。通过求解上述最大化问题，可得如下隐含的储蓄方程：

$$s_t = s(w_t, r_{t+1}) \qquad (1-19)$$

其中，储蓄 s_t 是工资收入 w_t 的增函数（其中，假定效用函数是可分离和凹性的假定，这个假定可以确保消费物品都是正常的）。但是，利率 r_{t+1} 的变动对 s_t 的作用效应是不明确的。

利率的变动具有替代效应和收入效应两方面的作用。利率的增加降低了第二期消费的价格，导致个人从第一期的消费向第二期转移，也就是用第二期消费替代第一期消费。但是，利率提高导致价格降低，也增加了可行的消费集合，使得在两期都增加消费成为可能，这就是收入效应。替代效应与收入效应的净结果是不明确的。如果在两期消费之间的替代弹性都大于1，那么，在这个两期模型中替代效应将是主要的，即利率的增加将导致储蓄的增加。

（2）企业最大化问题

假定企业的行为是竞争性的，雇用的劳动直到劳动的边际产量等于工资，以及资本的边际产量等于资本价格（利润）。对企业而言，最大化问题是，只要企业满足以下条件：

$$f(k_t) - k_t f'(k_t) = w_t$$
$$f'(k_t) = r_t \tag{1-20}$$

在商品市场与要素市场这两个市场到达均衡时可求得均衡解。由商品市场均衡得：

$$K_{t+1} - K_t = N_t s(w_t, r_{t+1}) - K_t$$

上式左边是净投资，表明在时间 $t+1$ 和 t 之间的资本存量的增量。右边是净储蓄，第一项是年轻人在时间 t 的储蓄，第二项是老人对储蓄的消耗。因此有：

$$K_{t+1} = N_t s(w_t, r_{t+1})$$
$$\frac{K_{t+1}}{N_t} = s(w_t, r_{t+1})$$

从而有：

$$(1+n)k_{t+1} = s(w_t, r_{t+1}) \tag{1-21}$$

生产要素市场的均衡条件由（1-20）式决定。通过上述模型可进行资本存量的稳定状态分析。在资本积累（1-21）式和要素市场均衡条件（1-20）式中，暗含资本存量行为。由（1-21）式得：

$$k_{t+1} = \frac{s[w_t(k), r_{t+1}(k_{t+1})]}{1+n} \tag{1-22}$$

或

$$k_{t+1} = \frac{s[f(k_t) - k_t f'(k_t), f'(k_{t+1})]}{1+n}$$

（1-22）式揭示了 k_{t+1} 和 k_t 之间的关系。对（1-22）式求导，可得：

$$\frac{dk_{t+1}}{dk_t} = \frac{-s_w(k_t)k_t f''(k_t)}{1+n-s_r(k_{t+1})f''(k_{t+1})} \tag{1-23}$$

由于$f''(k_t)<0$，因此，（1-23）式中的分子为正值，其反映这样的事实：在t时期资本存量的增加导致工资增加，从而使储蓄增加。（1-23）式分母的符号是不明确的，因为利率提高对储蓄的影响是不明确的。如果$s_r>0$，那么，分母为正值，在这种情况下，$\dfrac{\mathrm{d}k_{t+1}}{\mathrm{d}k_t}$是正值。因此，资本积累的稳定状况取决于（1-23）式的情况。能够达到稳定状态的条件是：

$$0<\frac{-s_w(k_t)k_tf''(k_t)}{1+n-s_r(k_{t+1})f''(k_{t+1})}<1$$

利用世代交叠模型（OLG）分析社会保障对资本积累的影响已成为经济学领域分析社会保障效应的范例。例如，在布兰查（Blanchard）的著名教科书《宏观经济学讲义》[①] 中有专门的应用分析：通过对世代交叠模型的（1-17）式求最大化一阶条件，得到没有社会保障系统情况下的均衡条件。然后分别考察引进完全基金制和现收现付制的社会保障后正均衡条件，进而分析两种不同养老制度的效应。

事实上，引入社会保障系统的初衷是为老年人口提供稳定的养老金收入，并可以在一定程度上弥补个人在养老金储蓄上的短视行为或能力不足。也就是说，社会保障的引入不是有意识地影响资本的积累或影响经济的其他变量。但是，由于社会保障系统具有再分配效应，因此不论社会保障系统制度设计的初衷如何，只要影响个人收入水平，其结果都可能影响储蓄，进而影响资本积累，最终影响经济增长。

六　评论

综上所述，储蓄理论与消费理论是密切相关的。虽然所考虑的因素、出发点以及适用范围有所不同，但是，这些理论存在一些共同特点：首先，理论主要基于消费者行为分析，如考虑消费者的可支配收入、永久性稳定收入、相对收入、个人一生消费水平的平稳性以及生命周期等。其次，假定微观个体无差异，总量储蓄通过微观个体储蓄加总而得到，实际上是微观个人储蓄率等同于宏观储蓄率。再次，主要关注个人储蓄的决定机制，缺乏国民储蓄决定机制的分析。最后，缺少对生产者行为对于储蓄影响的分析。虽然在世代交叠模型中考虑了企业利润最大化因素，但是，

① Olivier Jean Blanchard, Stanley Fischer, "*Lectures on Macroeconomics*". The MIT Press, Cambridge, Massachusetts, London, England, 1989.

这种分析并不是对生产者行为的分析，或者说分析的重点不是生产者的储蓄决策问题，而是消费者的储蓄决策问题。

不难发现，上述所谓经典消费理论或储蓄理论都难以完整地解释宏观经济的国民储蓄决定机制。在宏观经济层面，国民储蓄的内容对象是GDP，是实际经济产出。因此，从个人储蓄到宏观储蓄的过程，实际上涉及产品市场与资本市场的关联，而非简单的加总。关于资本市场与产品市场是如何发生联系而影响储蓄的，目前这方面的机制尚不清晰。特别是对于政府的经济政策及企业行为对国民储蓄的影响机制尚缺乏深入研究。因此，关于国民储蓄分析的有关理论存在不足。

当前，不存在那种适用于各种情况的储蓄与消费理论。不同的理论都有其各自相应的前提条件，都有特定的适用范围。因此，在应用现有的这些经典理论来分析实际问题时，应当对现实经济的具体情况有所把握，这是至关重要的。例如，需要正确把握经济发展的阶段性特点、现实的消费者行为及生产者行为的特点等。特别需要注意的是，在当前人口结构出现较大变化的现实经济中，基于微观个体无差异的加总而得到的储蓄，同现实情况有较大的偏差。在以人口老龄化为主要特征的现实社会背景下，人口结构是不容忽视的影响总量储蓄的重要因素。因此，简单地假定个体无差异，已经不适合老龄社会的情况。

第四节　中国储蓄问题及研究现状

改革开放以来，中国经济实现了快速增长。伴随经济增长的过程，国民储蓄率不断上升，高储蓄率、高投资率、低消费率已成为自改革开放30多年来中国宏观经济的重要特征。尽管多年来中国政府出台了许多旨在提高消费对经济增长贡献的措施，试图扭转经济增长过于依靠投资驱动的状况，但是，高储蓄率、低消费率的基本局面始终没有显著改变。长期存在的中国高储蓄率现象被国内外学术界称为"中国储蓄之谜"（Chinese Saving Puzzle）。如何解释中国的高储蓄率现象，不仅是经济理论问题，更是关系如何理解中国经济及政策选择的重要问题。

一　1978—2013 年中国国民储蓄率估计

根据中国国家统计局采用的国内生产总值支出法计算式，国内生产总值有如下表达式：

国内生产总值＝最终消费支出＋资本形成总额＋货物和服务净出口

$$(1-24)$$

在（1-24）式中，最终消费支出是居民消费与政府消费之和，因此（1-24）式中的最终消费支出的意义等同于国民收入恒等式中居民消费 C 与政府支出 G 之和。如果以 Y 表示国内生产总值，C 表示最终消费支出（注意：这里的 C 与国民收入恒等式中居民消费 C 的意义有所不同），I 表示资本形成总额，$EX-IM$ 表示货物和服务净出口，则（1-24）式可以表示为：

$$Y = C + I + EX - IM \qquad (1-25)$$

于是

$$S = Y - C = I + EX - IM \qquad (1-26)$$

因此，国民储蓄率的一种估计式为：

$$s = \frac{S}{Y} = \frac{Y-C}{Y} = \frac{I+EX-IM}{Y} \qquad (1-27)$$

（1-27）式表明，国民储蓄率可用支出法 GDP 与最终消费支出的差值，同支出法 GDP 比率得到估计；或者用资本形成总额与货物和服务净出口之和，同支出法 GDP 的比率得到估计。利用《中国统计年鉴》（2014）中的数据及（1-27）式，可计算出1978—2013年的中国国民储蓄率，见表1-1及图1-2。

表1-1　　　　1978—2013年中国国民储蓄率（估计）　　　单位:%

年份	国民储蓄率	年份	国民储蓄率	年份	国民储蓄率
1978	37.9	1990	37.5	2002	40.4
1979	35.6	1991	37.6	2003	43.1
1980	34.5	1992	37.6	2004	45.6
1981	32.9	1993	40.7	2005	47.0
1982	33.5	1994	41.8	2006	49.2
1983	33.6	1995	41.9	2007	50.4
1984	34.2	1996	40.8	2008	51.4
1985	34.0	1997	41.0	2009	51.5
1986	35.1	1998	40.4	2010	51.8

续表

年份	国民储蓄率	年份	国民储蓄率	年份	国民储蓄率
1987	36.4	1999	38.9	2011	50.9
1988	36.1	2000	37.7	2012	50.5
1989	35.5	2001	38.6	2013	50.2

资料来源：根据《中国统计年鉴》（2014）表 3 - 18 数据计算。

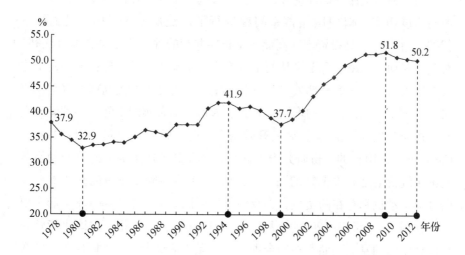

图 1 - 2   1978—2013 年中国国民储蓄率（估计）曲线
资料来源：同表 1 - 1。

从图 1 - 2 可见，在改革开放初期的 1981 年，中国的国民储蓄率水平约为 32.9%，2013 年上升到 50.2%，提高了 17.3 个百分点。其中，1981—1995 年及 2000—2010 年是两个快速上升时期。1981—1995 年，国民储蓄率水平从 32.9% 提高到 41.9%，提高了 9 个百分点。1996—2000年，国民储蓄率有一定程度的下降。然而，进入 2000 年后，国民储蓄率又出现显著快速增长状态。2000—2010 年，国民储蓄率水平从 37.7% 提高到 51.8%，提高了 14.1 个百分点。

二　中国储蓄率问题研究现状

生命周期理论已被应用于对中国储蓄率问题的分析。莫迪里阿尼与 Shi Larry Cao（2004）运用生命周期理论研究了影响中国储蓄率的因素，其研究结果表明：在微观层面，中国收入增长与人口结构变化是对中国个人储蓄率有系统性影响的两个主要因素；而在宏观层面，中国通货膨胀率对国民收入账户下的储蓄率有显著的正影响。江春、翁强（2009）在生命周期理论的基础上引入金融市场因素，并采用计量经济分析方法研究了经济增长、人口结构和金融市场三个因素对中国居民储蓄率的影响。他们认为，传统的生命周期模型只能解释部分中国高储蓄率问题，而采用他们修正后的生命周期理论能够更好地解释中国的现实情况。

除了利用生命周期理论外，许多学者基于不同的理论与方法，以及从不同角度出发，对中国储蓄率问题进行了广泛研究。李扬、殷剑峰等（2006）认为，"高投资率和高储蓄率长期并存的现象首先同'人口红利'有关。劳动参与率上升至少从两个方面推动了储蓄率的上升：第一，工作人口比重的上升导致全部人口的总收入增加，这必然会提高储蓄水平；第二，由于年轻工作人口的增加，导致总人口的消费倾向下降、储蓄倾向上升，进而产生额外的储蓄率上升效应"。美国尼尔森公司（The Nielsen Company，2010）的一份研究报告认为，"将中国高储蓄率归结于勤俭节约的传统价值是有失偏颇的"；"人口、各个生活阶段花费的高成本，预防性储蓄动机和存在的贷款，以及信贷环境比节俭理论在储蓄率上起了更大的作用"。刘煜辉（2009）认为，"人口红利、工业化、城镇化能够充分解释中国的家庭高储蓄率的合理性，却无法解释近年来中国储蓄率的激增"。席勒（Shiller，2006）认为，"中国的储蓄率是所有大国里最高的。中国的国民储蓄率（未被立即消费掉的国内产值百分比），包括公共储蓄和私人储蓄在内，大约是50%。恰恰相反，美国的储蓄率是所有大国里最低的，只占国内产值的约10%。其他所有国家几乎都处在这两者之间"；"20世纪80年代初民众对医疗、养老、教育的信心下降，以及就业安全感的减退可能是导致储蓄率居高不下的部分原因"。

综上所述，虽然关于中国储蓄问题的研究已取得多方面成果，但是仍存在诸多问题。这里有两个值得注意的现象。首先，传统经济学中有关储蓄问题的讨论，其前提假设主要是按西方经济背景进行的，这些前提假设是否符合中国的国情往往被忽略，多数研究只是简单地套用。其次，目前有关中国储蓄问题的研究文献多数是从消费行为出发的，分析主要基于数据经验，而缺少理论上的机理研究。目前的研究文献反映出关于储蓄的影响因素是多方面的。

归纳起来，现有文献对中国高储蓄率现象的解释主要涉及收入增长、人口结构、人口红利、改革预期、工业化、城镇化、通货膨胀以及勤俭节约的文化与习惯等多方面因素。尽管当前对中国储蓄率相关问题的研究已取得一定成果，但是，这方面的研究仍有待深入。主要存在以下问题：

（1）通常将储蓄问题看成是消费者的消费行为选择问题，因而主要从消费者方面展开研究，而缺少从生产者方面的研究。事实上，投资最终来源于储蓄，而实施投资的主体是生产者，因此生产者是储蓄需求方面，必然对储蓄有重要的影响。因此，对储蓄率形成机制的研究，如果缺少对储蓄需求方面即生产者行为因素的考虑，研究必然是不完整的。

（2）在研究储蓄问题中被普遍采用的生命周期理论源于西方较为成熟的市场经济，很大程度上不能简单地套用于中国的国情。例如，余永定（2000）的研究成果表明，中国居民消费行为有两个重要特点：一是居民的消费支出安排具有显著的阶段性；二是在其生命不同阶段一般都存在一个特定的支出高峰以及一个相应的储蓄目标。这意味着在中国以往的国情下，消费者主要不是从整个生命周期内考虑效用最大化来决定消费与储蓄，而是分阶段目标进行的。

（3）现有文献中关于储蓄与其解释因素之间关系的确定，通常缺乏严格的数理逻辑推导，而主要是依据定性的分析。即使在一些研究中采用了定量分析，也主要是基于统计数据的计量经济分析，而经验数据的结论并不能反映严格的逻辑关系及决定机制的正确性。

（4）在一些研究中对储蓄的内涵没有清晰的界定。不同情况下，储蓄的内涵是不相同的，比如，有宏观经济层面的国民储蓄、微观家庭层面的个人储蓄、实物量层面的储蓄，以及资金量层面上的储蓄，等等。如果不清晰地界定所论述储蓄的内涵，则容易引起理解上的偏差甚至误解，因为在某些情况下同一因素对不同内涵的储蓄的影响是不同的。

总之，中国国情决定了标准的西方经济学理论难以解开中国现阶段的高储蓄率之谜，必须基于中国的实际国情进行有针对性的深入研究。

第二章 人口因素与储蓄

人口是经济社会发展的基础性因素，不仅与现实经济密切相关，而且与经济学发展密切相关。本章主要论述人口与经济的内在关系、人口因素对经济学发展的影响、人口结构与储蓄关系的研究现状、世界人口结构变化趋势及人口变量对未来经济的意义。本章旨在揭示在人口老龄化背景下，在相关的经济分析中引入人口因素变量的必要性与重要性。

第一节　概　述

人口既是经济社会发展的主体，同时也是重要的基础性生产资源，具有既是消费者又是生产者的双重属性。因此，人口与经济有着天然的内在联系。一方面，人口是劳动力的源泉。一定社会中的人口数量与质量，是该社会生产能力的基本构成要素，与经济总供给密切相关。另一方面，人口是产出成果的需求者与消费者。一定社会的人口总量及其消费行为，是影响需求水平与消费结构的基本因素，与经济总需求密切相连。因此，人口同经济的供给及需求两方面均有内在关系，由此决定人口是影响经济的基础性因素。

20 世纪人类社会的经济发展成就是空前的。与此同时，20 世纪的人口数量出现了前所未有的快速增长。追溯人类发展历程，在 20 世纪之前，世界人口曾长期处于缓慢增长状态。有关数据显示，公元 1500 年（16 世纪初）前后，全世界人口大约只有 5 亿，1800 年（19 世纪初）前后增加至 9.8 亿，也就是说，在 1500—1800 年这三百年时间里，世界人口增量不到 5 亿，约合每年增加 160 万人，年均增长率约为 0.22%。有关不同时期世界人口数据，参见表 2 - 1 和表 2 - 2。

表 2 - 1 　　　　　　　　　　1000—2100 年世界人口总量

单位：亿人

年份	1000	1500	1800	1900	2000	2050	2100
总量	3.1	5.0	9.8	16.5	61.2	93.1	101.2

资料来源：1800 年及 1900 年数据来自联合国 UN Report 2004 Data，2000 年以后数据来自 *World Population Prospects*：*The* 2010 *Revision*，UN。其中 2050 年及 2100 年为预测数，采用中方案预测结果。

表 2 - 2 　　　　　　　　　　不同时期世界人口年均增长率

单位：%

年份	1000—1500	1500—1800	1800—1900	1900—2000	2000—2050	2050—2100
年均增长率	0.10	0.22	0.52	1.32	0.84	0.17

资料来源：根据表 2 - 1 的数据计算而得。

进入 20 世纪后，人类社会在伴随着经济不断加速发展过程中，世界人口呈现"爆炸"式快速增长。表 2 - 1 的数据显示，1900 年，世界人口约有 16.5 亿，到 2000 年增加至 61.2 亿，这意味着在 20 世纪的一百年时间里，世界人口总量增加 44.7 亿，即平均每年大约增加 1500 万人，年均增长 1.3%。可见，20 世纪的人口年均增量大约是 18 世纪之前 300 年间的人口年均增量的 11.5 倍，20 世纪的人口年均增速大约是 18 世纪之前 300 年间的人口年均增速的 6 倍。

当今的主流经济学正是在 20 世纪人口激增的背景下形成的。在此背景下，人口的快速增长与劳动力数量的快速增长是并行的。人口与劳动力数量的快速增长，导致劳动力资源的稀缺性不断下降。因此，劳动力近于无限供给，成为 20 世纪主流经济学中常见的前提假定。例如，在经典的索洛（Solow）经济增长模型中，劳动力与人口被视为同义，人口增长即劳动力增长，并假定劳动力增长率为正的常数。这种假定意味着，经济增长的基本环境是没有人口结构的变化，劳动力供给是源源不断的。因此，索洛增长模型的主要结论是：在劳动力增速为正的常数及储蓄率不变情况下，经济增长的最终源泉来自技术进步。

上述结论是以劳动力无限供给和储蓄率不变为前提条件的。问题在于，如果这一前提条件发生了变化，经济增长的不竭源泉将来自哪里？在当前 21 世纪的人口背景下，这已是一个非常现实的问题，而非单纯的学术研究中的问题。原因在于，随着人类社会进入 21 世纪，人口发展态势已经出现了重大变化。2002 年，世界上 65 岁及以上年龄人口占总人口的比重超过 7%，标志着世界已进入到老龄社会。

从未来人口发展的趋势看，世界人口总量增速将明显减缓，但是，老年人口增速加快。根据联合国人口基金会的预测（2011）：21 世纪前 50 年（2001—2050 年），世界人口年均增长率约下降至 20 世纪的 63%；21 世纪后 50 年（2051—2100 年），世界人口年均增长率将约下降至 20 世纪的 13%。而在整个 21 世纪，人口老龄化程度将快速上升，预计在 2031—2035 年期间全球将进入中度老龄社会，2051—2055 年将进入高度老龄社会。到 2100 年，全球 65 周岁以上人口的比重可能超过 28%。

在世界上拥有最多人口的中国，人口老龄化更加迅速，呈现出"速度快、程度高、规模大"态势。根据国家应对人口老龄化战略研究课题组（2010）提供的研究结果，预计中国在 2023 年前后进入中度老龄社会，比全球进入时间大约提前 10 年；2034 年前后进入高度老龄社会，比全球进入时间大约提前 20 年。从开始进入老龄社会到中度老龄社会，法国经过了 115 年，瑞典用了 85 年，英国用了 45 年，日本用了 26 年[①]，预计中国可能是 23 年，即中国人口老龄化进展速度更快。

由此可见，不论对世界还是中国，以老龄化为主要特征的人口结构变化已成为不可忽视的现实问题。由于人口与经济存在密切的内在关系，故人口结构的这种深刻变化必然对经济社会发展产生重大而深远的影响。人口老龄化成为不可逆转的常态，意味着未来经济的运行将始终处于人口老龄化的背景之下。从这个意义上讲，未来的经济是一种老龄经济，即是以人口老龄化为基本背景的经济。因此，在现行的经济分析中如何考虑人口因素，特别是考虑人口结构因素的影响，是经济学发展所面临的重大课题。

第二节　人口因素与经济学发展

以人口老龄化为主要特征的未来人口结构的变化，将不断提升劳动力

---

① West and Kinsella, *The Economics of an Aging Society*, 2004, p. 17.

资源的稀缺性。经济学是一门研究如何有效配置与管理稀缺资源的学科，因此，作为基础性资源的人口，其结构变化必然对经济学的发展产生重要影响。因此，经济学的发展必须适应人口结构变化，否则经济学就不能很好地解释现实经济，其实用价值就会降低。

稀缺资源是经济中的一种约束，现实中经济就是在各种约束条件下运行的。约束条件不同，经济发展面临的情况就不同，这将影响经济发展的模式与路径的差异。因此，经济学实际上也可以说是研究在一定资源约束条件下如何选择经济行为以获取某种最佳效益的理论。

资源永远都是稀缺的，只是在不同时期或不同地域，资源的稀缺程度可能有所不同。人们生活所需的产品是稀缺的，因此人们必须从事生产；生产所用的生产要素是稀缺的，因此人们试图以最小的投入取得尽可能多的产出；发展的机会是稀缺的，因此人们必须竞争；时间是稀缺的，因此资金的占用必须按时间计息。因此可以说，资源的稀缺性是经济学存在的基础，也是其发展的内在动力。然而，稀缺性并非一成不变。随着经济社会的发展，特别是现代科学技术的日新月异，资源的稀缺性也会不断发生变化，这就要求经济学发展与之相适应。

在人口快速增长背景下，劳动力被视为无限供给，有其合理性。因此，在一些经典经济学模型中，人口与劳动力被视为等同，并忽略人口年龄结构的因素。一些宏观经济模型的建立，虽然是以微观个体为基础，但通常假定这些个体间无差异，因而可以通过个体加总而得到宏观总体结果。例如，在社会保障理论研究中广泛应用的世代交叠模型（OLG），就是建立在基于微观个人行为基础上的关于储蓄与消费比例分配关系的分析模型，其原则是要使个人一生的效用为最大。但是，不考虑人口年龄结构差异的加总结果，等同于微观个体的同比例放大，因而不能反映在不同人之间的财富转移、收入分配及总人口内部比例关系变动的效应。由此导致这样的研究实际上不能正确地反映在人口老龄化程度不断提高条件下的经济实际。

当前，人口结构出现深刻变化，不仅对人力资源本身的稀缺性产生重要影响，而且深刻地改变了资源配置格局，从而对经济社会发展的很多方面都将产生系统性的重要影响。从生产要素的角度看，人口是一种特殊的、极为重要的资源，可以在很大程度上影响到经济发展模式的选择。事实上，中国曾拥有丰富的廉价劳动力，而资本与技术则显得不足，这一人口状况必然决定了中国的经济增长模式特征是依靠投资与出口拉动。因为此种特征的形成，与中国曾拥有的近似于无限供给的劳动力资源状况密切相关。1978年改革开放初期，中国经济状况是资本与技术不足，而劳动力过剩。这种资源格局意味着对经济的制约主要来自资本与技术的相对不足。这时的劳动力如同"蓄水池"中的水，只有当资本这块可吸水的"海绵"投入到经济中时，一定数量的劳动力才被吸纳到相应的经济活动中。因此，此时的经济增长与投资密切相关，由此经济增长呈现出显著的投资拉动特征。而在出口方面，中国拥有数量丰富而价格低廉的劳动力资源是一种显著的比较优势，由此决定经济增长也必然有显著的出口拉动的特征。

2000年中国已开始进入老龄社会，人口结构的显著变化，深刻地改变了原有资源稀缺性的格局。在生产要素方面，人口老龄化提升了劳动力的稀缺程度，使劳动力从原来近似于无限供给的非约束状态，转变成为约束性要素。与之相对应的是，在现实中经济表现为用工成本上升、劳动密集型产业竞争力下降。在消费者方面，人口老龄化增加了老年人口的数量及其比重，导致消费更多的经济资源而引致国民储蓄下降，由此进一步增加物质资本对经济的约束程度。由此可见，人口老龄化在供给与需求两个方面对资源配置都产生深刻的影响，因此，人口老龄化已成为经济运行中的一种基本约束条件。人口结构的变化导致劳动力稀缺程度不断上升，这将显著改变经济学有关研究问题的背景条件。

发展经济是人类生存与发展的重要手段，因此以研究经济问题为核心内容的经济学成为一门十分重要的学科。然而，目前经济学的发展呈现这样倾向：研究经济的工具与方法越来越多，可以利用的研究手段与技术越来越先进，但是，能够告诉人们道理的经济学原理却没有相应进展。现代科学技术的发展为经济研究工作提供了越来越多的有利条件。然而，人们对于现实经济的理解与把握并没有因此而变得容易，经济分析与决策的能力依然不能满足现实的需要。一个明显的事例是，2008年由美国次贷危机引发世界金融危机，主流经济学家们既没有在事前给出成功的预测，也没能在事后提出有效的解决举措，以至于直到2014年世界经济仍未摆脱增长乏力困境。现行经济理论的局限性招致越来越多的批评。这种情况的出现，反映出当前的经济学发展存在严重问题。其中，时代背景的重大变化，使一些经典经济理论的适用性降低甚至完全丧失是一个重要原因。

总之,经济学的发展同时代背景有直接的关系。在人口老龄化的趋势下,人口因素的变化必然影响原有的有关经济理论的结论。因此,相应地要求经济学中有关理论的前提假设必须与时代背景相适应,否则其理论结论将没有现实的意义,甚至在指导实践时产生误导。本书尝试从机理上探究储蓄决定的机制。

第三节 人口结构与储蓄关系研究现状

一 人口结构的内涵

人口结构是指按某种特征分类的各类人口数量占总人口比重的情况。人口特征是指性别、年龄、学历或职业等。例如,男性人口或女性人口占总人口的比重,体现人口的性别结构。而本书中,人口结构是指人口的年龄结构,即指一定社会中不同年龄段的人口数量占总人口比重的情况。

事实上,人口结构还存在各种形式的表述。例如,不同特征组的人数之间的比例关系也是体现人口结构状况的一种度量,而不一定是局限于占总人口的比重。如常用的抚养比指标就属于此类情况。抚养比具体分为老年抚养比、少儿抚养比和总抚养比。其中,老年抚养比是指老年人数量与劳动力数量的比率,少儿抚养比是指未成年人数量与劳动力数量的比率,总抚养比是指老年人数量与未成年人数量之和同劳动力数量的比率。如果已知各个年龄组的人数比率关系,则很容易计算出各年龄组人数占总人口的比重。

在目前人口统计中,经常是按每5年作为一个年龄组的跨度,即分别统计从零岁起每增5岁为一年龄组的人数及他们各自占总人口的比重。图2-1为2010年中国5岁间隔的人口年龄结构情况。

从目前经济分析角度看,人口年龄结构多数划分为三个年龄组,就是将总人口划分为未成年人口、劳动年龄人口及老年人口。目前,国际社会对未成年人口的年龄划分比较一致,即未成年人口的年龄为0—14岁。而对劳动年龄人口及老年人口的年龄界定则有较多的不同。目前,国际上主要以65岁作为退休年龄的界限,即在多数国家,劳动年龄人口的年龄一般界定为15—64岁,老年人口的年龄界定为65岁及以上。然而,按照目前中国的退休制度,不同情况下的退休年龄不同,与性别、职业及级别等

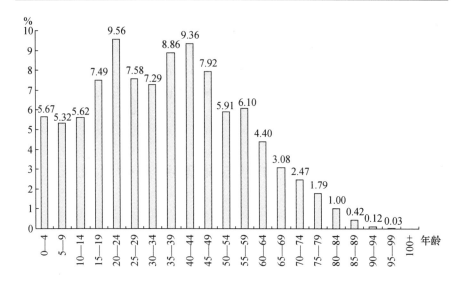

图 2 - 1　2010 年中国人口年龄结构

资料来源：根据 2010 年中国第六次人口普查数据计算。

因素有关。就性别因素而言，当前中国普遍是男性 60 岁退休，女性 55 岁退休。

二　人口结构与储蓄关系研究现状

目前，考虑人口结构与储蓄之间联系的研究，主要是经典的生命周期模型。在生命周期理论中，个人一生划分为工作期与退休期两个阶段，工作期收入的一部分用于个人消费，剩余部分用于储蓄以支付退休期的消费。该理论表明，要实现个人一生效用最大化，个人一生的预期总收入需要均等地安排于各期的消费。生命周期理论是一种以个人消费行为分析为基础的理论。人口结构的变化，在微观层面体现为个人工作期时长与退休期时长变化。例如，预期寿命延长，改变了工作期时长与退休期时长的比率。由生命周期理论可以得出退休期延长产生提高个人储蓄率水平的效应这一结论。在宏观层面上，总消费是基于微观个体消费的加总而得到。这种通过个人储蓄加总而得到的宏观储蓄率取决于人口年龄结构及其变化。如果个人的储蓄倾向随年龄提高而呈现先上升而后下降的趋势，那么老年人口比重上升会导致国民储蓄率降低。然而值得注意的是，这一结论的得出有赖于劳动力的储蓄倾向高于老年人的储蓄倾向这一判断。事实上，消费是极为复杂的问题，生命周期理论不可能包含一切有关因素。例如，在生命周期理论中没有涉及价格、利率及收入结构等因素变动的影响。因此，应用标准的生命周期理论研究储蓄问题仍受到局限。

更多的有关人口结构与储蓄关系的研究，主要是通过经济计量分析方法进行的。Leff（1969）的研究使用 74 个国家的样本数据（包括 40 个欠发达国家、27 个发达国家和 7 个东欧国家），分别引入了少儿抚养比，老年抚养比和总抚养比作为解释变量，结果表明，无论是在发达国家的样本中还是在欠发达国家的样本中，抚养比对国民储蓄率的负向作用都是明显的。然而，对于这种研究结果也是存在争议的。亚当斯（Adams，1971）使用与 Leff（1969）相同的数据，但在估计方程中没有加入抚养比的变量，而是加入了一个发达国家或欠发达国家的虚拟变量，结果发现，估计结果与 Leff（1969）很相似。这表明采用其他的变量也可以解释国民储蓄率，据此认为 Leff（1969）所得出的出生率或赡养率与总储蓄的关系是很牵强的。Goldberger（1973）经过一番论证之后发现，Leff（1969）所使用的数据存在内部不一致问题，认为 Leff（1969）所得到的结果并不可靠。Ram（1982）使用 121 个国家 1970—1977 年的截面数据，估计了不同函数设定和国家样本分类，但在欠发达国家样本中发现，抚养比对储蓄率并不存在显著的不利影响，这也与 Leff（1969）的结果不一致。

Masson、Bayoumi 和 Samiei（1998）发现，总抚养比对发达国家和发展中国家的私人储蓄率都具有显著的负影响，认为抚养比是决定私人储蓄率的长期因素。Loayza、Schmidt – Hebbel 和 Serven（2000）支持了生命周期假说的预测，认为抚养比对私人储蓄率有负的影响，而且老年抚养比的影响是少儿抚养比影响的 2 倍以上。Bosworth 和 Chodorow – Reich（2006）利用 85 个国家的面板数据（1960—2005 年），研究了国民储蓄率与人口老龄化的关系。研究发现，人口年龄结构与国民储蓄率的关系是显著的，年龄结构是国民储蓄的长期决定因素。但是，影响随地区不同而不同，在亚洲非发达国家影响较大，在高收入国家影响较小。Schrooten 和 Stephan（2003）发现，在欧盟成员国样本中总抚养比对私人储蓄率的影响并不显著，在欧盟准成员国中的影响为负，但是较不显著。Hondroyiannis（2006）发现，少儿抚养比和老年抚养比对 13 个欧洲国家的私人储蓄率具有显著的正影响。

Horioka（1997）利用 1955—1993 年的时间序列数据，分析了人口年龄结构对日本家庭储蓄率的影响。结果发现，少儿抚养比和老年抚养比都具有显著的负影响，这一发现说明，生命周期模型同样也适用于日本这样的国家。Deaton 和 Paxson（2000）使用中国台湾地区的家庭调查数据，估计了人口变量变化对储蓄率的影响程度，结果表明，中国台湾地区的储蓄率增长不能被生命周期理论解释，而储蓄率的变化主要应归于未解释的时间趋势部分，只有很少一部分能被人口结构变化所解释。1970—1990 年，中国台湾地区的家庭储蓄率从 10% 上升到 30%，在这 20 个百分点中，只有 4 个百分点归于经济增长和人口变化。因此认为，中国台湾地区未来的人口变化（尤其是人口老龄化）不会威胁中国台湾地区的储蓄率，只有在非常低的经济增长及较高人口老龄化的情况下储蓄率才会急剧下降。

Modigliani 和 Cao（2004）运用生命周期假说研究了中国储蓄率之谜，结果发现，少儿抚养比对储蓄率有显著的负影响，对储蓄率变化的解释超过了 1/3。Horioka 和 Wan（2006）运用生命周期模型研究中国居民储蓄率的决定因素时发现，少儿抚养比和总抚养比只在城乡混合样本案例中与储蓄率具有显著的负相关，而在其他三个样本案例中或者是不具有显著性，或者是系数符号与预期不符。Kwack 和 Lee（2005）也发现，年轻人和老年人赡养率对韩国的实际储蓄率具有负的影响，与生命周期收入假说一致。

国内有关人口与储蓄率的研究文献较少，李俭富（2008）研究中国的储蓄率及经济增长率，发现了计划生育政策与储蓄惯性存在显著的正相关性，而与少儿抚养比存在显著的负相关，认为适时调整人口政策并健全社会保障制度是维持经济发展及转变经济增长方式的途径。袁志刚和宋铮（2000）通过在世代交叠模型（OLG）中引入社会保障因素，在理论上得出人口老龄化（计划生育的自然结果）是中国城镇居民储蓄率上升的主要因素，数值模拟结果也支持这一结论。

通过上述论述，可知当前对于人口结构与储蓄关系的研究主要存在以下问题：

首先，运用生命周期理论所得到的人口结构变化（如人口老龄化）对国民储蓄率的影响，是基于劳动力储蓄倾向与老年人储蓄倾向差异进行的。但是问题在于，对不同年龄人口的储蓄倾向的决定，并没用严格的数理逻辑分析，而主要是通过经验数据做出的判断。例如，在生命周期理论中提到的个人储蓄倾向是随着年龄增长呈现出先上升后下降的趋势，并没有明确这个先上升后下降的拐点发生在哪个年龄上。事实上，许多通过人口结构解释储蓄的模型主要讨论不同年龄的人有不同的储蓄倾向（汪伟，

2011）。对老年人的消费倾向与劳动力的消费倾向大小的比较，换言之，对老年人的储蓄倾向与劳动力的储蓄倾向大小的比较，实际上至今难以给出确切无误的结论。因此，宏观层面上的人口结构对国民储蓄的影响关系，单纯通过生命周期理论所得出的结论还是缺乏说服力的。

其次，实证经验的研究结果表明，人口结构与各个层面储蓄率的关系尚未取得总体一致性。利用经验数据进行实证研究的结果，与所采用的计量分析方法、数据处理方法、解释变量及相关虚拟变量的选取、数据样本期的选择、短期突发事件的考虑、地区差异、经济发展阶段差异乃至模型设定的形式等诸多因素都有密切的关系。因此，实证数据分析的结果很难有可比性。

最后，更为关键的问题是，目前凡是从消费者行为出发对储蓄影响的分析，实际上只研究了决定储蓄单一方面的因素，即储蓄供给方面的因素，缺乏人口结构对生产方面的影响分析，或者说基于生产方面的人口结构对储蓄的影响效应是被忽略的。

第四节　世界人口结构变化趋势

对未来世界人口结构变化趋势预测结果表明，今后百年间世界人口年龄结构的变化将是很大的。从现实角度而言，人口结构是未来经济分析中重要的、不可忽视的因素。表2－3是1960—2010年世界人口年龄结构及其预测数据，图2－2是表2－3数据的图示，由此可以看到世界人口年龄结构的历史及未来变化趋势。

表2－3　　　　　1960—2010年及未来世界人口年龄结构：
世界各年龄段人口占总人口的比重

单位：%

年份	0—14 岁	15—64 岁	65 岁及以上
1960	37.1	57.8	5.1
2000	29.9	62.2	8.0
2010	26.4	64.6	9.0
2015	25.3	64.9	9.8

续表

年份	0—14 岁	15—64 岁	65 岁及以上
2020	24. 4	64. 5	11. 0
2050	19. 7	60. 6	19. 7
2100	16. 6	55. 4	28. 0

资料来源：联合国 UN Report 2004 Data，2000 年以后数据来自 *World Population Prospects*：*The 2010 Revision*，UN。2015 年后为预测数据，采用中方案预测结果。

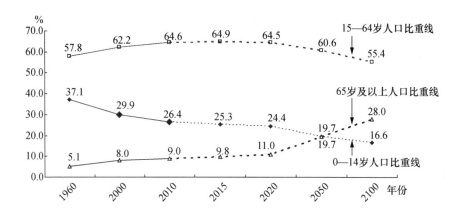

图 2 - 2　世界人口年龄结构：历史与未来

资料来源：同表 2 - 3。

　　图 2 - 2 表明，1960 年世界 0—14 岁的人口比重为 37. 1%，15—64 岁的人口比重为 57. 8%，65 岁及以上年龄的人口比重为 5. 1%。这说明在 1960 年，世界人口年龄结构曾处于较年轻的状态，呈现出未成年人口比重高而老年人口比重低的局面。然而至 2010 年，世界 0—14 岁的人口比重下降至 26. 4%，比 1960 年降低了 10. 7 个百分点；15—64 岁的劳动年龄人口比重上升到 64. 6%，提高了 6. 8 个百分点；65 岁及以上年龄的人口比重上升到 9%，提高了 3. 9 个百分点。

　　以上数据表明，1960—2010 年的 50 年间，世界 15—64 岁的劳动年龄人口比重显著提高，说明劳动力资源的数量较快增长，这为世界经济增长提供了有利的人力资源条件。至 2010 年，世界进入老龄社会，但是，人口老龄化的进程在此之前的 50 年间比较缓慢，世界 65 岁及以上年龄的人口比重提高了 3. 9 个百分点，年均提高了 0. 136 个百分点。快速增加的人力资源数量为世界经济增长提供了十分有利的基础。然而，根据各方对世界未来人口的预测结果，未来世界将进入快速的人口老龄化进程。联合国人口基金会预测数据预计，2010—2050年，世界65岁及以上人口比重将年均提高0.214个百分点。

由图2-2可见，未来的百年间，世界65岁及以上人口比重将呈现显著的上升趋势，而64岁及以下人口比重将呈现下降的趋势。至2050年，世界65岁及以上人口比重将达到19.7%，与0—14岁人口比重相当；至2100年，该比重将上升到28%，超过0—14岁人口比重11.4个百分点。届时，世界老年人口的数量将远远超过未成年人口的数量。世界15—64岁的劳动年龄人口比重在2050年将下降到60.6%，至2100年将进一步下降到55.4%。世界0—14岁的未成年人口比重在2050年将下降到19.7%，至2100年将下降到16.6%。

总之，21世纪人口增长的背景已经同20世纪有巨大的不同。显然，在劳动力稀缺性不断提高的背景下，传统经济学中关于人口及劳动力无限供给（其增长率为正常数）的假定，以及忽略人口年龄结构因素等假定，已不再适用于21世纪的实际情况。因此，当前有关的经济分析模型如何考虑人口变量的因素，不仅是一个学术问题，也是重要的现实问题。

第三章 储蓄的供给

经济中存在产品的供给与需求，对此已有广泛的认识。然而，储蓄实际上是另一种形式的"产品"——可贷资产（loanable funds）。因此，经济中也存在储蓄的供给与需求。从供给与需求的角度认识储蓄有关问题，有助于完整而正确地认识储蓄的决定机制。本章讨论储蓄供给的有关问题，主要涉及储蓄供给有关的概念、储蓄供给存在的市场，以及收入、利率、价格及消费结构等因素与储蓄供给关系的分析。

第一节 概 述

一 储蓄供给的主体——消费者

储蓄并不是无源之水，而是来自消费者的消费剩余。即对一定的产出（或收入），用于消费后的剩余部分即为储蓄。消费者是实施消费行为的主体，因此按储蓄的定义，如果产出（或收入）一定，消费者的消费越多，剩余部分（即储蓄）越少；反之，若消费者的消费越少，剩余部分越多。可见，针对特定的产出（或收入），消费者是决定储蓄供给的主体。相应的，影响消费行为的因素同时也是影响储蓄供给的因素。这表明，储蓄供给理论，应当以消费者及其消费行为的分析为核心内容。或者说，基于消费方面对储蓄问题的研究，实际上是对储蓄供给有关问题的研究。正是基于此道理，由于目前主流储蓄理论主要以消费行为分析为基础，因此可将其视为主要是有关储蓄供给的理论。

消费者是消费行为的主体，也就意味着消费者是储蓄供给分析中的主体对象。由此"消费者"成为一个重要的概念，因为这直接涉及储蓄供给范围的界定。那么什么是消费者？简言之，消费者是消费某产品或服务的人。然而，消费者是一个较为宽泛、相对的概念。一方面，可以从不同方面、不同口径来定义"消费者"。例如，经济中既有个体消费者，也有群体消费者，前者对应微观个人储蓄，后者对应宏观总体储蓄。另一方面，消费者的概念具有相对性。即同一主体既可以是生产者，又可以是消费者。例如，当一个人进行生产行为时即为生产者，而当其进行吃、穿、用等行为时则为消费者。

一方面，人人都是消费者，因为没有人可以不消费而生存；另一方面，每个健康、正常的人也都是或曾经是生产者。在现实经济中，一个人的劳动成果，成为另一个人的消费品，即"人人为我，我为人人"。这意味着，判断经济中某种活动主体是否为消费者，并不是简单地以该主体的某种特征属性来确定，而主要是以其消费行为的目的和其使用的产品属性决定的。消费行为是以满足消费需求为目的，而不是以生产、经营或销售为目的。而购买和使用生产机器设备的行为，则不属于一般意义的消费行为，这是由产品属性决定的。

根据对消费者的界定范围不同，经济中可以有不同层面或不同范围的储蓄供给问题。因此，在实际问题研究中，明确消费者的具体内涵及涉及范围是至关重要的环节。只有这样，才能准确地把握具体问题所涉及的储蓄供给内涵及范围。

二　消费品市场与投资品市场

从经济发展的层面看，储蓄的真正意义在于满足经济中的生产需要。储蓄用于投资，投资形成资本积累，由此提高生产能力，这是提升经济增长潜力以促进经济发展的重要途径。因此，储蓄供给是现实经济中一个至关重要的问题。由于储蓄源于经济产出的剩余，因此储蓄供给的内容也必然是经济产出。

根据对经济产出的使用，可将经济产出划分为两大类：消费品与投资品。相应的，经济中的产品市场可以划分为消费品市场与投资品市场。将产品市场划分为消费品市场与投资品市场的意义在于：有利于分别分析储蓄供给与储蓄需求的形成机制。在产品市场中，消费者是消费品市场中的需求方，生产者为供给方；而在投资品市场中，生产者是需求方，消费者是供给方。

可见，在消费品市场与投资品市场中，供需双方主体是不同的，因此两个市场对储蓄形成机制的作用也不同。在产品市场中，储蓄供给机制的分析主要以消费品市场机制分析为基础；而以生产者为主体的储蓄需求形成于投资品市场，而不是消费品市场，因此储蓄需求机制的分析主要以投资品市场机制分析为基础。

生产出的产品成为消费品还是成为投资品，并不是由产品本身的属性或功能决定，而主要是由对产品的使用目的决定的。简言之，满足消费者消费需求的产品为消费品，满足生产者生产需求的产品为投资品。或者说，消费品用于满足消费者的需求，是被消耗品，对其使用的过程即为减少该产品价值的过程，而不直接产生新的价值。投资品用于满足生产者的需求，成为生产过程的投入要素，以直接用于产生新价值为目的。由于投资品具有生产要素的作用，因此投资品市场实际上是一种生产要素市场。

三　储蓄供给涉及两个市场：产品市场与资本市场

仅有产品市场是不够的。因为在现实经济中，消费者要实现其消费，即完成产品的供需交易，并不是在产品与产品之间直接进行交易，而是消费者先取得收入（主要是货币形式的收入），然后再支出其收入而实现消费。也就是说，消费者要实现其消费行为需要涉及两个不同层面的市场：一是资金意义上的资本市场；二是产品市场。只有资本市场与产品市场有效地衔接与关联，生产者与消费者的供需交易才能有效实现。其中，价格是影响或调节产品市场中储蓄供给的工具，利率是影响或调节资本市场中储蓄供给的工具。

资本市场与产品市场分别存在储蓄供给与储蓄需求问题。因此，在许多情况下，需要按资本市场与产品市场分别分析各自市场中的储蓄问题。将资本市场与产品市场区分开来，实际上意味着储蓄供给存在于两个经济层面：一是以资金为核心对象的资本经济中资金储蓄供给问题；二是以产品为核心对象的实体经济中产品储蓄供给问题。由于资本市场与产品市场运行机制及有关影响因素不同，因此将储蓄供给按上述两个市场进行区分是非常必要的，否则就难以揭示不同经济层面的储蓄供给的决定机制。

第二节　收入对储蓄供给的影响

不论经济理论还是有关实证经验都表明，收入是影响消费的重要的甚至是决定性的因素。对此，经典的凯恩斯消费理论表明，消费是关于收入的增函数，即收入增加将导致消费增加，收入下降将导致消费减少。而从储蓄角度看，凯恩斯消费理论实际上也是有关储蓄供给的一种理论。

一 消费者收入与储蓄供给的关系

凯恩斯消费理论可通过如下消费函数来描述：

$$C = \alpha + \beta Y \tag{3-1}$$

（3-1）式中，C 为消费者的当期消费，Y 为消费者的当期收入，$0 < \beta < 1$ 为消费者的边际消费倾向，α 被认为是体现自主消费的参数，即体现的是消费者在当期收入为零的情况下也要进行消费的数量。

由（3-1）式体现的消费行为，实际上也包含着消费者对储蓄行为的决定。对此分析如下：

设消费者的储蓄水平为 S_P，则 S_P 作为收入 Y 中用于消费后的剩余，因此有 $S_P = Y - C$。于是，有如下关系式：

$$S_P = Y - C = Y - \alpha - \beta Y = (1 - \beta) Y - \alpha \tag{3-2}$$

（3-2）式表明，消费者的储蓄 S_P 是关于收入 Y 的函数。式中，$1 - \beta$ 称为边际储蓄倾向。由于 β 为边际消费倾向，因此边际储蓄倾向和边际消费倾向之和为1。这表明，边际储蓄倾向和边际消费倾向两者为此消彼长的互替关系。

现在需要考虑的问题是：按（3-2）式展现的关系，消费者的储蓄 S_P 是否为关于收入 Y 的增函数？由（3-2）式可见，其结论与参数 α 和 β 的情况有关。对此进行如下分析：

（1）如果参数 α 和 β 不变。因为 β 为边际消费倾向，且 $0 < \beta < 1$，于是有 $1 - \beta > 0$。因此，在此情况下，（3-2）式表明，储蓄 S_P 由收入 Y 决定，且 S_P 是关于收入 Y 的增函数，即收入 Y 增加将导致储蓄 S_P 增加。

（2）如果参数 α 和 β 可变。按凯恩斯的消费理论，同样可得出 S_P 是关于收入 Y 的增函数这一结论。这是因为，按凯恩斯消费理论，平均消费倾向随收入增加而降低。平均消费倾向的定义是 $\frac{C}{Y}$，记 $\frac{C}{Y} = \bar{c}$，则 $C = \bar{c}Y$。于是，有如下关系式：

$$S_P = Y - C = Y - \bar{c}Y = (1 - \bar{c})Y \tag{3-3}$$

根据凯恩斯消费理论，当收入 Y 增加时，平均消费倾向 $\bar{c}$ 将下降：

$$\bar{c} = \frac{C}{Y} = \frac{\alpha + \beta Y}{Y} = \frac{\alpha}{Y} + \beta$$

因而 $1 - \bar{c}$ 将随收入 Y 的增加而上升，因此（3-3）式的 S_P 是关于 Y

的增函数，即收入增加将导致储蓄增加。由此可见，上述分析说明，收入增加具有提高储蓄水平的效应。

上述分析是针对储蓄绝对水平而言的。实际上，同样可进行收入对储蓄率影响的分析。例如，设 s_P 为消费者的储蓄率，于是按凯恩斯消费理论，下面的关系式成立：

$$s_P = \frac{S_P}{Y} = 1 - \bar{c} = 1 - \beta - \frac{\alpha}{Y} \tag{3-4}$$

关于参数 α 和 β 的情况讨论可按上述方式进行：

（1）如果参数 α 和 β 不变。由（3-4）式可见，s_P 是关于收入 Y 的增函数。

（2）如果参数 α 和 β 可变。利用（3-3）式，有下面的关系式：

$$s_P = \frac{S_P}{Y} = (1 - \bar{c})$$

同样，根据凯恩斯消费理论中关于收入 Y 增加将伴随 $\bar{c}$ 下降（平均消费倾向下降）的结果，由此可得到储蓄率 s_P 是关于收入 Y 的增函数，即表明收入提高同样产生提高储蓄率的效应。

上述论证结果表明，在凯恩斯消费理论模式下，可以得到消费者收入增加将导致其储蓄水平及储蓄率均提高的结论。然而，凯恩斯消费理论所表述的主要是消费者收入与消费之间的关系。在宏观经济层面，这意味着国民收入对国民储蓄供给和国民储蓄率有正向影响。

二　国民收入对储蓄供给的影响

如前所述，国民储蓄为经济总产出（或总收入）用于消费后的剩余。如果设一定宏观经济的总产出为 Y，总消费为 C，国民储蓄为 S，则有 $S = Y - C$。可见，如果其他条件不变，总产出 Y 增加或总消费 C 减少均将导致宏观储蓄 S 增加；产出 Y 减少或消费 C 增加均将导致宏观储蓄 S 下降。这表明，总产出（总收入）Y 和总消费 C 是影响宏观储蓄供给的两个直接的因素。而从全体国民的角度看，总产出或总收入就是国民收入。因此，关系式 $S = Y - C$ 本质上体现的是国民储蓄与国民收入的关系。

宏观储蓄供给主体是全体国民。如果将全体国民视为一个总体，那么国民收入就是这个总体的总收入。在这种情况下，总消费是总收入的函数，对此可表示为 $C = C(Y)$，这里，Y 为全体国民的总收入，C 为全体国民的总消费。相应的，国民储蓄可进一步表示为下面的关系式：

$$S = Y - C(Y) \tag{3-5}$$

对于储蓄供给的分析应当围绕消费行为来展开。这意味着为了对（3-5）式进行分析，应当主要考虑消费行为效应。对此，需要考虑的问题是：总收入 Y 的变动如何影响总消费，进而对总储蓄 S 有怎样的影响。为此，根据（3-5）式，可得：

$$\frac{\mathrm{d}S}{\mathrm{d}Y} = 1 - C'(Y) \tag{3-6}$$

（3-6）式中，$C'(Y) = \dfrac{\mathrm{d}C}{\mathrm{d}Y}$，简记为 C'，是消费者群体的边际消费倾向。在现实经济中，消费者的边际消费倾向与消费者的消费习惯以及经济所处的发展阶段等因素有关。一般来说，边际消费倾向 C' 介于 0—1 之间，因此相应有 $0 < 1 - C' < 1$。$1 - C' > 0$ 成立的意义是，储蓄供给 S 随国民收入 Y 变动，且两者变动方向是一致的，即储蓄总量 S 随产出 Y 增加而增加，随产出 Y 减少而下降。$1 - C' < 1$ 成立的意义是，一定的国民收入变动量所引发的国民储蓄变动量，小于该国国民收入变动量。

根据（3-5）式，国民储蓄率 s 有下面的关系式：

$$s = \frac{S}{Y} = 1 - \frac{C(Y)}{Y} \tag{3-7}$$

对（3-7）两边求 Y 的导数，于是有：

$$\frac{\mathrm{d}s}{\mathrm{d}Y} = -\frac{C'Y - C}{Y^2} = -\frac{C'}{Y} + \frac{C}{Y^2}$$

由于 $c = \dfrac{C}{Y}$，因此容易得到：

$$\frac{\mathrm{d}s}{\mathrm{d}Y} = \frac{1}{Y}(c - C') \tag{3-8}$$

在（3-8）式中，$c = \dfrac{C}{Y}$ 为总消费率。（3-8）式表明，国民储蓄率 s 随国民收入 Y 而变动的情况，同产出数量 Y 及总体的消费率与总体的边际消费倾向的差值 $c - C'$ 的情况有关。特别是 $c - C'$ 的正负决定国民储蓄率 s 随国民收入 Y 而变动的情况。如果边际消费倾向 C' 小于消费率 c，则 $c - C'$ 为正数，于是 $\dfrac{\mathrm{d}s}{\mathrm{d}Y} > 0$，此时国民收入增加将导致国民储蓄率增加；如果边际消费倾向 C' 大于消费率 c，则 $c - C'$ 为负数，于是 $\dfrac{\mathrm{d}s}{\mathrm{d}Y} < 0$，此时国民

收入增加将导致国民储蓄率下降。即国民收入变动对国民储蓄率的影响，与消费者总体的边际消费倾向及总消费率等参数有关。

由于影响国民收入与总消费的因素很多，因此实际上对宏观储蓄供给的影响因素繁多而复杂，例如，价格、利率、消费倾向、消费偏好及交易成本等都是可以影响储蓄的因素。微观影响储蓄供给的各种因素的综合结果，最终体现为对宏观储蓄的影响。如果假定微观个体无差异，那么对微观个体加总的结果，等同于微观个体按一定比例放大。然而，现实中的微观个体差异不仅存在，而且千差万别。因此，宏观储蓄的最终决定与消费者差异有重要关系，即存在着消费结构对宏观储蓄影响的问题。

第三节　利率对储蓄供给的影响

利率作为金融市场中的一种工具，实际上也是一种特殊的价格，即资金的价格。与此相对应，利率也是储蓄资金的价格。然而，利率变动的影响效应并不仅限于金融市场，而且对实体经济乃至经济各方面都有至关重要影响。本节主要分析利率变动对资本市场与产品市场储蓄供给的影响，有关利率对储蓄需求的影响将在后面的有关章节讨论。

一　利率对储蓄资金供给的影响——资本市场分析

在资本市场，利率变动的意义是资金价格的变动，也就是资金使用成本的变动。对储蓄而言，如果利率提高，就意味着储蓄资金的价格提高。由于在资本市场消费者是储蓄资金的供给者，因此利率提高对消费者的影响效应是：激励消费者增加资本市场中的储蓄资金供给。反之，如果利率下降，即意味着储蓄资金价格下降，由此对消费者的影响效应是：降低消费者增加储蓄资金供给的激励。资本市场中的储蓄资金供给同利率的关系，可用图3-1表示。

图3-1表明，在资本市场中，储蓄资金供给与利率呈正向相关关系，即储蓄资金供给随利率升高而增加，随利率降低而减少。然而，对上述问题的理解需要注意以下两点：

首先，上述储蓄资金供给与利率之间的关系，是有一定适用条件的。其中的一个重要前提条件是要求除利率以外的其他条件不变。如果利率变动且其他有关条件也同时变动，那么对利率变动的影响效应则可能难以做

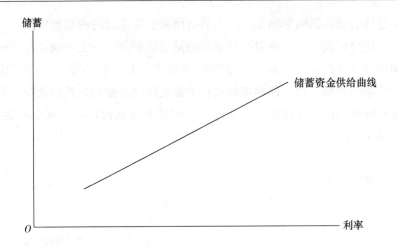

图3-1 资本市场中储蓄资金供给与利率的关系

出定论。例如，如果利率提高的同时产品市场价格下降，此效应可以在一定程度上抵消利率提高对消费者产生的增加储蓄资金供给的激励。在此情况下，利率变动的方向与储蓄资金供给变动的方向是否一致，难以给出明确判断。

其次，上述分析是关于资本市场中的储蓄资金供给与利率的关系，并不表明利率对实际储蓄水平的最终影响关系。这是因为，实际储蓄水平不仅与储蓄供给的因素有关，而且与储蓄需求因素有关，即取决于储蓄供给与储蓄需求均衡状态。也就是说，利率不仅对储蓄资金供给有影响，也对储蓄资金需求有影响。利率变动对储蓄资金需求的影响，可归结为对生产行为问题的分析，对此将在后面的有关章节进行讨论。

二 利率对实体经济储蓄供给的影响——产品市场分析

从上面分析可以看到，在一定条件下，利率的提高具有激励消费者增加资本市场中储蓄资金供给的效应，即可以导致储蓄资金相对多地流入资本市场。然而，这一效应对产品市场意味着，如果其他条件不变，产品市场中消费者可用于购买产品的资金将相对减少，即消费者购买力下降。这对实体经济的储蓄供给影响是：消费者减少其消费，由此增加实体经济的储蓄供给。反之，如果利率下降，而其他条件不变，则消费者向资本市场中增加储蓄资金供给的意愿下降，即资金相对较多转出资本市场而增加产品市场中的资金供给，其效应是产品市场中的消费者购买力上升。这时对实体经济的储蓄供给影响是：增加消费而减少实体经济的储蓄供给。

上述分析表明，利率对产品市场的储蓄供给存在一定影响。并且利率对实体经济（产品市场）中储蓄供给的影响与其在资本市场对储蓄资金供给的影响方向一致。即利率提高有增加实体经济储蓄供给的效应，利率下降有降低实体经济储蓄供给的效应。产品市场储蓄供给与利率的关系，可由图3－2来表示。

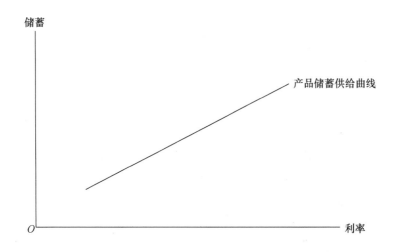

图3－2　产品市场中储蓄供给与利率的关系

然而，上述结论的成立同样需要一定的前提条件。在现实经济中，产品市场的储蓄供给分析面临更为复杂的情况。由于产品的功能与属性不同，消费者对产品选择的偏好不同，因此有关因素对消费行为的影响效应不同。特别是不能简单地以产品的价格以及资金利息的高低进行消费选择。例如，如果消费者对某产品的需求是刚性的，这就意味着无论该产品的价格如何变动，消费者对该产品的消费需求数量并不会有较大的变化。在这种情况下，上述分析的结论可能是不适用的。如果对产品的需求是刚性的，那么与之对应的储蓄供给也可能是刚性的。即意味着不论利率如何变化，利率可能并不会对储蓄供给产生较大影响。

因此，一些因素影响消费行为的效应与前提条件有关。一般而言，利率变动的效应通常与价格变动有密切的关系。如果利率提高导致产品市场中的资金减少，但市场价格相应降低，由此可产生一定的抵消资本市场利率变动的效应，这是因为价格下降将提高消费者的购买力。

总之，利率与储蓄供给之间的关系同有关前提条件相联系。因此，明确相关前提条件，乃至明确所论述的储蓄的具体内涵是非常关键的。特别是在实际分析利率变动对储蓄供给的影响时，就需要考虑问题所涉及的具体情况，例如可能需要考虑相关的价格弹性、需求弹性、消费偏好与消费习惯等很多因素。

第四节　价格对储蓄供给的影响

这里的价格是指产品市场中的产品（包括服务）的价格，而不包括资金的价格。资金价格即利率的意义，与产品市场中的产品价格的意义很不同，是分属不同经济层面的变量，因此需将利率与价格区分开。如果一定经济中的价格出现全面上涨，这便是通货膨胀的情况。而利率的上升则不是通货膨胀的情况。相反，一般而言，利率上升即意味着资金使用成本提高，在理论上有利于减少资金流动性，从而有利于抑制通货膨胀。可见，将产品市场中的价格与资金市场中的价格（利率）进行区分是非常必要的。

由前所述可知，储蓄供给主体为消费者，因此本节关于价格对储蓄供给影响效应的分析，主要分析消费价格变动的影响效应。有关生产价格变动影响效应的分析，主要分析有关价格对储蓄需求方面的影响效应，因此不在本章讨论的范围。

一　消费价格对产品经济的储蓄供给影响——产品市场分析

消费价格是指产品市场中消费品的价格。价格变动直接影响消费者购买消费品的成本，因此对产品市场有直接影响。如果其他条件不变，消费价格提高就意味着消费者消费成本提高，由此产生使消费者减少其消费而增加产品剩余的效应。与此相对应的储蓄效应是，增加产品市场的储蓄供给；反之，如果消费价格降低，即意味着降低消费者的消费成本，由此产生增加消费而减少产品剩余的效应。与此对应的储蓄效应是，降低产品市场的储蓄供给。上述论述的产品经济中消费价格与储蓄供给的关系，如图3-3所示。

图3-3中产品市场储蓄供给曲线表明，在产品市场中储蓄供给与消

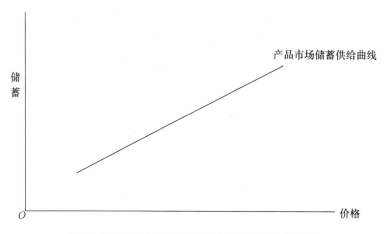

图 3 - 3 产品市场中储蓄供给与消费价格的关系

费价格呈正向关系，即储蓄供给随消费价格升高而增加，随消费价格降低而减少。其基本原因是，消费价格上升导致消费成本增加，由此产生降低消费而增加储蓄供给的效应；消费价格降低导致消费成本减少而增加消费，从而产生增加消费而减少储蓄供给的效应。

必须注意的是，上述结论是有一定前提条件的。

首先，上面所说的产品市场是对实体经济中各类产品市场的统称，而不是特指某类具体的产品市场。或者说，这里的产品市场是经济学意义的产品市场。即在此产品市场中，产品消费后的剩余部分为投资品。

其次，上述表明的储蓄供给与消费价格关系，没有涉及对产品的具体功能或用途的考虑。如果考虑产品的具体功能或用途，那么消费品价格变动与产品消费需求的数量关系就不是简单的问题。例如，人们对"吃"的消费需求有很强的刚性，"吃"的价格弹性的波动性有限。也就是说，人们不会因为"吃"的价格无限下降而无限购买、无限消费。而对于一个正常人，"一日三餐"足矣，吃得过多或过少都是负效应。这意味着，如果消费者对某种产品的消费数量存在一定的适度范围，那么消费价格的变动对消费的影响将局限在一定范围。

最后，上述分析的产品市场中储蓄供给与消费价格的关系，并不是消费价格对实际储蓄水平的最终影响关系。这是因为，上面仅分析消费价格对储蓄供给方面的影响，而决定实际储蓄水平还有储蓄需求方面的因素。即实际储蓄水平取决于储蓄供给与储蓄需求两者关系的均衡状态。因此，产品市场的消费价格仅是影响储蓄供给的一方面因素，而不是全部。

事实上，在现实微观经济中，价格与储蓄的关系非常复杂，如产品的可替代性、产品的价格弹性、消费者的消费偏好与习惯等，都是重要的影响因素。例如，如果一定的消费品是可替代的或者是非刚性需求的，那么当该商品价格上涨时，可购买价格相对低的其他可替代品以使总消费成本基本不变，由此价格对总储蓄供给的影响可能不显著。

在现实经济中，价格水平变动对消费的影响是非常复杂的，其最终影响效应与其他方面情况变动有关。例如，消费者可能因物价太高而减少消费，从而有利于增加资本市场中的储蓄资金供给。另外，可能的效应是，由于通货膨胀导致储蓄资金贬值，如果利率的收益不能吸引消费者，则消费者可能转而增加对有关保值产品的购买而不愿持有更多的现金，由此对实体经济中的储蓄产生复杂的影响。因此，明确所分析问题的具体相关前提条件是重要的，如果忽略这些前提条件泛而论之，其分析结果有可能存在较大偏差甚至错误。

二　消费价格对储蓄资金供给的影响——资本市场的分析

产品价格的变动首先体现的是产品市场变动的一种因素。但是，产品价格变动的影响并不局限于产品市场本身，对资本市场也会产生一定的影响。这是因为，消费者向资本市场提供的储蓄资金供给，既与消费品价格有关，也与购买的消费品数量有关。假设消费者按如下关系式决定消费品价格与购买该消费品的数量：

$$Q = a + bP \tag{3-9}$$

其中，Q 为购买的消费品数量，P 为消费品价格，a、b 为参数。

在现实经济中，价格一般是在一定范围内变动的，因此，假设 $0 < P_1 \leq P \leq P_2$，即表示价格 P 是在 P_1 与 P_2 之间变化。设消费者收入为 Y，购买 Q 数量的支出成本为 C，则 $C = QP$。按（3-9）式，有如下关系式：

$$C = (a + bP)P \qquad (0 < P_1 \leq P \leq P_2) \tag{3-10}$$

于是，消费者可为资本市场提供的储蓄资金 S 为：

$$S = Y - C = Y - (a + bP)P = Y - aP - bP^2 \tag{3-11}$$

当 $b \neq 0$ 时，对（3-11）式整理，可得：

$$S = Y - aP - bP^2 = Y + \frac{a^2}{4b} - b(P + \frac{a}{2b})^2 \quad (b \neq 0) \tag{3-12}$$

由（3-12）式可知，如果收入 Y 一定，储蓄 S 与价格 P 是增函数还是减函数的关系，与参数 b 有关：

（1）若参数 $b<0$，（3－12）式表明，储蓄 S 与价格 P 呈正向关系。这时，若价格 P 水平上升，将导致储蓄 S 水平提高；若价格 P 水平下降，将导致储蓄 S 水平降低。这是因为，若 $b<0$，根据（3－9）式，表明价格 P 水平上升将导致消费者购买的产品数量下降，由此将产生增加剩余资金而提高资本市场的资金储蓄供给的效应。同样，若价格 P 水平下降，将导致消费者的购买数量增加，由此将产生减少剩余资金而降低资本市场资金储蓄供给的效应。$b<0$ 体现的是价格水平与消费水平呈反向关系的情况，即由价格上升导致需求下降，这是经济中常见的一般情况。

（2）若参数 $b>0$，（3－12）式表明，储蓄 S 与价格 P 呈负向关系。这时，若价格 P 水平上升，将导致储蓄 S 水平降低；若价格 P 水平下降，将导致储蓄 S 水平提高。这是因为，若 $b>0$，根据（3－9）式，表明价格 P 水平上升时消费者购买的产品数量反而增加。这是现实经济中确实存在的一种情况，即"买涨不买跌"现象。这种现象与消费者的预期有关，即如果消费者预期价格将持续上升，则可能出现价格越上升消费者的购买数量越增加的现象。价格上涨导致购买的消费品数量增加，由此将产生减少消费者的剩余资金而降低资金储蓄供给的效应。

上述分析是在假设参数 $b\neq0$ 的情况下进行的。若参数 $b=0$，（3－12）式表明储蓄 S 与价格 P 没有关系。也就是说，若参数 $b=0$，根据(3－9)式，表明这时无论价格 P 怎样变化，消费者都有固定的消费数量 a，即 $Q=a$。由于此时 a 表示消费者所需要购买的产品数量，因此要求 $a>0$。这时，储蓄资金供给函数为：

$$S = Y - C = Y - aP \qquad (a>0) \qquad\qquad (3-13)$$

（3－13）式表明，在 $b=0$ 的情况下，储蓄 S 是关于价格 P 的减函数。

第五节　消费结构与储蓄供给的关系

总消费是指某一经济体中各类消费的总和，而其中的某类消费量占总消费比重，即体现消费结构。消费结构可以从不同方面考察。例如，可以按消费者的特征划分消费结构，也可以按消费品的特征划分消费结构，或者按某一标准划分消费结构。具体来说，消费者的一些特征主要有年龄、教育程度、职业、户籍或收入水平等，消费品的特征可以按一定的功能、用途或属性来划分，如可以按吃、穿、住、行、耐用品、普通用品和奢侈品等特征分类。

一般而言，不论按怎样的特征划分消费结构，总量消费大致可以表示为按一定特征分类的消费数量之和。具体来说，如果按某特征可将一定经济中的总消费 C 划分为 N 类，其中，第 i 类的消费量为 C_i（$i=1$，…，N），则有如下关系式：

$$C = \sum_{i=1}^{N} C_i \tag{3-14}$$

（3-14）式体现的是总消费的结构分解表达式，是进行有关结构分析的基础。

相应的，对于储蓄供给 S 有下面的表达式：

$$S = Y - C = Y - \sum_{i=1}^{N} C_i$$

其中，Y 为总产出或总收入。如果与第 i 类消费相对应的收入记为 Y_i，则有 $Y = \sum_{i=1}^{N} Y_i$。设 c_i 为第 i 个消费体的平均消费倾向，因此有 $C_i = c_i Y_i$。于是有下面的关系式：

$$S = Y - C = \sum_{i=1}^{N} Y_i - \sum_{i=1}^{N} C_i = \sum_{i=1}^{N} Y_i - \sum_{i=1}^{N} c_i Y_i = \sum_{i=1}^{N} (1 - c_i) Y_i$$

即：

$$S = \sum_{i=1}^{N} (1 - c_i) Y_i \tag{3-15}$$

如果 Y 是国民收入，C_i 就是国民收入中的内容。这意味着此时的 C_i 是经济产出层面内容，而非货币收入。因此，这时 Y_i 是实体经济产出的分配结果。

设 s 为国民储蓄率，则 $s = \dfrac{S}{Y}$，从而有下面的关系式：

$$s = \frac{S}{Y} = \sum_{i=1}^{N} (1 - c_i) \frac{Y_i}{Y} = \sum_{i=1}^{N} (1 - c_i) y_i \tag{3-16}$$

其中，$y_i = \dfrac{Y_i}{Y}$，y_i 是第 i 类消费在国民收入中所占的比重，满足 $\sum_{i=1}^{N} y_i = 1$。（3-16）式表明，第 i 类消费的平均消费倾向与储蓄率呈反向关系，而与第 i 类消费所对应的收入水平呈正向关系。

第四章　储蓄的需求

供给与需求不可分割，因此与储蓄供给相对应的是储蓄需求。本章讨论储蓄需求的有关问题。主要涉及储蓄需求的主体即生产者的行为分析，实体经济与资本经济中储蓄需求的关系分析，要素价格、利率及生产性因素对储蓄需求的影响。最后利用统计数据对中国生产性因素与储蓄的关系进行估计。实证分析结果表明，生产性因素（资本扩张和劳动力数量增长）对中国总和储蓄的影响是正向且显著的。

第一节　概　　述

一　储蓄需求的主体——生产者

生产是人类赖以生存与发展的基本活动。生产需要资本，资本形成于投资，而投资来源于储蓄。因此，归根结底，储蓄是人们从事生产活动乃至经济发展的基本需求。由于生产者是生产活动的主体，也必然是储蓄的最终使用者，是储蓄的最终需求主体。相应的，影响生产者投资需求的因素，也就是影响储蓄需求的因素。这意味着，对储蓄需求有关问题的分析，应围绕生产者投资行为及其影响因素展开。其中，生产者是储蓄需求分析中的主体对象。

由生产活动的普遍性决定了现实经济对储蓄的需求是广泛存在的。同消费者一样，生产者也是一个相对宽泛的概念。现实经济中存在不同规模、不同层面生产者，因此也存在不同口径的生产者。例如，生产者可以是微观经济中的具体企业，也可以是按一定属性划分归类的生产群体。一定的产业就是有某种共同特征的生产单位的集合体。因此，由于生产者的定义口径或层面不同，分别对应于有不同范围或不同层面的储蓄需求。如有微观经济层面的储蓄需求，也有产业或宏观经济层面的储蓄需求等。为此，在分析有关储蓄需求的具体问题时，明确其具体内涵是非常必要的。

二 实体经济的储蓄需求与资本经济的储蓄需求

现实经济主要由两个基本经济系统构成：一个是以产品生产或服务为核心内容的实体经济，另一个是以资金流通为核心内容的资本经济（也有称为虚拟经济）。相应的，生产者对储蓄的需求，分别存在于这两个经济系统中，即相应存在实体经济的储蓄需求与资本经济的储蓄需求。实体经济的储蓄需求以投资性实物产出为主要内容，资本经济的储蓄需求以投资性资金需求为主要内容。

然而，实体经济的储蓄需求与资本经济的储蓄需求并非独立无关，而是存在密切的关系。一方面，生产者的投资需求最终是对实体经济的投资品的需求。这是因为，生产活动最终无法离开生产要素投入，而对生产要素投入的需求即对投资品的需求。另一方面，在现代经济体系中，生产者的投资实现过程必然也是资金流动的过程。这是因为，在现代经济中，不论是消费品的交易，还是投资品的交易，通过资金交易是主要的实现方式。在现代经济体系中，实体经济活动过程必然对应着相应的资金流动，离开相应资金流动的实体经济是无法运行的。由此决定实体经济的储蓄需求与资本经济储蓄需求两者之间必然存在不可分割的密切关系。

而经济发展对储蓄的需求，最核心的问题在于实体经济中的生产者对从事生产活动的需求。其中，以投资扩大资本积累，进而扩大生产能力是生产性储蓄需求的根源。对此，需要在此实体经济中有一定比例的经济成果用于再投入。在现实经济中主要体现为在产品市场中广泛存在对投资品的需求。因此，以生产者为主体的储蓄需求主要存在于投资品市场，也就是存在于生产要素市场。

三 生产要素与投资需求

生产过程实际上是投入有关的生产要素而取得所需的产品的过程。因此，生产对要素的需求，是投资需求的核心问题。在现实经济中，各种具体的生产活动是非常复杂的，生产要素的具体种类不计其数，难以统计。归纳起来，生产活动主要需要两类生产要素投入：一是物力，二是人力；前者为资本投入，后者为劳动投入。

首先，生产活动必须以一定的有形资本为基础，由此产生资本投入的需求。而生产能力的扩大，需要有持续不断扩大的资本积累，相应地要求有持续不断的投资过程。

其次，即使生产者不拟扩大生产能力，单纯为了维持原有的生产能力，也需要及时补充投资以弥补资本的损耗，由此产生补偿资本折旧的需求。因此，投资需求可分为两种基本需求：资本积累需求和资本折旧需求。

劳动力是任何生产过程都不可或缺的要素。然而，劳动力参与生产过程，并非只是简单地增加劳动力数量，而是需要有一定资本配置的劳动力。即资本数量与劳动力数量应有合适的比例关系。具体来说，新增的劳动力不是空手进行生产活动的，每当新的劳动力加入经济活动中，就需要对新增的劳动力配置一定数量与质量的资本。因此，新增的劳动力越多，需要新配置的资本数量就越多。这意味着劳动力的资本配置需求是一种基本的投资需求，此需求可归结为由劳动力数量增长而引起的投资需求。其中，劳动力人均资本水平，既可作为度量生产能力水平的重要指标，也可作为体现劳动力人均资本配置水平的度量指标。

四　生产者与消费者关系的本质是供给与需求的关系

经济增长的动力归根结底来自供给与需求两方面的推动。供给与需求的关系，本质是生产者与消费者的关系。首先，生产者的供给能力即生产能力，是决定经济发展的基础性因素。没有生产能力，一切经济活动就无从谈起。原始社会与现代社会有天壤之别，发达国家与贫穷国家有巨大的差距，根本原因在于不同时代、不同国家的生产能力之间存在巨大的差距。其次，消费者是决定需求水平的因素，是决定生产能力释放程度的因素。生产者的生产能力只是潜在的产出能力，要将其转变为现实产出，就需要有对产出的需求。而生产方或者说是供给方的主体是生产者，需求方的主体是消费者，因此生产者与消费者关系的本质是与供给和需求的关系是一致的。

经济发展的实现，是供给与需求彼此适应、均衡提升的过程，因此也是生产者与消费者之间的彼此协调与均衡发展的过程。在生产能力已经充分发达的现代社会，需求往往是制约经济增长的主要因素，即现代经济主要表现为有效需求不足。而消费者的消费需求是经济总需求的核心部分，由此决定了以消费者为主体的储蓄供给对经济需求有重要的影响。然而，需求可以调动供给，供给也可以创造需求，二者相辅相成、相互制约。因此，与生产者所对应的储蓄需求，同样是决定储蓄水平的重要因素。可见，如何实现生产者与消费者的协调、均衡关系，是经济中重要的问题。

第二节　要素价格对储蓄需求的影响

价格对产品的供给与需求都有重要影响，其影响同样反映在对储蓄的供给与需求方面。本节主要分析价格对储蓄需求的影响。生产者对储蓄的需求，在于其对实体经济的生产要素的需求，而生产要素所对应的是投资品而非消费品。因此，分析价格对储蓄需求的影响，实际上是要分析投资品价格即生产要素价格对储蓄需求的影响。

一　要素价格对实体经济储蓄需求的影响

生产活动需要有一定的要素投入，如需要有资本、劳动及技术等。在其他条件不变的情况下，要素市场价格提高，意味着生产成本增加，由此降低生产者投资意愿。在储蓄方面，与此效应相对应的是降低生产者的投资需求，进而降低对储蓄的需求。反之，如果要素价格降低，即生产成本下降，由此提高生产者的投资意愿。在储蓄方面，与此效应相对应的是提高生产者的投资需求，进而提高对储蓄的需求。在上述分析的情况中，要素市场中的储蓄需求与要素价格呈负向关系，即储蓄需求随要素价格提高而降低，随价格下降而提高，如图4-1所示。

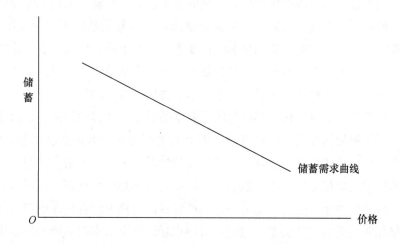

图4-1　要素市场中储蓄需求曲线

上述分析结论存在一个重要前提条件，即要求其他有关条件不变。换句话说，如果有关的前提条件不同，实际的结果可能是不同的。例如，生产所需要的生产要素是可替代的，那么当该要素价格上涨而超过预期成本时，生产者可寻求价格低的其他替代品，以使生产总成本控制在其可承受范围内。实际上，生产的要素价格是影响资源配置、生产活动乃至经济发展模式的重要因素。例如，劳动要素价格低是导致发展劳动密集型产业的一种重要动力。一个企业乃至一个地区，是采取劳动密集、资本密集还是技术密集的发展模式，一些重要的生产要素的价格情况是重要的影响因素。一般而言，以廉价要素替代高价要素，是促进企业发展的重要动力。从长远看，随着中国人口老龄化过程中的劳动力稀缺性不断上升，中国劳动力价格不断提高是大势所趋，由此将成为引发企业、产业乃至整体经济发展模式变化的重要因素。

二　要素价格对资本经济储蓄需求的影响

由于实体经济与资本经济存在密切关系，实体经济的要素价格变动，必然会影响资本市场。原因是，生产要素价格的变动引起生产成本变动，而成本是以资金成本度量的，由此涉及资金在产品市场与资本市场之间的流动。在其他条件不变的情况下，要素价格提高，意味着对于购买同质同量生产要素的成本增加，相应的资金需求量增多。如果要素不可替代，就需要资本市场提供相对更多的资金，从而提高生产者对资本市场的资金需求。因此，实体经济中生产要素价格的上涨，有增加资本市场的储蓄资金需求的效应。反之，如果生产要素价格降低，在其他条件不变的情况下，即意味着生产者购买同质同量的生产要素的成本下降，由此减少一定的资金需求，从而具有减少资本市场的储蓄资金需求的效应。可见，实体经济中的生产要素价格的下降具有降低资本经济储蓄需求的效应。

所谓要素不可替代，等同说法是要素的需求价格弹性稳定，也就是不论要素价格如何变动，生产者对所需要的生产要素的数量是基本稳定的。由上一段的论述可见，在要素不可替代的情况下，要素价格上涨与资本市场的储蓄需求呈正向关系。然而，如果生产要素是可替代的，或者说要素需求价格弹性是可变的，那么一定生产要素的价格上涨将促使生产者寻求价格相对较低的替代要素。这时对资本市场的资金需求的影响将取决于生产者寻求替代品后的成本变化。如果替代要素比原来的成本下降，那么降低资金需求从而产生降低资本市场的储蓄资金需求的效应。如果替代的结果是仍旧比原生产成本上升，那么提高资金储蓄从而产生提高资本市场的储蓄资金需求的效应。

　　总之，要素价格变化对资本市场储蓄资金需求的影响是复杂的，与要素是否可替代、要素需求价格弹性大小及生产对要素需求的具体特点等多方面的因素有关。

第三节　利率对储蓄需求的影响

　　利率在本质上也是一种价格，即资金价格，是资本经济中一种重要的工具。利率变动的重要作用是调节资金的供需关系。相应的，利率对资本市场的储蓄资金供给与储蓄资金需求产生影响，进而对实体经济产生影响。实际上，资本市场对储蓄资金的需求状况，在一定程度上反映生产者在资本市场上的行为。

　　资本市场中储蓄需求曲线主要体现资金价格与储蓄需求的关系。如果资金价格提高，意味着生产者使用资金的成本提高，从而减少生产者的资金使用需求，也就是减少储蓄需求；如果资金价格下降，则减少生产者使用储蓄成本而增加储蓄需求。因此，这种情况下的资本市场上储蓄需求与利率呈负向关系，资金储蓄需求曲线为向下的曲线，如图 4-2 所示。

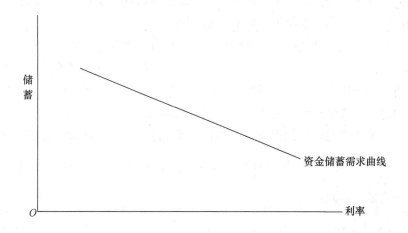

图 4-2　资本市场中储蓄需求曲线

然而，将储蓄转化为投资的最终主体是生产者。在现代经济中，要取得实体经济的投资品使用权，首先需要取得相应资金，即实现对相关投资品的购买。不论出于怎样的动机，如果生产者有增加投资的需求，相应地等同于经济中有增加储蓄的需求。若经济中的储蓄水平不能满足生产者需要的投资水平，就意味着储蓄的稀缺性提高，由此产生储蓄价格（利率）上升的压力，进而增加储蓄供给的激励。反之，若经济中的生产者没有增加投资的意愿，相应地等同于经济中没有增加储蓄的需求，即意味着储蓄的稀缺性下降，由此产生储蓄的价格（利率）降低的压力，进而产生减少储蓄的效应。可见，生产性因素是导致储蓄需求变化的根本性原因。

第四节　生产性因素与储蓄需求

从生产方面看，投资需求主要来自生产者对生产能力不断提升的需要。生产能力是以有关生产要素为基础的一种综合生产力。虽然现实经济中具体生产要素种类很多，但是，归纳起来，可大体分为资本和劳动两大类。根据生产函数理论，生产能力是在一定技术水平下的资本投入与劳动投入的函数，即生产函数为 $Y = F(K, L)$，其中，K 为资本投入水平，L 为劳动投入水平。如果生产函数不同，即意味着同一生产要素投入而得到的产出数量不同，表明生产技术水平不同。

前面论述中已经提到，生产性投资需求分别有资本积累需求和补偿资本折旧需求。在生产函数中，资本需求体现为 K 的水平需要不断提高，以此提高产出能力。资本折旧的需要体现为：即使生产者没有扩大生产能力的愿望，要维持原有生产能力，也需要及时补充投资以弥补资本损耗。因此，生产者对生产的投资需求 I 由两部分内容构成：对增加资本积累的需求 $\frac{dK}{dt}$（t 表示时间）和对补充资本折旧的需求 δK（δ 为折旧率），即生产性投资需求 I 为：

$$I = \frac{dK}{dt} + \delta K \tag{4-1}$$

或写成：

$$I = K \frac{d(\ln K)}{dt} + \delta K \tag{4-2}$$

（4-1）式说明生产者对储蓄有增加资本积累和补偿资本折旧两种需求，体现了生产者基于生产性因素与储蓄需求的量化关系。

生产过程是资本与劳动相结合而产出成果的过程。确切地说，生产最终是由劳动力的劳动推动的，因为任何资本作用的发挥，都需要将资本与相应的劳动力相结合。因此，劳动力数量的多少必然影响与其相结合的资本数量的多少。此种效应反映在经济层面上，就是劳动力数量对储蓄的影响。因此，为了进一步分析储蓄的决定机制，需要引入另一个重要的变量——劳动力。

设 L 表示劳动力数量，令 $k = \dfrac{K}{L}$，则 k 体现劳动力的人均资本水平。于是，有 $K = kL$。由于 K、k 及 L 均为正数，故有：

$$\ln K = \ln k + \ln L$$

从而得：

$$\frac{\mathrm{d}(\ln K)}{\mathrm{d}t} = \frac{\mathrm{d}(\ln k)}{\mathrm{d}t} + \frac{\mathrm{d}(\ln L)}{\mathrm{d}t} \qquad (4-3)$$

因此，（4-2）式可变形为：

$$I = K\left[\frac{\mathrm{d}(\ln k)}{\mathrm{d}t} + \frac{\mathrm{d}(\ln L)}{\mathrm{d}t} + \delta\right] \qquad (4-4)$$

（4-4）式表明，生产者的投资需求可来自劳动力人均资本因素的需求、劳动力数量因素的需求和资本折旧因素的需求。劳动力人均资本 $k = \dfrac{K}{L}$ 是体现产出能力的重要指标。在相同技术水平下，如果劳动力人均资本水平高，则表明该经济的产出能力水平高。因此，为提高劳动力人均资本水平，也是需要增加投资的重要原因。

可见，劳动力数量同样是决定投资需求的一个重要因素。如果劳动力人均资本水平和技术水平相同，则劳动力数量越多，经济产出能力越大。然而，劳动力参与经济活动不是可以凭空进行的。每当新的劳动力加入到经济活动中，就需要对这新的劳动力配置一定的资本，新增劳动力越多，则需新配置的资本越多。

第五节　生产性因素与储蓄关系的中国数据经验

改革开放30多年来，中国保持了近两位数的年均经济增长率。经验数据表明，随着经济的高速增长，中国的总和储蓄率不断增加，消费率不断下降。作为一个拥有十几亿人口的大国，中国的高储蓄率引起无数学者的高度关注。Kraay（2000）和 Kuijs（2006）的研究表明，即使在控制了储蓄率的决定因素之后，中国的国内储蓄率仍然异常高。图 4 - 3 为1992—2011 年中国企业、政府、家庭及总和储蓄占 GDP 比重变化的趋势。

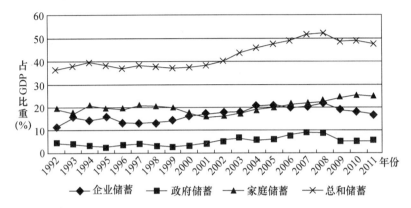

图 4 - 3　1992—2011 年中国企业、政府、家庭及总和储蓄占 GDP 比重变化的趋势

资料来源：2002 年之前的数据来自《中国资金流量表历史资料》（1992—2004）、2003—2011 年数据来自 2013 年《中国统计年鉴》。

由图 4 - 3 可以看到，近几年来，中国的家庭储蓄和企业储蓄所占比重较高，而政府储蓄虽然在 2004—2008 年占 GDP 比重有所上升，但在2008 年之后则明显下降。企业储蓄占 GDP 的比重 2008 年之前基本呈不断上升的态势，从 1992 年的 11.7% 上升至 2008 年的 21.6%，之后下降至2011 年的 16.9%。家庭储蓄率占 GDP 比重一直保持高位，虽然 1998—2001 年有所下降，但 2001 年之后一直保持上升态势，2011 年达到 24.9%。

由图 4 - 3 还可以看到，2008 年之前，中国国民总和储蓄率一直处于上升态势，2008 年已经高达 52.3%，2008—2011 年有所下降。尽管如此，2011 年的国民总和储蓄率仍然居高不下，为 47.56%，在当前所有的大国中，中国的总和储蓄率是最高的。

是什么原因导致中国的总和储蓄率始终居高不下？从目前已有的文献来看，几乎所有的文献都是从储蓄的供给者，即消费者行为角度来讨论储蓄的决定问题。前面的理论已经表明，储蓄的需求者，即生产行为也会对储蓄产生影响，尤其是对国民总和储蓄有内在影响。从目前的情况来看，鲜有文献专门从生产者角度对中国国民储蓄进行解读。因此，下面主要从储蓄需求角度，即基于生产行为因素分析对国民总和储蓄的影响，其中着重考虑资本和劳动力增长对中国国民总和储蓄率的影响。

前面已有理论就资本、劳动力与储蓄的关系做了分析，下面先看一看过去改革开放30多年来，中国资本存量、劳动力和国民总和储蓄之间的相关关系（见图4-4和图4-5）。

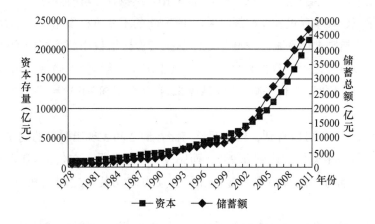

图4-4 中国资本存量与储蓄额之间的关系

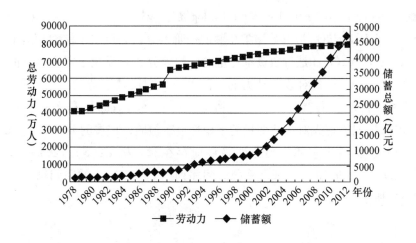

图4-5 中国劳动力与储蓄额之间的关系

资料来源：储蓄额系笔者根据表1-1的储蓄率计算，资本存量系笔者自己估算，所有数据均调整到1978年的不变价格。

对有关数据说明如下：

第一，由于国家统计局只公布了 1992—2011 年的国民总和储蓄率，本图中储蓄额数据来自笔者的估计，本书 1992—2011 年估算的储蓄额与国家统计局公布的国民总和储蓄率之间的相关系数高达 0.97。由此可见，本书的国民储蓄率估算结果具有较高的准确性。

第二，资本存量系笔者估算，初始 1978 年的资本存量用当年 GDP 的 2.5 倍衡量，然后根据每年的资本形成额用永续盘存法进行测算。

第三，资本存量和储蓄额均采用 1978 年的不变价格衡量，资本存量用投资价格指数进行平减，1990 年之前的投资价格指数用商品零售价格指数代替，1990 年之后的数据来自 2013 年《中国统计年鉴》。储蓄额用消费者物价指数（CPI）进行平减，CPI 数据来自 1996 年和 2013 年《中国统计年鉴》。

从图 4-4 可以看到，资本存量与储蓄额之间表现出明显的同步走向，两者之间的相关系数达到 0.995。而图 4-5 也表明，在过去 30 多年里，中国的劳动力和储蓄额都明显增加，劳动力和储蓄额之间的相关系数达到 0.72。

资本扩张和劳动力增加是不是中国储蓄显著增加的原因呢？为了验证这一问题，建立如下模型进行实证检验：

$$D.\log(S) = \alpha + \beta\, D.\log(K) + \delta D.\log(L) + \gamma X \tag{4-5}$$

这里 $D.\log(S)$ 是对数储蓄总额的一阶差分，它反映了储蓄额的增长率水平；$D.\log(K)$ 是对数资本存量的一阶差分，它反映了资本存量的增长率；$D.\log(L)$ 是对数劳动力的一阶差分，它反映了劳动力增长率，X 是影响储蓄增长的其他因素，包括经济增长率（$ggdp$）和实际利息率（$reali$）。[①] 我们首先对这些变量的平稳性进行检验，扩展的 Dickey-Fuller（ADF）检验结果表明，当允许趋势项存在时，$D.\log(S)$、$D.\log(K)$、$D.\log(L)$、$ggdp$ 和 $reali$ 都是平稳时间序列。（4-5）式的回归结果关系如下式所示：

---

① 实际利息率用 1 年期定期存款利息率减去消费者物价增长率表示。

$$D.\log(S) = -0.130 + 0.663D.\log(K) + 0.653D.\log(L) +$$
$$(2.53) \qquad\qquad (2.11)$$
$$0.005reali + 0.016ggdp \qquad\qquad (4-6)$$
$$(2.39) \quad (4.93)$$

检验结果表明，资本增长率和劳动力增长率均对储蓄增长率产生显著正向的促进作用，说明资本扩张和劳动力增长也导致中国的储蓄增长。上述的中国经验数据表明，生产性因素对中国总和储蓄的影响是正向显著的，因此其效应不容忽视。

第五章 储蓄供给与储蓄需求的均衡

储蓄供给与储蓄需求两者之间的均衡状况决定储蓄的实际水平及其变动方向。本章主要讨论资本市场与产品市场中的储蓄供给与储蓄需求的均衡问题，基于储蓄供给与需求两方面因素分析了国民储蓄的决定机制，具体分析了资本积累、劳动力及资本折旧等生产性因素对储蓄的经济意义与影响，推导出了国民储蓄率的生产性因素分解公式，并从生产性因素方面对中国高储蓄率现象进行了解释。

第一节 资本市场的储蓄均衡

在实体经济的产品市场，储蓄体现为产出用于消费之后的剩余产品。在资本经济的资本市场，储蓄体现为收入用于支出之后的剩余资金。因此，产品市场与资本市场的储蓄分别属于不同的经济层面。在产品市场，产品价格是调节产品供给与产品需求均衡状态的重要变量；在资本市场，资金价格是调节资金供给与资金需求均衡状态的重要变量。本节首先分析资本市场中的储蓄均衡问题。

在资本市场，资金价格的变动，对资金供给与资金需求两方面均有重要影响，由此影响储蓄资金的供给与需求。首先，在储蓄资金供给方面，利率上升意味着储蓄的回报增加，因此产生增加储蓄供给的激励；反之，利率下降，意味着储蓄的回报减少，因此产生降低储蓄供给的效应。因此在资本市场，储蓄供给是利率的增函数。其次，在储蓄资金需求方面，利率上升意味着生产者使用储蓄的成本增加，在其他条件不变的情况下，由此降低生产者对储蓄的需求；反之，利率下降，意味着生产者使用储蓄的成本减少，在其他条件不变的情况下，因此增加生产者对储蓄的需求。在上述分析中，资本市场中的储蓄需求是利率的减函数。

　　储蓄的实际水平将由储蓄的供给与需求两方面的因素综合决定。设 r 表示利率，$S(r)$ 表示资本市场的储蓄资金供给，$I(r)$ 表示储蓄资金需求。在资本市场，在其他条件不变的情况下，利率 r 越高，消费者的储蓄意愿就越强，因此，储蓄供给曲线 $S(r)$ 是关于利率 r 的增函数，在图5-1中 $S(r)$ 曲线呈现向上方向。在生产方面，在其他条件不变的情况下，利率 r 越高，生产者对储蓄使用的成本就越大，投资的意愿就越低，因此储蓄需求曲线 $I(r)$ 是关于利率 r 的减函数，即 $I(r)$ 曲线呈现向下方向。

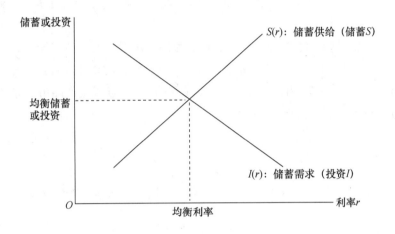

图5-1　资本市场储蓄的均衡状态

　　在图5-1中，$S(r)$ 线与 $I(r)$ 线的交点就是储蓄供给与储蓄需求的均衡点。此处有 $S(r) = I(r)$，称此均衡点处的利率为均衡利率，对应的储蓄值为均衡储蓄水平。储蓄的均衡点决定了储蓄实际水平的变动方向，即实际储蓄水平具有向该均衡点靠近的内在动力。虽然储蓄的均衡水平只是一个理论上的值，但是，在现实经济中有其内在影响，即受储蓄供给与储蓄需求两方面因素的综合影响。或者说，理论上的均衡储蓄水平与均衡利率水平将决定实际储蓄水平与实际利率水平变化方向。

　　从理论上讲，如果利率是灵活可变的，就意味着储蓄及利率最终将达到均衡状态。这是因为，如果经济处于储蓄的非均衡状态，就可以通过调整利率使消费者的储蓄供给等于生产者的储蓄需求，从而使储蓄的供给与需求达到均衡。因此，利率为灵活可变的假定即意味着经济中的储蓄是可以达到均衡状态的。

然而，现实经济中的利率并非可以随时且灵活变动，因此储蓄供给与储蓄需求处于非均衡状态可能是常见的情况。如果利率不能通过市场供给与需求机制灵活变动，那么生产者的投资行为将如何选择？事实上，有关的经济政策可以帮助生产者实现投资计划，从而经济政策可在一定程度上改变储蓄水平。对有关问题将在"经济政策与储蓄"一章中进行分析。

第二节 产品市场的储蓄均衡

在产品市场，储蓄供给与储蓄需求的共同作用决定产品市场的储蓄均衡状态。图 5 - 2 中，p 表示价格，$S(p)$ 表示储蓄的供给，$I(p)$ 表示储蓄的需求。图 5 - 2 中曲线 $S(p)$ 与曲线 $I(p)$ 的交点就是产品市场储蓄供给与储蓄需求的均衡点。

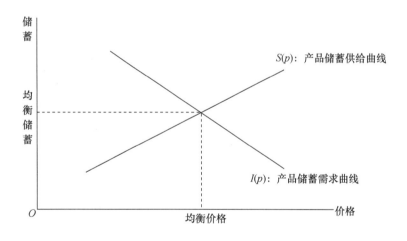

图 5 - 2 产品市场中储蓄的均衡状态

若其他条件不变，产品市场中的价格 p 越高，消费者的消费意愿越低，储蓄愿望越强，因此储蓄供给曲线 $S(p)$ 是关于价格 p 的增函数。图 5 - 2 中曲线 $S(p)$ 呈向上方向。然而在生产者方面，若其他条件不变，价格 p 越高，生产者对产品使用的成本就越高，投资的意愿就越低，因此储蓄需求曲线 $I(p)$ 是关于价格 p 的减函数，即曲线 $I(p)$ 呈向下方向。

图 5 - 2 中，曲线 $S(p)$ 与曲线 $I(p)$ 的交点为均衡点，在此处有

$S(p) = I(p)$。在交点处，价格为均衡价格水平，储蓄为均衡储蓄水平。同样，在现实经济中，均衡储蓄水平是决定实际储蓄水平的重要因素，即现实的产品市场的储蓄水平有向均衡水平方向变化的内在动力。

第三节　资本市场储蓄与产品市场储蓄之间的关联

资本市场与产品市场彼此不是独立运行、毫无关联的，而是存在密切的相互作用关系，由此决定资本市场的储蓄与产品市场的储蓄，两者之间同样存在密切的相互作用关系。对此，实际上是涉及资本经济与实体经济相互作用关系的问题。其中，消费者行为与生产者行为同时对资本市场与产品市场产生作用效应，是资本市场储蓄与产品市场储蓄存在联动性的重要影响因素。

一　资本市场和产品市场通过消费需求变化相互作用机制

消费者与生产者同时在产品与资本市场有重要的作用，然而其角色却是不同的。在产品市场上，消费者是产品的需求者，生产者是产品的供给者；而在资本市场上，消费者是储蓄资金的供给者，生产者是储蓄资金的需求者。由此决定了消费行为与生产行为的变化对产品市场与资本市场均有重要的影响作用。

例如，如果消费者在产品市场中增加对产品的需求，其效应是：消费者增加产品消费支出，在收入一定条件下意味着减少储蓄资金的供给，也就是降低消费者向资本市场增加储蓄供给的能力。然而，消费者增加产品需求的行为对生产者的影响是：由于消费需求增加而使生产者扩大产出的意愿提高，由此提升生产性投资需求，从而导致经济对资本市场的储蓄资金需求增加。可见，产品市场消费需求增加的结果是：降低资本市场储蓄供给，提升资本市场储蓄需求。也就是说，消费者对产品市场的需求变化，既影响资本市场的储蓄供给变化，也影响资本市场的储蓄需求变化。

资本市场储蓄供给与需求变化的影响又传导到产品市场而产生影响。例如，资本市场中的储蓄需求水平提升，将产生提高利率的激励以吸引更多储蓄资金。而资本市场的利率提升，对产品市场中的消费者而言是促使其向资本市场增加储蓄供给的激励。由此产生减少产品消费的支出，而增加储蓄资金供给的效应。可见，产品市场消费需求增加而从资本市场传导回来的作用结果是：降低产品市场消费，增加消费者向资本市场提供更多的储蓄资金。而利率的提升则降低生产者的投资意愿，即抑制资本市场的储蓄需求的提高。

由以上分析可见，资本市场储蓄与产品市场储蓄存在密切的关系。两市场的储蓄水平将取决于两市场的均衡结果。

二　两市场通过产品价格变动相互作用的机制

在产品市场中，消费需求的数量变化是影响消费总量的一方面因素。另一方面的重要影响因素是产品价格。如果产品价格上升，如出现通货膨胀，即意味着需要用相对更多的资金，才能买到之前相同数量的产品，由此导致消费成本提高。然而，对产品价格上升的后续效应，难以给出一种明确的定论，因为这与其他有关因素的情况有密切的关系。如消费者的价格预期、产品的价格弹性以及消费习惯等，都是重要的影响因素。

在资本市场中，利率的变动对消费者行为有重要影响。产品市场中的价格提高，产生增加消费成本而相应减少消费的效应，由此对应有增加产品经济储蓄的效应。那么，对资本市场有怎样的影响？对此仍然难以给出确定性的回答，其中，与利率的变动情况有关。如果利率是可变的，那么通过提高利率的方式，可产生增加资本市场中储蓄供给的激励。这是因为，当利率水平高于通货膨胀率时，将增强产品市场的消费资金转为资本市场的储蓄资金的动力。但是，利率水平上升，将导致资本市场中的储蓄需求水平下降，即生产者对资金的需求水平下降，并产生提高均衡利率而降低均衡储蓄水平。而要保持原有的均衡利率水平，需要减低储蓄需求水平。即提高利率，提高企业的贷款成本，从而减低企业的投资需求。

如果利率不可变或低于消费者对储蓄资金保值的预期水平，则产品市场价格上涨并不会导致产品市场消费资金转向资本市场。资本市场的储蓄资金供给减弱，将抑制生产者投资需求的提高，也就是不利于生产者在产品市场中的产出能力的提高。可见，产品市场的价格变动与资本市场利率变动，两者之间存在如何协调、匹配的问题。如果价格与利率是协调、匹配的，则有利于产品市场与资本市场协调、均衡发展。否则，将不利于产品市场与资本市场协调、均衡发展，甚至成为经济系统性风险。

三 资本市场与产品市场的关联

资本市场与产品市场的关联可通过如下数理关系式体现。

首先，资本市场中的储蓄均衡状态需满足下面的方程：

$$S = S(r)$$

$$I = I(r)$$

$$S = I$$

其中，$S = S(r)$ 表示资本市场上的储蓄供给 S 是利率 r 的函数；$I = I(r)$ 表示资本市场上的储蓄需求 I 是利率 r 的函数；$S = I$ 表示资本市场上实现储蓄供给与储蓄需求相等，这是资本市场储蓄达到均衡的条件。

其次，产品市场中的储蓄均衡状态需满足如下方程：

$$S = S(p)$$

$$I = I(p)$$

$$S = I$$

其中，$S = S(p)$ 表示产品市场上的储蓄供给 S 是价格 p 的函数；$I = I(p)$ 表示产品市场上的储蓄需求 I 是价格 p 的函数；$S = I$ 表示产品市场上实现储蓄供给与储蓄需求相等，这是产品市场储蓄达到均衡的条件。

资本市场与产品市场通过利率与价格的关系实现关联。或者说，资本市场的利率 r 与产品市场的价格 p 存在如下函数关系：$r = R(p)$。然而，利率与价格之间究竟是怎样的关系，实际上是一个复杂的问题。例如，在其他有关因素不变，如收入水平、消费者偏好、生产者行为及产品功效等因素不变的情况下，资本市场利率上升将产生储蓄资金增加的激励，而此效应对产品市场的影响表现为消费减少，购买需求降低，从而产生降低产品价格的效应。在这种情况下，经济中出现的是利率上升、价格下降，即价格与利率呈反向作用关系，或者说价格是利率的减函数。反过来，价格下降，消费需求增加，购买增加导致储蓄资金供给减少，由此利率上升。

然而，如果产品市场的价格上升导致消费者的预期是通货膨胀发生，即意味着货币贬值。这时的消费者可能不再进行将收入变换为货币形式的储蓄，而是寻求实物产品的保值，即经济中出现价格越高，就会越增加购买的行为。如果这时资本市场的利率维持不变，将产生减少储蓄的激励。因此，为保持资本市场有必要的储蓄资金供给，由此将产生提高利率的压力，即导致利率上升。在这种情况下，利率与价格呈正向关系，或者说利率是价格的增函数。

因此，利率与价格之间的关系需要具体情况具体分析。但不论怎样，假设利率与价格之间存在 $r = R(p)$ 的函数，那么产品市场对资本市场影响由下面的关系式体现：

$S = S(R(p))$

$I = I(R(p))$

$S = I$

函数 $r = R(p)$ 的反函数是 $p = R^{-1}(r)$，因此，资本市场对产品市场的影响由下面的关系式体现：

$S = S(R^{-1}(r))$

$I = I(R^{-1}(r))$

$S = I$

资本市场与产品市场都实现均衡的情况是：

$S(R(p)) = I(R(p))$

$S(R^{-1}(r)) = I(R^{-1}(r))$

可见，上面的方程 $S(R(p)) = I(R(p))$ 与 $S(R^{-1}(r)) = I(R^{-1}(r))$ 联立，构成关于 p 与 r 为变量的方程组。若该方程组存在关于 p 与 r 的唯一解，这就是资本市场与产品市场都实现均衡状态的均衡解。

第四节　国民储蓄供给与需求的均衡

一　国民储蓄供给与需求均衡关系式

宏观储蓄同经济增长潜力、投资与消费比例关系乃至宏观经济资源配置有密切的关系，是诸多储蓄问题中的核心问题。目前，宏观储蓄主要以国民储蓄为度量指标，因此国民储蓄与宏观储蓄有相同的重要意义。而对国民储蓄的分析，仍需从国民储蓄的供给与国民储蓄的需求两方面进行考察。

从国民储蓄供给方面看，国民储蓄是经济总产出用于消费后的剩余。其中，全体国民或者说是全体消费者，是国民储蓄供给的主体。如果按群体类别划分，全体消费者可划分为居民与政府两大类消费群体，其中居民消费群体视为私有部门，政府消费群体视为公共部门。

相应的，总消费可分为居民消费和政府消费。假设居民消费总量为

C，政府消费（政府支出）总量为 G，于是 $C + G$ 为总消费。根据第一章（1-2）式，国民储蓄供给总量 S 为下面的表达式：

$$S = Y - C - G \qquad (5-1)$$

（5-1）式表明：在经济总产出或总收入一定情况下，居民消费或政府消费提高，将降低国民储蓄的供给；居民消费或政府消费减少，将增加国民储蓄的供给。

上述居民的内涵是广义的。与前面所述消费者的含义是一样的，当企业从事消费活动时，企业也是消费者。在现实经济中，基于消费分析的居民的内涵同样是广义的。例如，作为消费者的企业也是一种居民。

表5-1是按非金融企业部门、金融机构部门、政府部门和住户部门结构分解的中国总储蓄数据。表5-1中，除政府部门外，其他各部门都属于（5-1）式中的"居民"之内。在表5-1中，非金融企业部门可视为企业群体（不包括金融性企业）的体现，住户部门是普通居民群体的体现。表5-1显示，在中国总储蓄中，居民储蓄（住户部门）比重，从1992年的56.1%下降至2011年的51%，降低了5.1个百分点，2012年上升至53.9%；企业储蓄（非金融企业部门）比重，从1992年的27.9%上升至2011年的34.5%，提高6.6个百分点，2012年企业储蓄下降至32.5%。这种储蓄结构的变化，在一定程度上说明1992—2012年中国企业部门的储蓄对国民储蓄的影响作用相对更大。

表5-1　　　　　　　　　　　　中国总储蓄结构

单位:%

年份	非金融企业部门	金融机构部门	政府部门	住户部门
1992	27.9	0.8	15.3	56.1
2011	34.5	6.6	11.8	51.0
2012	32.5	6.9	12.3	53.9

资料来源：根据2014年、2013年及1998年《中国统计年鉴》资金流量表（实物交易）数据计算。

表5-1表明，在现实经济中，企业或者说是生产者的储蓄行为对国民储蓄的影响似乎更大，是不容忽视的。因此，完全有必要从生产方面分析储蓄需求的影响作用。事实上，消费者行为只是决定储蓄供给单一方面

的因素。这意味着单纯地分析消费者行为，难以完整地解释储蓄的决定机制。

从国民储蓄需求方面看，全体生产者是国民储蓄的需求主体。一般而言，在经济总体层面，生产者对国民储蓄的使用主要有两种用途：一是进行资本积累；二是补偿资本折旧。根据第四章（4-1）式，国民储蓄的需求总量 I 为下面的表达式：

$$I = \frac{\mathrm{d}K}{\mathrm{d}t} + \delta K \tag{5-2}$$

于是，国民储蓄实现均衡要求（5-1）式决定的储蓄供给 S，与（5-2）式决定的储蓄需求 I 相等，即要求 $S = I$ 成立。这意味着国民储蓄均衡状态的实现，需满足下面的关系式：

$$Y - C - G = \frac{\mathrm{d}K}{\mathrm{d}t} + \delta K \tag{5-3}$$

需要注意的是，在国民经济恒等式［如第一章（1-3）式］中，有 $S = I$ 成立。这是否意味着（5-1）式中的 S 与国民经济恒等式中的（1-2）式的 I 必然恒等？回答是否定的，因为它们是不同经济层面的问题，是不同经济意义下的表达式。

在（1-3）式中出现 $S = I$，其意义是在封闭经济系统条件下的经济总需求方面，储蓄与投资存在恒等的关系，即这是体现在同一经济方面（总需求方面）储蓄与投资的关系。而（5-1）式与（5-2）式体现的是不同经济方面的问题。（5-1）式体现的是从消费方面出发的国民储蓄供给关系式，（5-2）式体现的是从生产行为出发的国民储蓄需求关系式。也就是在现实经济中，（5-1）式决定的储蓄供给 S，与（5-2）式决定的投资需求 I 分别来自两个不同的方面，两者数量并非必然相等。而当二者相等时有重要意义，即储蓄处于均衡状态。均衡状态下的储蓄水平的将决定实际储蓄水平的变动方向。即在现实经济中，理论上的均衡储蓄水平是牵引实际储蓄水平变动的核心点，或者说实际储蓄水平围绕均衡储蓄水平波动。

因此，储蓄供给与储蓄需求的均衡关系要求（5-3）式成立。如果设国民储蓄率为 s，于是储蓄供给 S 可表示为 $S = sY$，则（5-3）式变成下面的表达式：

$$sY = \frac{\mathrm{d}K}{\mathrm{d}t} + \delta K \tag{5-4}$$

由此得到均衡状态下的国民储蓄率 s 与生产性因素关系的表达式：

$$s = \frac{dK}{Ydt} + \delta\frac{K}{Y}$$

进一步推导得：

$$s = \frac{K}{Y}(\frac{dK}{Kdt} + \delta) = \frac{K}{Y}\left[\frac{d(\ln K)}{dt} + \delta\right] \tag{5-5}$$

（5-5）式是分析国民储蓄率决定机制的一个重要公式。

二 国民储蓄率与生产性因素关系分解

在宏观经济层面上，生产要素可分为资本与劳动两大类。其中，资本与劳动相结合，可以用劳动力人均资本水平体现。设 K 为一定宏观经济的总资本水平，L 为该经济中的劳动力总量，则 $k = \frac{K}{L}$ 为劳动力人均资本水平。于是，有 $K = kL$。

由于 K、k 及 L 均大于零，因此可进行下面的数学变换：

$$\ln K = \ln k + \ln L$$

进而得到：

$$\frac{d(\ln K)}{dt} = \frac{d(\ln k)}{dt} + \frac{d(\ln L)}{dt} \tag{5-6}$$

将（5-6）式代入（5-5）式，得：

$$s = \frac{K}{Y}\left[\frac{d(\ln k)}{dt} + \frac{d(\ln L)}{dt} + \delta\right] \tag{5-7}$$

在（5-7）式中，$\frac{d(\ln k)}{dt}$ 的含义是劳动力人均资本增长率，记 $m = \frac{d(\ln k)}{dt}$。$\frac{d(\ln L)}{dt}$ 的含义是劳动力增长率，记 $n = \frac{d(\ln L)}{dt}$。因此，（5-7）式可表示为：

$$s = \frac{K}{Y}(m + n + \delta) \tag{5-8}$$

（5-8）式具有重要经济含义，它体现了国民储蓄率与生产性因素之间的一种内在关系。即国民储蓄率与劳动力人均资本增长率、劳动力数量增长率及资本折旧率之和为正比例关系。其中，该比例系数为总资本与总产出的比值，即 K/Y。称（5-8）式为国民储蓄率的生产性因素分解公式。

三 关于资本与产出比率

在（5-8）式中，K/Y 是资本与产出之比，该比值在经济学中有特定的意义。卡尔多（Kaldor，1961 年）描述过经济增长的几个主要典型事实：他发现，对于大多工业化国家而言，在过去一个世纪中，劳动、资本、产出的增长率大体都是常数，从而资本与产出之比近似为常数（罗默，1999）。在多数工业化国家，K/Y 的值在 2—3 之间，比如美国的资本存量大约是年度 GDP 的 2.5 倍（Mankiw，1994）。基于上述文献可见，在经济学中，资本与产出之比可视为常数，即（5 - 8）式中的 K/Y 可视为常数。退一步说，即使 K/Y 不是严格意义的常数，至少可视之为一定范围内变动的值。

于是，由于资本与产出比可视为常数，那么，（5 - 8）式的经济意义是：国民储蓄率（s）取决于劳动力人均资本增长率（m）、劳动力数量增长率（n）和资本折旧率（δ）三个生产性变量。

（5 - 8）式体现了生产性因素对国民储蓄率的影响。根据（5 - 8）式，可以得到这样的结论：当一定经济中的劳动力人均资本增长率、劳动力数量增长率和资本折旧率中任何一个变量趋向提高时，都将产生提升国民储蓄率的动力。因此，（5 - 8）式反映了生产性因素影响国民储蓄率的一种内在机制。

在现实经济中，客观上存在提高劳动力人均资本水平以及增加劳动力数量的内在动力。这是因为，提高劳动力人均资本水平以及增加劳动力数量，是提升经济增长潜力的重要方式。这意味着，如果一定国家或地区的经济增长潜力提升主要通过提高劳动力人均资本水平，或通过增加劳动力数量的方式实现的，那么根据（5 - 8）式揭示的原理可知：如此的经济增长方式需要以提高国民储蓄率为基础。换句话说，以投资和劳动力数量扩张为主导的经济增长方式，有提高国民储蓄率水平的内在动力。

（5 - 8）式可进一步变换为下面的表达式：

$$s = \frac{K}{Y}m + \frac{K}{Y}n + \frac{K}{Y}\delta \qquad\qquad (5 - 9)$$

令 $s_k = \dfrac{K}{Y}m$，$s_L = \dfrac{K}{Y}n$，以及 $s_\delta = \dfrac{K}{Y}\delta$，则国民储蓄率可表示为下面的表达式：

$$s = s_k + s_L + s_\delta \qquad\qquad (5 - 10)$$

（5 - 10）式表明：国民储蓄率 s 可分解为体现劳动力人均资本水平因素（s_k）、劳动力数量因素（s_L）和资本折旧因素（s_δ）三种影响效应之和。

第五节 生产性因素对储蓄的经济意义

实际上，也可将（5-8）式或（5-10）式理解为：经济中的国民储蓄需求源于三种生产性的储蓄需求。一是劳动力人均资本水平变化引发的需求。对此由（5-8）式中变量 m 体现，即该变量是劳动力人均资本量的增长率，体现劳动力人均资本水平变化与国民储蓄率之间的关系。二是劳动力数量变化引发的需求。对此由（5-8）式中变量 n 体现，即该变量是劳动力数量的增长率，体现劳动力数量变动与国民储蓄率之间的关系。三是资本折旧引发的需求。对此由（5-8）式中变量 δ 体现，即该变量是资本折旧率，体现资本折旧与国民储蓄率之间的关系。下面分析劳动力人均资本增长率、劳动力数量增长率和资本折旧率影响国民储蓄率的经济意义。

一 劳动力人均资本水平因子 s_k 的经济意义

由于这里将 $\dfrac{K}{Y}$ 视为常数，因此，在（5-10）式中，$s_k = \dfrac{K}{Y}m$ 主要体现了劳动力人均资本增长率 m 对国民储蓄率的影响。根据（5-10）式可知，s_k 占国民储蓄率 s 的份额 b_k 为：

$$b_k = \frac{s_k}{s} = m/(m+n+\delta) \tag{5-11}$$

可见，劳动力人均资本水平变化因素占国民储蓄率的份额 b_k 只与 m、n 和 δ 这三个参数有关，而与 K 及 Y 无关。

s_k 影响国民储蓄率的经济意义是：若经济中劳动力人均资本水平提高，相应要求提高国民储蓄率水平。其机理是：若需提高劳动力人均资本水平，相应地需要增加投资；若其他条件不变，增加投资相应地要求提高储蓄率。对此，可用一个通俗的事例直观地说明其道理：假设有一个挖水渠的工程队，为了提高挖渠能力，将工程队原来人均一把"铁铲"的装备水平，升级到人均一台"挖掘机"，而劳动力的数量不变。显然，这种提高劳动力人均资本水平的结果，相应地提升了劳动力人均产出能力。然而，为了实现其劳动力人均资本水平的提高，对经济而言，就是要增加投资，即要求提高储蓄率。其宏观经济意义是：劳动力人均资本水平影响国民储蓄，即体现劳动力人均资本水平提高导致国民储蓄率上升的效应。

二 劳动力数量因子 s_L 的经济意义

在（5-10）式中，$s_L = \dfrac{K}{Y}n$ 体现的是劳动力数量增长对储蓄率的影响。实际上，由于 n 是劳动力数量增长率，因此，s_L 也体现了人口因素从生产方面对储蓄需求的影响。s_L 占国民储蓄率 s 的份额 b_L 为：

$$b_L = \frac{s_L}{s} = n/(m+n+\delta) \tag{5-12}$$

可见，劳动力数量变化因素对国民储蓄率影响的份额 b_L 只与 m、n 和 δ 这三个参数有关，而与 K 及 Y 无关。

s_L 影响国民储蓄率的经济意义是：若经济中的劳动力数量增加，则相应要求提高国民储蓄率水平。其机理是：劳动力从事生产活动需配备一定的装备（资本），因此，当经济中每增加一个劳动力，就需要配备一定的装备（资本），因而要求经济中增加投资，进而产生提高国民储蓄率的需求。如果一定经济中的资本总量不变，劳动力数量增加即意味着劳动力人均资本水平下降。因此，要使劳动力数量增加而不降低劳动力人均资本水平，则要求边际劳动力人均资本水平应不低于原劳动力人均资本水平。对此，可用一个具体事例说明其道理：对上述工程队而言，其可以采用增加劳动力数量而保持人均资本水平不变的方式提高生产能力。为此，要求对每新增加的劳动力配备不低于原人均资本水平的资本设备。其宏观经济意义是：为保持劳动力人均资本水平不下降，经济中劳动力数量增加越多，要求增加投资越多，相应地提高国民储蓄率的内在要求就越大。其宏观经济意义是：劳动力数量因素影响国民储蓄率，即体现劳动力数量增加导致国民储蓄率提高的效应。

三 资本折旧因子 s_δ 的经济意义

在（5-10）式中，$s_\delta = \dfrac{K}{Y}\delta$ 体现的是资本折旧因素对储蓄率的影响。s_δ 占国民储蓄 s 的份额 b_δ 为：

$$b_\delta = \frac{s_\delta}{s} = \delta/(m+n+\delta) \tag{5-13}$$

可见，资本折旧因素对储蓄率影响的份额 b_δ 只与 m、n 和 δ 这三个参数有关，而与 K 及 Y 无关。

s_δ 影响储蓄率的经济意义是：若经济中折旧率提高，要相应地提高储蓄率水平。其机理是：资本的使用必然存在资本消耗，为了维持原有的资本水平不下降，需要及时补偿资本损耗，即需要进行资本折旧。资本折旧量越多，要求增加的投资就越多，因而相应地要求提高国民储蓄率的水平就越高。这意味着，即使经济中的劳动力人均资本水平以及劳动力数量均不变，为了维持原有资本水平不变也需要增加投资，以便实现对资本的损耗进行补偿。对此，可用一个具体事例来说明其道理：同样对上述工程队而言，为保持原有生产能力不下降，即使不提高劳动力人均资本水平，又不增加新劳动力，也需要对已有资本的损耗进行补偿性投资。其宏观经济意义是：资本折旧因素影响国民储蓄率，即体现资本折旧水平提高导致国民储蓄上升的效应。

第六节　生产性因素对中国储蓄率的影响估计

上述分析表明，国民储蓄率与劳动力人均资本增长率、劳动力数量增长率和资本折旧率存在内在关系。本节利用上述理论分析（5-9）式等，实际估计这三个生产性因素对中国宏观储蓄率影响。可以看到，生产性因素对推高中国储蓄率水平有重要作用。

一　资本、劳动力与折旧因素决定的储蓄率水平计算

利用（5-9）式或（5-10）式，可以对中国劳动力人均资本水平、劳动力数量和资本折旧因素决定的储蓄率水平进行实际测算。由此得到的储蓄率，可以理解为体现生产方面的储蓄需求水平。

第一，实际测算需要中国资本存量的数据。对中国资本存量的估计始终是一道难题。目前，关于中国资本存量尚没有官方公布的统计数据，主要靠专家学者的自行估计。直到目前，对中国资本存量的测算仍是学术研究中的重要问题。例如，邹至庄（Chow, 1993）、唐志红（1999）、王小鲁和樊纲（2000）、张军和章元（2003）、单豪杰（2008）等学者曾对中国资本存量进行了估计。尽管不同学者的估计结果存在较大差距，但是，都得出自1978年改革开放以来中国资本存量水平显著提高这一结论。本书采用的资本存量是中国社会科学院数量经济与技术经济研究所宏观计量经济模型中的数据。

第二，实际测算需要劳动力数量的数据。采用《中国统计年鉴》

(2014) 中的经济活动人口的数据作为中国经济中的劳动力数量。经济活动人口是指 16 周岁及以上有劳动能力参加或要求参加社会经济活动的人口，包括就业和失业人员。[1] 采用经济活动人口指标旨在反映中国劳动力资源数量的状况。[2]

第三，测算需要经济总产出的数据。采用支出法 GDP 作为中国经济总产出的体现。主要是基于这样的考虑：前面（见表 1-1）对国民储蓄率的测算采用的是支出法 GDP 口径；在计算资本存量时所需要的投资数据，采用支出法 GDP 中的资本形成额，这样，可使经济总产出、资本存量与国民储蓄率（见表 1-1）在口径上保持一致。

第四，实际测算需要固定资产折旧率的数据。在目前中国统计资料中，关于固定资产折旧的统计数据十分缺乏，特别是难以估计出中国总体水平的固定资产折旧率。为此，基于经验判断，我们设定中国固定资产的折旧率水平为 5%。这一设定实际上是假定中国总体固定资产的平均使用年限为 20 年。

有了上述数据，可以计算出资本存量与总产出的比率（K/Y），以及劳动力人均资本水平及其增长率和劳动力数量增长率，从而可利用（5-9）式计算出相应的储蓄率。有关参数与储蓄率的计算结果，由表 5-2 给出。表 5-2 具体给出了 1982 年、2000 年及 2010 年的计算结果。这三个年份都是中国人口普查年份，劳动力数据质量较高，同时这三个年份也可以体现中国改革开放三十年间的不同重要发展阶段。

表 5-2　　中国生产性因素决定的储蓄率估计（情景一：折旧率设定为 5%）

年份	资本产出比（K/Y）	劳动力人均资本增长率（m,%）	劳动力数量增长率（n,%）	折旧率（δ,%）	储蓄率估计结果（s,%）	实际国民储蓄率（%）
1982	2.12	5.2	3.4	5	29.0	33.5
2000	2.27	9.5	1.6	5	36.6	37.7
2010	2.85	12.9	1.1	5	54.2	51.8

注：表中实际国民储蓄率数据来自表 1-1，资本产出比按可比价计算，$s = \dfrac{K}{Y}(m + n + \delta)$。

---

[1] 《中国统计年鉴》（2014）中的解释。

[2] 我们曾采用就业人数替代经济活动人口再利用（5-10）式进行计算，其结果差距不大。

　　表 5 - 2 显示，按（5 - 9）式计算出的体现生产性因素决定的中国宏观储蓄率，1982 年为 29.0%，2000 年为 36.6%，2010 年为 54.2%，呈现不断提高的趋势。这一结果同前面估计的国民储蓄率水平（见表 1 - 1）比较接近，而没有出现较大的偏离。但是，由于其中的折旧率数据是主观给定，因此该计算结果仍主要是作为一种参考性结果。表 5 - 2 还显示，1982 年、2000 年与 2010 年的中国资本存量与总产出的比率（K/Y）分别为 2.12、2.27 和 2.85，这一结果与国际经验也是基本相符的。

表 5 - 3　　　　　　　　生产性因素对储蓄率贡献的占比（情景一）　　　　　单位:%

年份	劳动力人均资本增长因素贡献（s_k）	劳动力数量增长因素贡献（s_L）	折旧因素贡献（s_δ）
1982	38.3	25.0	36.6
2000	58.7	10.2	31.0
2010	67.7	6.0	26.3

注：本表储蓄率估计结果按（5 - 9）式计算。

　　表 5 - 3 是根据表 5 - 2 的数据计算出的各生产性因素对储蓄率贡献的占比情况。可见，1982 年资本增长因素对储蓄率的贡献占 38.3%，劳动力数量增长因素的贡献占 25.0%，资本折旧因素的贡献占 36.6%。2010 年，资本增长因素对储蓄率的贡献占 67.7%，比 1982 年提高 29.4 个百分点；劳动力数量增长因素的贡献占 6.0%，比 1982 年下降 19.0 个百分点；资本折旧因素的贡献占 26.3%，比 1982 年下降 10.3 个百分点。可见，资本增长因素的贡献比重在不断加大，而劳动力增长因素的贡献比重在不断下降。这一结果表明，对资本增长的需求是导致中国储蓄需求水平不断提高的主要原因；劳动力数量增长对提高储蓄需求水平的影响是正向的，但是，随着劳动力数量增长趋缓，劳动力因素对储蓄影响效应趋于下降。

　　设定折旧率为 5%，即意味着固定资产的使用年限为 20 年。在当今科技进步不断加快的背景下，固定资产折旧的速度是不断加快的。例如，过去的一台计算机可能需要用十几年，而现在可能只能用几年的时间就要更新。这不是因为现在对计算机的使用损耗过大或质量不好而导致的，而主要是功能更强大的计算机不断出现的结果。这便是科技进步加快资本折旧速度的事例。为此，我们进行另一种情景的模拟测算，即假定1982年的折旧率为5%，2000年的折旧率提高至6.6%，2010年的折旧率进一步提高至10%。这相当于假定1982年时的固定资产平均使用年限为20年，2000年时的固定资产平均使用年限为15年，2010年时的固定资产平均使用年限为10年。在此情景下计算出的储蓄率水平由表5-4给出。

表5-4　　中国生产性因素决定的储蓄率估计（情景二：折旧率不断提高）

年份	资本产出比（K/Y）	劳动力人均资本增长率（m,%）	劳动力数量增长率（n,%）	折旧率（δ,%）	储蓄率估计结果（s,%）	实际国民储蓄率（%）
1982	2.12	5.2	3.4	5	29.0	33.5
2000	2.27	9.5	1.6	6.6	40.2	37.7
2010	2.85	12.9	1.1	10	68.4	51.8

由表5-4可见，折旧率水平提高的结果是导致储蓄率水平提高。如2000年的折旧率为6.6%时，相应计算出的储蓄率为40.2%；2010年折旧率为10%时，相应计算出的储蓄率为68.4%。

表5-5　　　　生产性因素对储蓄率贡献的占比（情景二）　　　　单位:%

年份	劳动力人均资本增长因素贡献（s_k）	劳动力数量增长因素贡献（s_L）	折旧因素贡献（s_δ）
1982	38.3	25.0	36.6
2000	53.4	9.3	37.3
2010	53.6	4.7	41.7

表5-5是与表5-4相对应的生产性因素对储蓄率贡献占比情况。可以看到，2000年资本折旧因素的贡献提高至37.3%，比情景一提高6.3个百分点；与2010年的折旧因素对储蓄率的贡献比重提高。表5-5显示，2010年资本折旧因素的贡献达到41.7%，比情景一提高15.4个百分

点。这一测算结果表明，如果折旧率水平在中国现实经济中不断提高，那么折旧因素对储蓄需求的影响将越来越重要。

综上所述可以得到的基本结论是：改革开放以来，中国的资本增长、劳动力数量增长及资本折旧是提高国民储蓄水平的重要需求动力。由于在一定技术水平下，劳动力人均资本水平体现的是人均产出能力的高低，因此，劳动力人均资本水平提高反映的是经济增长能力的提升。由此可以推断，中国经济发展对提升经济增长能力的需求，要求不断提高中国劳动力人均资本水平，这是导致储蓄需求水平相应不断提升的一个重要因素。

二　中国人口年龄结构对未来国民储蓄率的重要影响

适度降低储蓄率、提高消费率，一直是近些年来中国经济政策的一种导向。（5-8）式提供了分析未来中国储蓄率变化趋势的一种逻辑关系框架。

根据（5-8）式可知，劳动力人均资本增长率、劳动力增长率及折旧率的变动趋势将影响国民储蓄率的变动。由于劳动力人均资本水平是体现经济增长潜力的重要因素，因此，从保持未来中国经济长期稳定增长的需要看，劳动力人均资本水平（k）应主要呈现上升趋势，而不是下降趋势。而资本折旧率下降的可能性不是很大，这主要是因为，随着未来科学技术的加速发展，资本折旧率呈现提高的趋势。因此可以预见，未来能够导致储蓄率下降的可能因素，主要是劳动力增长率。而劳动力增长率的变化与人口年龄结构有直接的关系，因此，中国人口年龄结构是影响未来国民储蓄率变化的重要因素。

中国人口年龄结构情况可通过表5-6的数据展现。表5-6是历次中国人口普查年份期间不同年龄组人口数量的年均增长率数据。可以看到，自新中国成立以来直到2010年，中国15—64岁劳动年龄人口数量持续增长。因此，按（5-8）式的关系，可以得到对中国储蓄之谜的一种解释是：现阶段劳动力比重偏高的人口结构是导致中国出现高储蓄率现象的一种重要内在原因。

上述结论是从生产方面分析得出的，而不是基于消费者行为分析得出的结论。由于人口年龄结构是客观的，由此决定，短期内中国高储蓄率现象不是仅凭刺激消费的政策可以根本改变的。

表5-6　　　人口普查年份期间中国不同年龄组人口数量的年均增长率　　　单位:%

时间（年）	总人口	0—14 岁人口	15—64 岁人口	65 岁及以上人口
1953—1964	1.7	2.7	1.1	−0.3
1964—1982	2.1	1.0	2.6	3.9
1982—1990	1.5	−0.9	2.5	3.1
1990—2000	1.0	−0.9	1.5	3.3
2000—2010	0.6	−2.6	1.2	3.0

资料来源：根据 1953 年、1964 年、1982 年、1990 年、2000 年及 2010 年中国人口普查资料数据计算而得。

　　然而，中国正在进入不可逆转的人口老龄化进程，这意味着未来中国劳动力数量终将出现负增长。与此相对应的是，在（5-8）式中，劳动力增长率（n）将出现为负值情况，据此可以预见，未来中国的国民储蓄率将随着劳动力数量趋于下降而降低。实际上，表5-3的测算结果显示，随着中国劳动力数量增长趋缓，劳动力因素对储蓄率提高的作用显著下降。而随着中国劳动力数量进入负增长阶段，劳动力数量增长因素，或者说是人口结构的因素，将对中国宏观储蓄率起负向影响的作用。

　　通过本章以上所述可见，国民储蓄率不仅受消费行为影响，同时受生产行为影响。其中，对中国形成高储蓄率现象有重要影响的三个生产性原因是：第一，因为提高经济增长能力的需要而促使国民储蓄率上升，体现为中国劳动力人均资本水平显著提高。第二，因为有大量新增劳动力需要配置资本而促使国民储蓄率上升，体现为长期以来中国人口中的劳动力比重不断提高。第三，因为补偿资本折旧的需要而促使国民储蓄率上升，体现为在高科技背景下资本折旧率趋向提高。

　　在中国国情下，由于长期受传统计划经济体制的影响，即使是在改革开放后向市场经济转变的 30 多年时间里，政府及企业行为实际主导着中国经济发展的强度与方向。特别是在向市场经济机制转变过程中，决定储蓄需求的生产性因素或许是影响国民储蓄的更为重要的因素。因此，从生产方面分析中国高储蓄现象是非常必要的。然而，本章的研究仍是基础性的、初步的，有关研究仍需深入进行。

第六章 经济政策与储蓄

经济政策对储蓄有怎样的影响，涉及相关经济政策的制定与选择，是至关重要的问题。本章主要通过数理分析的模式，分析经济政策如财政政策、货币政策及收入分配政策影响储蓄的机制及其效应。结果表明，经济政策具有影响消费者行为与生产者行为的效应，甚至可以直接改变经济资源配置关系，从而对储蓄产生重要影响。

第一节 财政政策与储蓄

在现实经济中，虽然消费者与生产者分别是储蓄供给主体与储蓄需求主体，然而这并不表明只有消费者与生产者本身的因素才能够影响储蓄。这是因为，消费者与生产者的行为不完全由其各自主观因素决定，而是同时受其自身外诸多因素影响。其中，有关的经济政策是影响消费者行为与生产者行为的重要因素，从而相应地对储蓄产生重要的影响。本节首先分析有关的财政政策对储蓄的影响。

一 税收变动对国民储蓄的影响

财政政策是指政府财政收入与支出的政策。财政政策通过转移支付、补贴、减税或增税等诸多方式直接或间接地影响经济运行。其中，财政政策对消费的影响是财政政策影响经济的重要方面。对此，可通过宏观经济层面的国民储蓄供给表达式进行分析。由第一章的内容可知，国民储蓄供给 S 可以表示为下面的表达式：

$$S = Y - C - G \tag{6-1}$$

（6-1）式中，Y 为经济总收入（如 GDP），C 为居民消费，G 为政府消费或政府支出。

当考虑财政税收因素时，居民消费不仅受收入的影响，同时也受税收的影响。税收是政府财政收入的主要来源，但是，对居民则是负收入。收入减去税收后的余额，是居民可以利用的可支配收入。设 T 为经济中的总税收，于是 $Y-T$ 为经济中的可支配收入总量。这里，税收 T 与政府消费（政府支出）G 分别是体现财政收入与支出的两个重要变量。

消费理论表明，经济中的居民消费是可支配收入的函数，即居民消费 C 与可支配收入 $Y-T$ 的关系可表示为 $C=C(Y-T)$。政府消费是税收的函数，即可表示为 $G=G(T)$。于是，将 $C=C(Y-T)$ 以及 $G=G(T)$ 代入 (6-1) 式，由此得到下面的关系式：

$$S = Y - C(Y-T) - G(T) \qquad (6-2)$$

在 (6-2) 式中，$C=C(Y-T)$ 体现由可支配收入 $Y-T$ 决定的居民消费，$G=G(T)$ 体现了由税收 T 决定的政府支出。而税收变动对国民储蓄供给的影响程度，可用 $\dfrac{\mathrm{d}S}{\mathrm{d}T}$ 度量。

利用 (6-2) 式可以对 $\dfrac{\mathrm{d}S}{\mathrm{d}T}$ 的情况进行分析。为此，对 (6-2) 式两边求微分，并进行如下推导：

$$\mathrm{d}S = \mathrm{d}Y - C'\mathrm{d}Y + C'\mathrm{d}T - G'\mathrm{d}T$$
$$\mathrm{d}S = (1-C')\mathrm{d}Y + (C'-G')\mathrm{d}T$$
$$\frac{\mathrm{d}S}{\mathrm{d}T} = (1-C')\frac{\mathrm{d}Y}{\mathrm{d}T} + (C'-G') \qquad (6-3)$$

在 (6-3) 式中，$C'=\dfrac{\mathrm{d}C}{\mathrm{d}(Y-T)}$ 为消费者边际消费倾向；$G'=\dfrac{\mathrm{d}G}{\mathrm{d}T}$ 为政府边际消费倾向。

(6-3) 式表明，税收变动对国民储蓄的影响，即 S 关于 T 的导数 $\dfrac{\mathrm{d}S}{\mathrm{d}T}$，与消费者边际消费倾向 C' 以及政府边际消费倾向 G' 有关。具体情况如下：

(1) 如果政府边际消费倾向 G' 大于消费者边际消费倾向 C'，即 $C'-G'<0$，则有 $\dfrac{\mathrm{d}S}{\mathrm{d}T} < (1-C')\dfrac{\mathrm{d}Y}{\mathrm{d}T}$。这意味着在此种情况下，每单位税收变化所对应的国民储蓄变化小于 $(1-C')\dfrac{\mathrm{d}Y}{\mathrm{d}T}$。

(2) 如果政府边际消费倾向 G' 小于消费者边际消费倾向 C'，即

$C' - G' > 0$，则有 $\dfrac{\mathrm{d}S}{\mathrm{d}T} > (1 - C')\dfrac{\mathrm{d}Y}{\mathrm{d}T}$。这意味着在此种情况下，每单位税收变化所对应的国民储蓄的变化大于 $(1 - C')\dfrac{\mathrm{d}Y}{\mathrm{d}T}$。

上述结果表明，当政府边际消费倾向大于消费者边际消费倾向时，每单位税收变化对国民储蓄影响相对更大。

（6-3）式还表明，税收变动对储蓄供给 S 的影响，还与税收变动对总收入 Y 的影响效应 $\dfrac{\mathrm{d}Y}{\mathrm{d}T}$ 有关。

然而，在现实经济中，对 $\dfrac{\mathrm{d}Y}{\mathrm{d}T}$ 的结果估计非常困难。该问题实质是税收政策对总收入或总产出的影响，这是一个非常复杂的问题，因为其效应与多方面前提条件有关。例如，利用国民收入恒等式进行的税收对总产出影响的乘数分析，是以投资 I 和净出口 NX 不受政府支出 G 与税收 T 的影响，以及政府支出 G 和税收 T 之间没有影响等有关假定为前提条件的。

一种特殊情况是税收 T 的变动对总收入 Y 没有影响，这相当于假定 $\dfrac{\mathrm{d}Y}{\mathrm{d}T} = 0$。在这种情况下，（6-3）式变为：

$$\frac{\mathrm{d}S}{\mathrm{d}T} = C' - G' \tag{6-4}$$

（6-4）式表明，如果税收变动对总收入不产生影响，那么税收变动对国民储蓄供给的影响将取决于政府边际消费倾向与消费者边际消费倾向两者差值的情况：

（1）如果政府边际消费倾向 G' 大于消费者边际消费倾向 C'，则根据（6-4）式，有 $\dfrac{\mathrm{d}S}{\mathrm{d}T} < 0$。这意味着在此情形下，政府增税的财政政策有减少储蓄的作用，而政府减税的财政政策有增加储蓄的作用。对此可理解为：如果政府的边际消费倾向高于居民边际消费倾向，一元钱作为政府税收花费所产生的消费，大于同一元钱由居民花费所产生的消费，因此由政府财政支出产生的消费量相对较大，而相应的储蓄供给相对较小。

（2）如果政府边际消费倾向 G' 小于消费者边际消费倾向 C'，则根据（6-4）式，有 $\dfrac{\mathrm{d}S}{\mathrm{d}T} > 0$。这意味着在此情形下，政府增税的财政政策有增加储蓄的作用，政府减税的财政政策有降低储蓄的作用。对此可理解为，如果消费者的消费倾向高于政府，一元钱作为政府税收花费所产生的消费，小于由居民花费所产生的消费，结果是相对提高储蓄供给。

上述分析结果表明：首先，国民储蓄供给与政府财政税收政策有关；其次，财政税收政策影响国民储蓄供给的作用方向及效应的大小，同政府财政的边际消费倾向及居民的边际消费倾向之间的差异有关。

二　政府发债对国民储蓄的影响

上述分析过程有一个基本前提假定，即政府支出 G 主要由税收 T 决定，或者说政府支出 G 与税收 T 是函数关系 $G = G(T)$。如果政府支出不受税收的限制，如政府可通过发行债券方式实行财政赤字政策，由此不受税收的约束而决定政府支出，那么有关情况则会有所不同。

如果政府消费（支出）不受税收的限制，这时，G 成为外生变量，则有 $\dfrac{\mathrm{d}G}{\mathrm{d}T} = 0$。于是（6 - 3）式所表现的税收变动对储蓄的效应变为：

$$\frac{\mathrm{d}S}{\mathrm{d}T} = (1 - C')\frac{\mathrm{d}Y}{\mathrm{d}T} + C' \tag{6-5}$$

（6 - 5）式表明，在政府支出不受税收影响的条件下，税收变动对国民储蓄供给的影响效应 $\dfrac{\mathrm{d}S}{\mathrm{d}T}$ 只与居民的边际消费倾向 C' 以及 $\dfrac{\mathrm{d}Y}{\mathrm{d}T}$ 的情况有关，而与政府的边际消费倾向无关。

在（6 - 3）式中，政府支出取决于税收 T，由此政府支出为 $G = G(T)$。这种表示实际暗含这样的意义：政府支出变化主要基于税收的变化而定。然而，在现实经济中，在一些特定情况下，政府支出并不受制于税收因素的约束，而是可通过发行政府债券或其他方式筹集资金，因此，政府支出在一些时候可视为一种外生变量。

一般意义的政府支出主要是消费范畴中的概念，因此基于税收决定的政府支出主要被归结为消费者行为方面的问题。与税收不同，政府发行债券的收入一般不用于日常的政府消费，而通常是基于某种特定的目的而实行专款专用。其中，基于生产建设目的发行政府债券是常见的情况。也就是说，政府发债的影响效应不仅限于消费方面，也存在于生产方面。

因此，在以下分析中假定政府财政发行数量为 D 的债券，并假定该种债券只用于生产性投资，而不用于消费。由于政府财政发行数量为 D 的债券是由居民购买，在实体经济层面中的总收入 Y 没有发生变化。这时，居民的可支配收入为 $Y - T - D$，而作为政府债券收入的 D 直接用于投资。因此，在一个不存在进出口的封闭经济系统中，总收入 Y 可分解为如下表达式：

$$Y = C(Y - T - D) + G(T) + I + I_D \tag{6-6}$$

其中，I_D 为政府债券 D 所引发的投资，$G(T)$ 表示由税收决定的平常政府支出（消费）。如前所述，政府债券收入 D 不作为政府支出的内容，因此变量 D 不在函数 $G = G(T)$ 中。

于是，国民储蓄供给 S 的表达式为：

$$S = Y - C(Y - T - D) - G(T)$$

而根据（6-6）式可知有下面的关系成立：

$$S = Y - C(Y - T - D) - G(T) = I + I_D \tag{6-7}$$

根据（6-7）式，政府基于投资性发行债券结果是：D 增加导致可支配收入 $Y - T - D$ 减少，从而降低消费水平 $C(Y - T - D)$，进而提高国民储蓄供给 S。或者说，政府可通过发债的方式直接将私人部分的储蓄转化为公共部门的投资。

（6-7）式表明 $S = I + I_D$，这意味着 D 增加导致 I_D 提高，即表明可用于投资的国民储蓄供给 S 增加。

三　政府支出对储蓄的影响

在现实经济中，有时政府支出可基于一定需要支出，而不是完全以税收定支出。在这种情况下，假定政府支出为独立变量有一定的合理性与现实意义。由 $S = Y - C - G$ 可以得到下面的表达式：

$$dS = dY - C'dY - dG$$

由此得到：

$$\frac{dS}{dG} = (1 - C')\frac{dY}{dG} - 1 \tag{6-8}$$

（6-8）式表明，政府支出 G 变动对国民储蓄供给 S 的影响，与消费者的边际消费倾向 C' 以及政府支出变动对产出的影响 $\frac{dY}{dG}$ 有关。

由（6-8）式可以得到下面的关系式：

$$\frac{dS}{dG} - (1 - C')\frac{dY}{dG} = -1 < 0$$

即：

$$\frac{dS}{dG} < (1 - C')\frac{dY}{dG}$$

由于 $0 < 1 - C' < 1$，因此有：

$$\frac{\mathrm{d}S}{\mathrm{d}G} < \frac{\mathrm{d}Y}{\mathrm{d}G} \tag{6-9}$$

（6-9）式表明，政府支出变动对国民储蓄供给的影响效应$\frac{\mathrm{d}S}{\mathrm{d}G}$，小于政府支出变动对产出的影响效应$\frac{\mathrm{d}Y}{\mathrm{d}G}$。

由上述分析得到的基本结论是：财政政策对国民储蓄有内在的作用机制。首先，财政政策通过税收对消费的影响而产生作用，其影响的大小与方向同消费者的边际消费倾向和税收对收入影响情况有关。其次，财政政策通过财政支出对居民收入和总收入的影响而对国民储蓄产生作用。其中，政府投资性发债的财政政策，具有直接降低消费而提高储蓄的效应。

第二节　货币政策与储蓄

在现实经济中，不论是产品层面还是储蓄层面，消费者与生产者之间进行的交易通常不是面对面的直接交易，而是通过一定中间环节或渠道而实现的。例如，生产者产生投资需求，并不是由生产者直接面向消费者进行融资，而是通过相关金融机构操作实现的。如银行通过对生产者的借贷行为，可以帮助生产者实现其投资计划。相应的，资本市场中的利率变动可以影响生产者的借贷行为，也可以影响消费者的储蓄行为。鉴于货币政策对资本市场有重要的影响，由此决定货币政策与储蓄有密切的关系。下面通过一种简化的理论模型，分析货币政策通过货币供给量的变动对储蓄的影响效应。

设一定经济中可形成购买力的货币总量为 M。由于经济中的货币总要被经济中的一些主体持有，因此假定经济中的经济主体分为消费者（包括居民和以消费者身份出现的企业及相关机构）和货币当局（如中央银行）两类。货币当局在很大程度上与政府是利益统一体，甚至是政府的一个职能部门。设消费者持有的货币量为 M_H，货币当局持有的货币量为 M_G。于是有下面的关系式：

$$M = M_H + M_G \tag{6-10}$$

由（6-10）式可得到下面的关系式：

$$1 = \frac{M_H}{M} + \frac{M_G}{M}$$

从而有：

$$Y = \frac{M_H}{M}Y + \frac{M_G}{M}Y \tag{6-11}$$

在（6-11）式中，$\frac{M_H}{M}Y$ 的经济意义是：体现按消费者拥有的货币量可以控制的产出数量；$\frac{M_G}{M}Y$ 的经济意义是：体现按货币当局拥有的货币量可以控制的产出数量。

由于 $S = Y - (C + G)$，因此可将（6-11）式表示的 Y 代入 S 的表达式中。于是得到下面的关系式：

$$S = \frac{M_H}{M}Y + \frac{M_G}{M}Y - (C + G)$$

即：

$$S = \left(\frac{M_H}{M}Y - C\right) + \left(\frac{M_G}{M}Y - G\right) \tag{6-12}$$

在（6-12）式中，C 为消费者的总消费，$\frac{M_H}{M}Y$ 为总产出 Y 中由消费者控制的部分，因此 $\frac{M_H}{M}Y - C$ 的经济意义是由消费者决定的储蓄供给。相应的，G 为政府消费，$\frac{M_G}{M}Y$ 为总产出 Y 中由政府控制的部分，因此 $\frac{M_G}{M}Y - G$ 的经济意义是由政府决定的储蓄供给。通过下面的分析可以看到，货币当局可通过一定的货币政策实现对 $\frac{M_H}{M}Y$ 的影响，从而影响消费者的消费和储蓄。

具体来说，以下分析货币当局增发货币的效应。现假设货币当局增发货币 ΔM，且 $\Delta M > 0$。进一步的假设是，对于增发的货币 ΔM，不归由消费者持有，而是归政府（货币当局）持有，即如同实行铸币税。这时，经济中的货币总量为 $M + \Delta M$，其中，消费者持有的货币量仍为 M_H，政府持有的货币量为 $M_G + \Delta M$，即有下面的关系：

$$M + \Delta M = M_H + (M_G + \Delta M)$$

于是可得下面的关系式：

$$Y = \frac{M_H}{M + \Delta M}Y + \frac{M_G + \Delta M}{M + \Delta M}Y$$

在上述情况下，（6 - 12）式变为：

$$S = \left(\frac{M_H}{M + \Delta M}Y - C\right) + \left(\frac{M_G + \Delta M}{M + \Delta M}Y - G\right) \qquad (6 - 13)$$

由于 $\Delta M > 0$，因此有 $\frac{M_H}{M + \Delta M} < \frac{M_H}{M}$，$\frac{M_G + \Delta M}{M + \Delta M} > \frac{M_G}{M}$ 成立。$\frac{M_H}{M + \Delta M} <$

$\frac{M_H}{M}$ 的经济意义是：对于增发的货币多由政府持有的方式，其效应实际上降低了消费者可实际购买的产出数量，即消费者可实际购买的产出数量由 $\frac{M_H}{M}Y$ 下降到 $\frac{M_H}{M + \Delta M}Y$，由此导致消费者储蓄供给下降。

$\frac{M_G + \Delta M}{M + \Delta M} > \frac{M_G}{M}$ 的经济意义是：经济中政府持有的货币量比重提高，由此相应地提高政府控制产出数量的比重提高，其效应是实际上提高了政府可实际购买的产出数量，即政府可实际购买的产出数量由 $\frac{M_G}{M}Y$ 提高到 $\frac{M_G + \Delta M}{M + \Delta M}Y$。

上述货币政策对储蓄的最终影响效应，与消费者及政府相关具体行为情况有关。存在下面的三种情况：

（1）政府支出 G 不变及消费者消费 C 不变。在此情况下，也就是政府支出 G 以及消费者消费 C 不受货币政策影响。这时总储蓄供给水平 S 的变化 ΔS，是（6 - 13）式和（6 - 12）式的差值，即：

$$\Delta S = \left(\frac{M_H}{M + \Delta M}Y - C\right) + \left(\frac{M_G + \Delta M}{M + \Delta M}Y - G\right) - \left(\frac{M_H}{M}Y - C\right) - \left(\frac{M_G}{M}Y - G\right)$$

可以计算出，上述表达式中的 $\Delta S = 0$。这意味着，在上述货币政策以及消费者与政府原有消费行为的情况下，实际结果是改变了总储蓄在消费者与政府部门之间的配置结构，但是不改变总储蓄供给 S 的水平。

（2）货币政策导致的政府控制经济资源比重的扩大部分全部用于增加政府消费。在此情况下，实际等同于政府扩大了政府支出。这时政府支出函数 $G = G(M_G)$ 即政府消费支出由下面的关系式决定：

$$G = G\left(\frac{M_G + \Delta M}{M + \Delta M}\right)$$

与此同时，消费者的消费函数 $C = C(M_H)$ 由下面的关系式决定：

$$C = C\left(\frac{M_H}{M + \Delta M}\right)$$

于是，总储蓄供给水平 S 的变化 ΔS 由下面的表达式决定：

$$\Delta S = C(M_H) - C\left(\frac{M_H}{M + \Delta M}\right) + G(M_G) - G\left(\frac{M_G + \Delta M}{M + \Delta M}\right)$$

在这种情况下，ΔS 的变动取决于货币政策导致的消费者与政府消费行为变化的综合结果，而不能简单地得到 $\Delta S = 0$ 的结论。如果政府消费增加额大于消费者消费减少额，即有下面的关系成立：

$$C(M_H) - C\left(\frac{M_H}{M + \Delta M}\right) < G(M_G) - G\left(\frac{M_G + \Delta M}{M + \Delta M}\right)$$

则储蓄水平 S 将降低。如果政府消费增加额小于消费者消费减少额，即有下面的关系成立：

$$C(M_H) - C\left(\frac{M_H}{M + \Delta M}\right) > G(M_G) - G\left(\frac{M_G + \Delta M}{M + \Delta M}\right)$$

则储蓄水平 S 上升。

（3）货币政策导致的政府控制经济资源比重的扩大部分不用于增加政府消费，而是直接转化为投资。新增货币量为 ΔM，占货币总量 $M + \Delta M$ 的比重为 $\frac{\Delta M}{M + \Delta M}$。与其所对应的产出量为 $\frac{\Delta M}{M + \Delta M}Y$，这时该部分全部用于投资，于是（6-13）式为下面的表达式：

$$S = \left(\frac{M_H}{M + \Delta M}\right)Y - C\left(\frac{M_H}{M + \Delta M}\right) + \left(\frac{M_G + \Delta M}{M + \Delta M}\right)Y - G\left(\frac{M_G}{M + \Delta M}\right) + \frac{\Delta M}{M + \Delta M}Y$$

$$(6-14)$$

可见，在（6-14）式中，$\frac{\Delta M}{M + \Delta M}Y$ 是总产出 Y 中转化为投资的部分。这是货币政策具有直接改变消费与储蓄比例关系效应的一种体现。

总之，以上分析表明，货币政策可以对总储蓄水平产生不同的影响效应，其具体效应与经济中的具体条件有关，如与消费者和政府对各自消费行为及相关决策有关。事实上，货币政策的影响还可以引起价格变动从而对储蓄产生影响。此效应可通过费雪方程（Fisher equation）进行分析。

费雪方程为 $PY=MV$，其中，P 为一定经济中的价格，Y 为总产出，V 为货币流通速度。如果 V 不变，Y 由生产函数决定，那么费雪方程表明货币增加将导致价格上涨，即出现通货膨胀。而价格对储蓄的影响效应在前面有关章节已做分析，这里不再赘述。

第三节　人口因素与经济政策

通过以上分析可见，运用有关的经济政策可以影响一定经济中的储蓄水平。对此可称为经济政策的储蓄效应。然而，经济政策影响储蓄的效应，与人口因素相比较是外在且短期性的，人口则是影响储蓄内在的长期性因素。

一　以货币政策为例的分析

现将上节消费者持有的货币总量 M_H，按人口结构进行分解。假设一定经济中的消费者人均持有货币量为 m_H，消费者数量为 N，则消费者持有的货币总量为 $M_H=m_HN$。设 M_G 为政府部门持有的货币总量。于是，消费者群体与政府部门持有的货币量之比为 $\dfrac{m_HN}{M_G}$。由于 $\dfrac{m_HN}{M_G}=\dfrac{m_H}{M_G}N$，可见 $\dfrac{m_HN}{M_G}$ 的大小与 $\dfrac{m_H}{M_G}$ 及 N 这两个因素有关。

如上一节所述，通过一定的货币政策可以增加或减少消费者或政府部门的货币持有量，也就是货币政策可以改变 $\dfrac{m_H}{M_G}$ 的结果。然而，变量 N 是人口的数量，是经济中的客观性因素，不受政府货币政策以及其他经济影响。如果人均货币持有量 m_H 不变，则人口数量 N 的增长将导致消费者群体与政府部门持有的货币量之比 $\dfrac{m_HN}{M_G}$ 提高。而在经济发展过程中，随着经济交易的不断扩大，人均持有货币量呈现不断提高的趋向，而不是不断下降的趋势。这表明人口数量的正向增长，客观上有不断提高消费者群体持有货币量的内在要求。

进一步的分析表明，拟通过货币政策改变消费与储蓄关系的做法需要十分谨慎。在现实经济中，货币政策大幅度改变 $\dfrac{m_H}{M_G}$ 数值的做法是十分冒险的，因为这意味着要大幅度调整货币发行量，对一个正常的经济是很有危害的。实际上，通过货币政策对 $\frac{m_H}{M_G}$ 的调节只能是微调性的，而不能出现较大变化，否则容易引发严重的经济问题。

现在的问题在于，人口数量的变化是客观的，特别是在短期内是无法改变的。因此，在 $\frac{m_H N}{M_G} = \frac{m_H}{M_G} N$ 中，如果 $\frac{m_H}{M_G}$ 相对稳定，这意味着人口总量及其结构变化对储蓄的影响具有客观内生性，其效应是经济政策在短期内无法改变的。

如果 $\frac{m_H}{M_G}$ 相对稳定，总人口数量增加，则意味货币总量中消费者群体占有比例提高，即提高总产出中消费者可支付部分的比例。而这一变动因素对储蓄的影响效应，不能简单地给出判断，而是同经济中一些具体的相关条件有关。其中，不仅与居民边际消费倾向和政府边际消费倾向有关，而且与人口结构因素有关。例如，如果将总人口按劳动年龄人口与老年人口的结构进行分解，则总人口 N 可以表示为 $N = L + L_R$，其中，L 为劳动年龄人口数量，L_R 为老年人口数量。由于劳动年龄人口与老年人口的消费行为存在差异，如消费倾向之间存在差异，将导致同一人口总量在不同人口结构下的消费水平可能不同，甚至有较大的差异。

由上述分析可见，货币政策对储蓄的影响效应与人口因素有关，而且人口及其结构是影响储蓄的客观内生性因素。

二　以收入分配政策为例的分析

收入是影响消费的重要因素，因此收入分配政策对收入分配情况的影响必然对消费进而对储蓄产生重要的影响。收入分配可以大体分为初次分配收入与再分配收入的过程。初次分配收入主要是指基于生产要素决定的分配收入，即主要由生产要素报酬决定的收入。再分配收入主要是指在初次分配的基础上进一步进行的分配。这里的收入分配政策主要是指再分配中的有关收入分配政策。

下面分析的重点是，论证收入分配政策对储蓄的影响效应与人口结构有关。显然，现实经济中消费者主要通过支付货币实现其消费。设 m_L 为在一定经济中劳动年龄人口的人均货币量，m_R 为老年人口的人均货币量，则在该经济中劳动年龄人口与老年人口拥有的总货币量为 $M = m_L L + m_R R$。

用货币量 M 度量该经济中的产出 Y，则每单位货币对应的产出量为 $\dfrac{Y}{M}$，即可理解为每单位货币可买到的产出数量为 $\dfrac{Y}{M}$。

假定劳动力的平均消费倾向为 b_L，即体现劳动力的货币收入用于消费支出比例。由于劳动年龄人口拥有的货币量为 $m_L L$，因此劳动年龄人口的消费总量为 $\dfrac{Y}{M} b_L m_L L$。同理，假定老年人的平均消费倾向为 b_R，老年人口拥有的货币量为 $m_R R$，因此老年人口消费总量为 $\dfrac{Y}{M} b_R m_R R$。于是，该经济中的总消费 C 有下面的表达式：

$$C = \frac{Y}{M}(b_L m_L L + b_R m_R R)$$

相应的，该经济中的储蓄率 s_N 有下面的表达式：

$$s_N = \frac{I}{Y} = 1 - \frac{C}{Y} = 1 - \frac{1}{M}(b_L m_L L + b_R m_R R) \qquad (6-15)$$

由（6-15）式可知，如果（6-15）式中各参数不变，则老年人口数量增多，将降低国民储蓄率 s_N。但是，（6-15）式也表明，通过收入分配政策，同样，可以改变国民储蓄率。这是通过收入分配途径改变财富转移的一种方式。其机理如下：

由于 $M = m_L L + m_R R$，因此 $\dfrac{m_L L}{M}$ 为劳动力所占货币总量的份额，$\dfrac{m_R R}{M}$ 为老年人所占货币总量的份额。相应的，$\dfrac{m_L}{M}$、$\dfrac{m_R}{M}$ 分别为劳动力人均占有货币总量份额与老年人人均占有货币总量份额。因此，m_L 与 m_R 的变动，将导致产出 Y 在劳动力与老年人之间分配关系的改变。例如，如果经济中劳动力的人均货币收入（人均工资）增长快于老年人的人均货币收入（人均养老金）增长，则意味着 m_L 相对增大，而 m_R 相对变小，从而导致产出 Y 中劳动力配置比例增大。

人口结构是另一重要影响因素，储蓄与劳动力人口同老年人口的数量比例关系有关。例如，劳动力的消费总量为 $\dfrac{Y}{M} b_L m_L L$，老年人口的消费总量为 $\dfrac{Y}{M} b_R m_R R$，两者之比为 $\dfrac{b_L}{b_R} \dfrac{m_L}{m_R} \dfrac{L}{R}$，收入分配政策可以影响的部分主要是$\dfrac{m_L}{m_R}$，而决定该比例关系的另一因素是$\dfrac{L}{R}$，即人口结构。由于$\dfrac{L}{R}$是难以通过政策在短期内改变的，因此这种人口结构是决定储蓄状况的一种长期的客观因素。

以上分析表明，收入分配政策可以改变收入分配格局，而收入分配格局的改变影响不同消费群体的消费行为，进而影响储蓄。其中，收入分配政策的效应同人口结构等因素有关，人口结构是决定储蓄状况的一种长期客观因素。

总之，通过本节以上分析表明，不论是对货币政策效应的分析，还是对收入分配政策效应的分析，均表明人口总量及其结构的因素是影响储蓄长期的客观因素。

第四节 经济政策影响储蓄的机制与分析框架

从宏观经济总体看，经济政策影响储蓄的途径是多方面的。总的来看，经济政策主要有三种影响储蓄的途径：一是经济政策影响消费者行为而影响储蓄供给；二是经济政策影响生产者行为从而影响储蓄需求；三是经济政策影响甚至直接改变经济资源配置关系从而影响储蓄。而经济政策对储蓄的最终影响效应，是各种影响效应的综合结果。

首先，财政税收与财政支出影响储蓄供给的基本逻辑关系由下面的方程体现：

$$S = Y - C(Y - T) - G(T) \tag{6-16}$$

（6-16）式的经济意义是：总产出中用于消费后的结果为储蓄S，形成储蓄供给。

其次，基于资本积累及资本折旧的生产性储蓄需求，其基本逻辑关系由下面的方程体现：

$$I = \frac{dK}{dt} + \delta K \tag{6-17}$$

（6-17）式的经济意义是：生产性投资I来源于资本积累和资本折旧需求，由此形成储蓄需求。

（6-16）式与（6-17）式体现的分别是储蓄供给与储蓄需求关系

式，两者的均衡状况决定了储蓄实际水平。而储蓄供给与储蓄需求的均衡
条件是满足下面的关系：

$$I = S \qquad\qquad (6-18)$$

（6-18）式表示储蓄供给与储蓄需求处于均衡状态的条件，即要求
储蓄用于投资。

在满足 $I = S$ 情况下，即由（6-16）式与（6-17）式联立，将决定
一定折旧率下的均衡资本水平。资本、人力及技术相结合形成产出，由下
面的函数关系体现：

$$Y_P = F(K,\ L) \qquad\qquad (6-19)$$

其中，（6-19）式中的 Y_P 表示由生产方面决定的产出水平。设 Y_D 表示
由需求方面决定的产出水平，在没有进出口的封闭经济系统中有下面的关
系式：

$$Y_D = C + I + G$$

实体经济中的产出供给与产出需求的均衡状况决定了经济中的实际产
出水平，产出供给与产出需求的均衡需满足下面的关系：

$$Y_D = Y_P = Y \qquad\qquad (6-20)$$

其中，（6-20）式中的 Y 表示由产出供给与产出需求均衡决定的实际产
出。实际产出用于消费与储蓄，储蓄用于投资，从而形成下一轮经济运
行。图6-1是关于经济政策影响储蓄进而影响经济增长的机制图示。

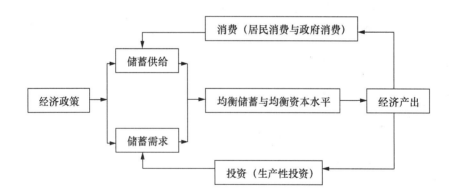

图6-1　经济政策影响储蓄与经济增长的机制

综上所述，一个分析经济政策影响储蓄的理论框架可由下面的联立方
程组构成：

$$S = Y - C(Y - T) - G(T) \qquad 储蓄供给方程$$

$$I = \frac{\mathrm{d}K}{\mathrm{d}t} + \delta K \qquad 储蓄需求方程$$

$$I = S \qquad 储蓄均衡条件$$

$$Y_P = F(K, L) \qquad 生产方程$$

$$Y_D = C + I + G \qquad 需求方程$$

$$Y_D = Y_P = Y \qquad 产出均衡条件$$

上述方程构成的分析框架是一种高度简化的理论框架，旨在体现储蓄供给与储蓄需求同经济产出的基本逻辑关系。有关经济政策如相关的财政政策、货币政策及收入分配政策等因素对储蓄影响的分析，可通过建立上述方程中有关变量关系进行。或者说，将有关体现相关经济政策因素的变量引入上述方程组，就可以进行相应的经济政策影响储蓄乃至经济增长效应的分析。

第七章 个人储蓄决定机制分析

个人储蓄是决定宏观储蓄的重要微观基础。本章主要基于生命周期理论的消费决策模式，建立分析微观个人（家庭）储蓄行为的数理分析模型，并以此为基础分析个人储蓄的决定机制及其影响因素。研究结果表明，个人的工作期时长与退休期时长的比率是决定个人储蓄率的主导性因素，同时利率、通货膨胀及收入增长等也是影响个人储蓄率的重要因素。

第一节 基于生命周期与永久性收入决策的个人储蓄

本章的个人储蓄体现的是微观个体储蓄，因此也可理解为等同于家庭储蓄。按生命周期理论假定，个人一生分为两期：第一期为工作期，第二期为退休期。在第一期，作为劳动力的个人通过劳动取得收入，其收入一部分用于消费，剩余部分用于储蓄，该储蓄用作第二期的消费。在第二期，作为退休老年人的个人不再参加劳动，退休期的消费来自工作期的储蓄，即在第二期为负储蓄。这种假定意味着，该经济的总人口是由劳动力和老年人组成的，即忽略未成年人。如果该经济中的一个人处于第一期则为劳动力，如果处于第二期则为老年人。在下面分析中，假定个人储蓄行为以生命周期理论的消费决策模式为基础，建立个人储蓄决策数理分析模型。

一 基本分析与有关假定

假定个人决定其储蓄与消费行为是按生命周期与永久收入假说理论进行，即消费者以一生的总预期收入做消费安排，并试图使其个人一生的消费水平平稳，消费水平取决于其个人收入中的永久性部分而不是全部收入。个人永久性收入主要来自经济增长的成果，即体现为来自个人的劳动收入，并假定个人劳动收入的实际增长率等于实际经济增长率。这样的假定意味着个人的收入增长是经济增长的体现。个人其他方式取得的收入如股票、债券、赠予以及偶然所得不作为个人永久性收入，即这些收入不对消费水平产生实质性影响。

依据永久性收入进行消费与储蓄的决策，实际等同于假定实际利率为零。实际利率即名义利率与通货膨胀率的差值。而这里的名义利率与通货膨胀率有一定的广义性。即名义利率可理解为使个人收入变动的各种因素综合作用的结果，而不宜理解为银行的存款利率。例如，如果一个人因购买股票而取得了收益，这种效果等同于一定程度上提高了储蓄的名义利率；反之，如果一个人因购买股票而赔了钱，这种效果等同于一定程度上降低了储蓄的名义利率。对通货膨胀可理解为使个人收入的实际购买力发生变动的各种因素综合作用的结果。例如，政府进行价格补贴，在效果上等同于一定程度上降低通货膨胀水平。总之，若某种因素对个人收入起正向作用，则其效应等同于提高了实际利率；若某种因素对个人收入起负向作用，则其效应等同于降低了实际利率。

如果实际利率为零，表明个人收入主要来自经济增长，即意味着除个人劳动收入之外的其他各种影响其购买力的正负因素相抵结果为零。例如，一个人在某时期得到了一笔意外财富，然而在另一时期却蒙受了财产损失，两者相抵结果的净值几乎为零。因此，其个人的实际财富最终还是取自其个人的劳动收入。在现实经济中，实际利率为零的意义是：将个人一生中各种正负收入相抵，其收入最终是来自个人的劳动收入，即来自经济的实际增长。

实际利率为零的假定有重要的现实意义。即假定实际利率为零，相当于假定个人生活水平的提高最终有赖于经济增长，而这一假定是符合实际的。人类生活水平的提高，最终是靠实体经济增长的成果，而不是名义货币收入水平的提高。从长期来看，现实经济中的财富来自劳动成果，即来自真实的经济增长。因此，劳动收入是个人最可靠的收入来源。或者说，假定广义的实际利率为零，体现的是在现实经济中劳动成果是财富的根本来源。基于上述考虑，在以下分析中可以不再单独考虑社会保障及储蓄贴现等因素的影响。虽然这些因素对个人收入有一定的影响，但是，这些因素的影响效应最终可归结为广义实际利率的变化而得到体现。例如，如果社会保障系统增加了老年人的养老金水平，这个效果可视为储蓄收益率的提高，即相当于提高实际利率水平。

下面讨论的核心问题是个人储蓄率 s 是如何被决定的，即个人如何决定其收入用于消费与储蓄的比例。

二 个人在工作期的消费与储蓄

首先明确有关变量的设定：设个人的工作期时长为 T_1，退休期时长为 T_2，工作期的初始收入为 y（收入的基数），实际收入增长率为 v，通货膨胀率为 p，储蓄的名义利率为 r，个人（家庭）的储蓄率为 s。实际利率为名义利率 r 与通货膨胀率 p 的差值，即 $r-p$。按永久性收入进行消费与储蓄的决策，等同于假定实际利率为零。因此，本节分析以实际利率为零作为前提条件，而关于实际利率为非零情况的分析将随后进行。

由于假定工作期第一年个人收入的基数为 y，收入年增长率为 v，因此工作期第一年的年收入为 $y(1+v)$。相应的，在个人储蓄率（家庭储蓄率）为 s 情况下的第一期个人储蓄为 $sy(1+v)$，个人消费为 $(1-s)y(1+v)$。同理，工作期第二年的个人年收入为 $y(1+v)^2$，储蓄为 $sy(1+v)^2$，消费为 $(1-s)y(1+v)^2$。如此下去，形成如下时间序列数据：

	个人的年收入	个人的年储蓄	个人的年消费
第一年：	$y(1+v)$	$sy(1+v)$	$(1-s)y(1+v)$
第二年：	$y(1+v)^2$	$sy(1+v)^2$	$(1-s)y(1+v)^2$
$\vdots$	$\vdots$	$\vdots$	$\vdots$
第 T_1 年：	$y(1+v)^{T_1}$	$sy(1+v)^{T_1}$	$(1-s)y(1+v)^{T_1}$

$$(7-1)$$

设 Y 为个人一生的劳动总收入，则 Y 为上述个人的年收入时间序列数据之和，有如下表达式：

$$Y = y\sum_{i=1}^{T_1}(1+v)^i = y\frac{1-(1+v)^{T_1}}{1-(1+v)} = y\frac{(1+v)^{T_1}-1}{v} \qquad (7-2)$$

由于假定实际利率为零，因此个人工作期的各年度储蓄之和就是实际储蓄总和。设 S 为储蓄总和，则有如下表达式：

$$S = sY = sy\frac{(1+v)^{T_1}-1}{v} \qquad (7-3)$$

设 C 为工作期的消费总和，则有如下表达式：

$$C = (1-s)Y = (1-s)y\frac{(1+v)^{T_1}-1}{v} \qquad (7-4)$$

由于上述分析中的收入是剔除了价格变动因素影响的实际收入，因此相应的消费也是剔除了价格变动因素影响的实际消费。

三 个人退休期间的消费与储蓄

由于在退休期间的个人消费是来自工作期的储蓄 S，因此退休期的年均消费水平为 $\dfrac{S}{T_2}$。而工作期的年均消费水平为 $\dfrac{C}{T_1}$，因此按一生消费水平稳定原则，要求工作期的消费水平与退休期的消费水平相等，即要求 $\dfrac{S}{T_2} = \dfrac{C}{T_1}$ 成立。

根据（7-3）式，退休期的年均消费水平 $\dfrac{S}{T_2}$ 的表达式如下：

$$\frac{S}{T_2} = sy\ \frac{(1+v)^{T_1}-1}{v} \bigg/ T_2 \tag{7-5}$$

根据（7-4）式，工作期的年均消费水平 $\dfrac{C}{T_1}$ 的表达式如下：

$$\frac{C}{T_1} = (1-s)y\ \frac{(1+v)^{T_1}-1}{v} \bigg/ T_1 \tag{7-6}$$

因此根据 $\dfrac{S}{T_2} = \dfrac{C}{T_1}$ 的要求，需满足（7-5）式与（7-6）式相等，即有下面的关系成立：

$$sy\ \frac{(1+v)^{T_1}-1}{v} \bigg/ T_2 = (1-s)y\ \frac{(1+v)^{T_1}-1}{v} \bigg/ T_1$$

四 个人储蓄率的决定

化简上述公式得到关于 s 的如下表达式：

$$s = \frac{T_2}{T_1+T_2} = \frac{1}{T_1 / T_2 + 1} \tag{7-7}$$

（7-7）式为按生命周期理论及永久收入决策模式而得到的决定个人储蓄率公式。这是决定个人储蓄率的一个重要表达式。

（7-7）式表明，在实际利率为零条件下，只有个人工作期时长与退休期时长这两个因素决定个人储蓄率，因为其他变量均未出现在公式中。（7-7）式中的 $\dfrac{T_1}{T_2}$ 是工作期时长与退休期时长的比率，称为两期时长比率。例如，如果工作期为 40 年，退休期为 20 年，那么两期时长比率为 2。这时，由公式（7-7）决定的个人储蓄率为 33.3%。（7-7）式揭示了决定个人储蓄率的一种重要机制，即两期时长比率是决定个人储蓄率的主导性因素，因为在（7-7）式中个人储蓄率只同工作期时长与退休期时长的比率有关。

对个人而言，实际利率为零的假定实际上意味着个人不期望通过除劳动收入（经济增长）之外方式取得财富的思想。因此，对（7-7）式的一种通俗解释是：如果个人期望一生的消费水平稳定，而且只期望通过劳动而不是通过财富升值实现收入增加，那么个人储蓄率 s 的决定将主要取决于其工作期时长与退休期时长的比率，而与其初始收入水平及其增长率（经济增长）等因素无关。

第二节　工作期时长与退休期时长变动效应分析（一）

一　退休期时长变动的效应：以预期寿命延长为例

根据（7-7）式，如果个人工作期时长 T_1 不变①，而预期寿命延长即 T_2 增大，将导致 $\dfrac{T_1}{T_2}$ 减小，此结果会导致个人储蓄率 s 提高。例如，如果一个人从 20 岁工作到 60 岁退休（工作期为 40 年），而退休期为 20 年，那么根据（7-7）式可计算出此人的储蓄率应为 $\dfrac{1}{3} \approx 33\%$。但是，如果此人预期寿命延长 10 年，即退休期时长增加到 30 年，则储蓄率将上升到 $\dfrac{3}{7} \approx 43\%$，即提高约 10 个百分点。

个人（家庭）储蓄率 s 关于退休期时长 T_2 的弹性为 $\dfrac{\partial \ln s}{\partial \ln T_2}$，根据（7-7）式计算可得：

$$\frac{\partial \ln s}{\partial \ln T_2} = \frac{1}{1 + \dfrac{T_2}{T_1}} > 0 \tag{7-8}$$

因为 T_1 与 T_2 均大于零，因此由（7-8）式可见 $\dfrac{\partial \ln s}{\partial \ln T_2} > 0$。于是（7-8）式表明，个人储蓄率 s 关于退休期时长 T_2 的弹性大于零，即个人

---

① 个人退休年龄主要由国家有关规定决定，如现阶段中国个人退休年龄分别是男性 60 岁，女性 55 岁。因此个人工作期时长可视为不变。

储蓄率将随退休期时长增加而提高，随退休期时长缩短而降低，也就是预期寿命延长将产生提高个人储蓄率的效应。

二　工作期时长变动的效应：以延迟退休或提前退休为例

另一种情况是，如果延迟退休，即工作期时长 T_1 增大，则由（7-7）式可知个人储蓄率 s 将下降。但是，在中国普遍存在提前退休现象，这是工作期时长 T_1 减小的情况，由（7-7）式可知此效应导致个人储蓄率 s 提高。例如，如果一个人从 20 岁工作到 55 岁退休，即工作期缩短为 35 年，而退休期仍为 20 年，那么根据（7-7）式可计算出该人的储蓄率约为 36%，即比工作期为 20 年情况下的储蓄率提高约 3 个百分点。反之，如果延迟退休，其他条件不变情况下则产生降低储蓄率的效应。

个人储蓄率 s 关于工作期时长 T_1 的弹性为 $\dfrac{\partial \ln s}{\partial \ln T_1}$，根据（7-7）式计算可得：

$$\frac{\partial \ln s}{\partial \ln T_1} = -\frac{1}{1 + \dfrac{T_2}{T_1}} \tag{7-9}$$

（7-9）式表明 $\dfrac{\partial \ln s}{\partial \ln T_1} < 0$，由此可知，个人储蓄率将随工作期时长缩短而提高，随工作期时长增加而降低。因此，在其他条件不变的情况下，提前退休将产生提高个人储蓄率的效应，延迟退休将产生降低个人储蓄率的效应。

三　工作期时长与退休期时长变动效应的比较

由（7-9）式与（7-8）式相比可得：

$$\frac{\partial \ln s}{\partial \ln T_1} \bigg/ \frac{\partial \ln s}{\partial \ln T_2} = -1 \tag{7-10}$$

（7-10）式的结果表明，$\dfrac{\partial \ln s}{\partial \ln T_1}$ 与 $\dfrac{\partial \ln s}{\partial \ln T_2}$ 互为反向，但数值相等。这表明，在其他条件不变的情况下，工作期时长的单位变动对其个人储蓄率的影响效应，与退休期时长的单位变动对其个人储蓄率的影响效应是互为反方向的，但是绝对数量相等。

第三节　包含多因素的个人储蓄数理分析模型

假设实际利率为零，实际上相当于只考虑经济增长或者说是劳动收入作为永久性收入为基本背景下的个人储蓄率决定情况。为了考察更多因素的影响效应，下面考虑实际利率非零情况下决定个人储蓄率的公式。实际利率非零意味着除劳动收入之外的其他有关多种因素将对个人消费与储蓄产生影响。

一 工作期情况

假定实际利率 $r-p$ 不为零，那么工作期第一年的储蓄本金 $sy(1+v)$ 到工作期结束时，得到的本金和利息收入为 $sy(1+v)(1+r-p)^{T_1}$。[①] 相应的，工作期第二年的储蓄为 $sy(1+v)^2$，到工作期满时，得到的本金与利息收入为 $sy(1+v)^2(1+r-p)^{T_1-1}$。如此下去，到工作期的最后一年，T_1 年份的本金与利息收入为 $sy(1+v)^{T_1}(1+r-p)$。因此，工作期的储蓄和实际利息收入总和 S_1 为如下表达式：

$$S_1 = sy\sum_{i=1}^{T_1}(1+v)^i(1+r-p)^{T_1+1-i} \tag{7-11}$$

由（7-11）式可得：

$$S_1 = sy(1+v)(1+r-p)^{T_1}\frac{1-\left(\dfrac{1+v}{1+r-p}\right)^{T_1}}{1-\dfrac{1+v}{1+r-p}} \tag{7-12}$$

二 退休期情况

S_1 用于退休期的消费，于是退休期的年均消费水平为 $\dfrac{S_1}{T_2}$。按工作期与退休期消费水平相等原则，个人储蓄率由 $\dfrac{S_1}{T_2}=\dfrac{C}{T_1}$ 决定。这里的 C 为个人工作期的消费，仍由（7-4）式决定。退休期是作为老年人的纯粹消费期，在此阶段，老年人不再通过劳动取得收入，而是动用储蓄。事实上，总储蓄分若干年消费，同样存在再储蓄与通货膨胀问题。为了简化分析，假定在退休期当中出现的储蓄收益及通货膨胀因素，都折算到工作期的名义利率与通货膨胀率之中。这种假定实际上是认为退休期的储蓄的购买力是稳定的。因此，根据 $\dfrac{S_1}{T_2}=\dfrac{C}{T_1}$ 的关系，要求下面的关系成立：

---

① 其中，$1+r-p>0$，$1+v>0$。

$$\frac{sy(1+v)(1+r-p)^{T_1}}{T_2} \frac{1-\left(\frac{1+v}{1+r-p}\right)^{T_1}}{1-\frac{1+v}{1+r-p}} = \frac{(1-s)y(1+v)}{T_1} \frac{(1+v)^{T_1}-1}{v}$$

$$(7-13)$$

三 个人储蓄率决定

对上式化简，得到如下表达式：

$$s\left(\frac{T_1}{T_2} \frac{v[(1+v)^{T_1}-(1+r-p)^{T_1}]}{[(1+v)^{T_1}-1]} \frac{1+r-p}{v-(r-p)}+1\right)=1 \qquad (7-14)$$

令：

$$B = \frac{v[(1+v)^{T_1}-(1+r-p)^{T_1}]}{[(1+v)^{T_1}-1]} \frac{1+r-p}{v-(r-p)} \qquad (7-15)$$

则有：

$$s = \frac{1}{\frac{T_1}{T_2}B+1} \qquad (7-16)$$

（7-16）式是本章推导出的另一重要关系式。该式揭示了含有工作期时长（T_1）、退休期时长（T_2）、收入增长率（v）、名义利率（r）及通货膨胀率（p）等因素情况下的个人储蓄率决定机制。

将（7-16）式与（7-7）式比较，可见，在（7-16）式中出现了因子 B。因子 B 含有收入增长率、名义利率与通货膨胀率等变量，因此，（7-16）式比（7-7）式包含更多的影响个人储蓄率的因素。由此表明，在实际利率非零的条件下，个人储蓄率不仅与工作期时长同退休期时长之比率有关，而且也与收入增长率、名义利率及通货膨胀率等其他因素有关。

四 对因子 B 的分析

通过对（7-15）式进行分析可以发现，有 $B>0$ 成立。主要原因是：首先，针对改革开放以来的中国经济情况，收入增长率 v（经济增长率）大于零成立，即 $1+v>1$ 成立，于是 $(1+v)^{T_1}-1>0$ 成立。其次，在经济快速增长及有显著正向通货膨胀的中国经济中，名义利率大于收入增长率与通货膨胀率之和的情况尚未出现过，因此 $v+p-r>0$ 成立是现实经济的主要情况。这些条件将确保 $B>0$ 在中国经济中是成立的，至少是常见的情况。

现在问题的核心归结为：根据（7-16）式，如何判断工作期时长与退休期时长之比率、收入增长率、名义利率及通货膨胀率这些变量对个人储蓄率有怎样的影响。显然，由于因子 B 的存在，工作期时长与退休期时长之比率对个人储蓄率的影响效应分析，与（7-7）式所面临的情况不同。即个人储蓄的决定不再完全取决于工作期时长与退休期时长比率。关于工作期时长、退休期时长、收入增长率、名义利率和通货膨胀率等因素对个人储蓄率影响效应的严格数理分析，将在下一章进行。然而，这里首先指出的是，本章（7-15）式体现了这些因素同个人储蓄率的数理关系，从而成为进一步分析这些因素与个人储蓄率数量关系的重要基础。

第四节 工作期时长与退休期时长变动效应分析（二）

本节分析在实际利率非零条件下的工作期时长与退休期时长变动对个人储蓄的影响效应。

一 退休期时长变动效应

退休期时长变动对储蓄率 s 的定量影响效应，以储蓄率 s 对退休期时长 T_2 的弹性 $\dfrac{\partial \ln s}{\partial \ln T_2}$ 反映。由于在因子 B 的表达式中不含有 T_2，因此 $\dfrac{\partial B}{\partial T_2}$ 为零。这时有：

$$\ln s = -\ln\left(\frac{T_1}{T_2}B + 1\right) \tag{7-17}$$

对（7-17）式求关于 T_2 的偏导，推导如下：

$$\frac{\partial \ln s}{\partial T_2} = -\frac{1}{\frac{T_1}{T_2}B + 1}\frac{\partial\left(\frac{T_1}{T_2}B\right)}{\partial T_2} = -\frac{T_1 B}{\frac{T_1}{T_2}B + 1}\left(-\frac{1}{T_2^2}\right)$$

于是有：

$$\frac{\partial \ln s}{\partial T_2} = \frac{T_1 B}{T_1 T_2 B + T_2^2}$$

从而有：

$$\frac{\partial \ln s}{\partial \ln T_2} = T_2\frac{\partial \ln s}{\partial T_2} = \frac{T_2 T_1 B}{T_1 T_2 B + T_2^2} = \frac{1}{1 + \frac{T_2}{T_1 B}}$$

即：

$$\frac{\partial \ln s}{\partial \ln T_2} = \frac{1}{\dfrac{T_2}{T_1 B} + 1} \tag{7-18}$$

由于（7-18）式中右端的各变量均为正值，因此储蓄率 s 对退休期时长 T_2 的弹性 $\dfrac{\partial \ln s}{\partial \ln T_2}$ 为正值，表明退休期延长将导致个人储蓄率提高。但是，（7-18）式表明，$\dfrac{\partial \ln s}{\partial \ln T_2}$ 是关于 T_2 的减函数，意味着退休期延长对储蓄率提高的边际效应是递减的。

二 工作期时长变动效应

由于在因子 B 中也含有工作期时长的变量 T_1，因此使按（7-16）式计算 $\dfrac{\partial \ln s}{\partial \ln T_1}$ 变得十分复杂。这也说明在加入诸多因素后，工作期时长变量 T_1 的变动对个人储蓄率的影响趋于复杂化。对 $\dfrac{\partial \ln s}{\partial \ln T_1}$ 的具体计算过程如下：

由于 $\ln s = -\ln\left(\dfrac{T_1}{T_2} B + 1\right)$，因此有：

$$\frac{\partial \ln s}{\partial T_1} = -\frac{1}{\dfrac{T_1}{T_2}B + 1}\left(\frac{B}{T_2} + \frac{T_1}{T_2}\frac{\partial B}{\partial T_1}\right)$$

因此，对 $\dfrac{\partial B}{\partial T_1}$ 的计算是一个关键问题。由于 B 为如下表达式：

$$B = \frac{v\left[(1+v)^{T_1} - (1+r-p)^{T_1}\right]}{(1+v)^{T_1} - 1}\frac{1+r-p}{v-(r-p)}$$

为了简化书写，令 $1+v = V$，$1+r-p = R$，则：

$$B = \frac{(V^{T_1} - R^{T_1})}{V^{T_1} - 1}\frac{vR}{V-R}$$

令 $B_1 = \dfrac{(V^{T_1} - R^{T_1})}{V^{T_1} - 1}$，则：

$$B = B_1 \frac{vR}{V-R}$$

因此有：

$$\frac{\partial B}{\partial T_1} = \frac{vR}{V-R}\frac{\partial B_1}{\partial T_1}$$

由于 $B_1 = \dfrac{(V^{T_1} - R^{T_1})}{V^{T_1} - 1}$，因此可以依此来求 $\dfrac{\partial B}{\partial T_1}$。因为该计算过程较复杂，因此略去具体计算过程而只给出结果：

$$\frac{\partial B}{\partial T_1} = \frac{vR}{(V-R)(V^{T_1}-1)^2}\left[V^{T_1}(R^{T_1}-1)\ln V + R^{T_1}(1-V^{T_1})\ln R\right]$$

由于 $\dfrac{\partial \ln s}{\partial \ln T_1} = T_1 \dfrac{\partial \ln s}{\partial T_1} = -\dfrac{T_1}{\dfrac{T_1}{T_2}B+1}\left(\dfrac{B}{T_2} + \dfrac{T_1}{T_2}\dfrac{\partial B}{\partial T_1}\right)$，因此将上面关于 $\dfrac{\partial B}{\partial T_1}$ 的

等式代入，即可得到关于 $\dfrac{\partial \ln s}{\partial \ln T_1}$ 的计算结果。由于此代入计算与整理的过程较复杂，因此这里略去过程而直接给出结果如下：

$$\frac{\partial \ln s}{\partial \ln T_1} = -\frac{1}{1+\dfrac{T_2}{T_1 B}}\Big[1 + \frac{T_1}{(V^{T_1}-R^{T_1})(V^{T_1}-1)}(V^{T_1}(R^{T_1}-1)\ln V - (V^{T_1}-1)R^{T_1}$$

$$\ln R)\Big]\tag{7-19}$$

在（7-19）式中，$1+v=V$，$1+r-p=R$。因此，（7-19）式还可以具体表达为下面的关系式：

$$\frac{\partial \ln s}{\partial \ln T_1} = -\frac{1}{1+\dfrac{T_2}{T_1 B}}\Big\{1 +$$

$$T_1 \frac{(1+v)^{T_1}\left[(1+r-p)^{T_1}-1\right]\ln(1+v) - \left[(1+v)^{T_1}-1\right](1+r-p)^{T_1}\ln(1+r-p)}{\left[(1+v)^{T_1}-(1+r-p)^{T_1}\right]\left[(1+v)^{T_1}-1\right]}\Big\}$$

综上所述，在实际利率为零的情况下，即 $r=p$，此时有 $R=1$，$B=1$。并且

$$V - R = 1 + v - 1 - r + p = v$$

则（7-19）式可化简为：

$$\frac{\partial \ln s}{\partial \ln T_1} = -\frac{1}{1+\dfrac{T_2}{T_1}}$$

可见，（7-19）式包含实际利率为零的情况。然而在一般情况下，即在实际利率非零情况下，个人储蓄率对工作期时长变动弹性由（7-19）式决定，而由（7-19）式可见，该弹性与名义利率、通货膨胀率及收入增长率等因素有关，由此工作期时长 T_1 变动对储蓄率影响的效应变得非常复杂。

由上述分析得出的主要结论是：即使在引入经济增长率、名义利率和通货膨胀率等因素之后，只要这些因素一经确定，本书（7－16）式中的 B 项也将确定。由此，因子 B 成为工作期时长与退休期时长比率决定个人储蓄率的干扰项，具体表现为（7－16）式与（7－7）式的不同。

第五节　中国个人储蓄率及预期寿命延长效应测算

（7－16）式提供了测算个人（家庭）储蓄率的一种方法，并且该公式包括比（7－6）式更多的有关影响因素。本节利用中国有关统计数据，按此公式对中国个人储蓄率进行测算，以期得到对中国个人储蓄率数据经验的一种估计。可以利用的数据主要是 1982 年及 2010 年中国人口普查资料。（7－16）式所需要的主要参数是个人工作期时长 T_1、退休期时长 T_2、名义利率 r、通货膨胀率 p 以及收入增长率 v。

第一，关于个人工作期时长 T_1、退休期时长 T_2 的数据。根据中国人口普查数据，1982 年，中国人口平均预期寿命是 67.77 岁，2010 年上升至 74.83 岁，比 1982 年提高约 7.06 岁。按 2010 年时中国退休制度，普遍实行的是男 60 岁退休、女 55 岁退休，因此平均退休年龄大体是 57.5 岁。劳动年龄人口起始年龄为 15 岁。于是，中国个人的工作期时长约 42 年，即 $T_1 = 42$ 年。由于中国预期寿命不断提高，因此到 2010 年时的退休期时长有所增加。1982 年，中国平均预期寿命与平均退休年龄的差值为 10.27，意味着此年份时中国人口的退休期平均时长约为 10.27 年，即 1982 年时 $T_2 = 10.27$ 年。2010 年，中国平均预期寿命与平均退休年龄的差值为 17.33，意味着到 2010 年，中国人口的退休期平均时长提高至 17.33 年，即 2010 年时 $T_2 = 17.33$ 年。因此，1982—2010 年，中国人口退休期平均时长的增量为 $\Delta T_2 = 7.06$ 年。

第二，关于名义利率 r 的数据。计算现实经济中广义的名义利率增长率是十分困难的。为此，本节主要以 1982—2010 年中国一年期银行存款利率的年均值体现。计算结果是，此期间年均利率约为 $r = 0.04$。

第三，关于通货膨胀率 p 的数据。通货膨胀率以 1982—2010 年中国居民消费价格指数的年均增长率为体现，计算结果是 $p = 0.058$。由此可估计出在此期间中国实际利率为 $r - p = -0.018$。

第四，关于个人收入增长率 v 的数据。这里的个人收入主要体现经济增长情况，因此个人收入增长率采用的是按可比价计算的 1982—2010 年中国人均 GDP 的年均增长率数据，计算结果为 $v = 0.075$。

按（7-16）式计算，所需相关参数归纳如下：1982—2010 年，$v = 0.075$，$r = 0.04$，$p = 0.058$，$T_1 = 42$ 年；1982 年时，$T_2 = 10.27$ 年；2010 年时，$T_2 = 17.33$ 年。

于是，根据（7-15）式，可计算出因子 B 值，即 $B = 0.813$。根据（7-15）式可知，B 值与退休期时长 T_2 无关。根据（7-16）式，可计算出 2010 年个人储蓄率 $s_{2010} = 33.7\%$，1982 年个人储蓄率为 $s_{1982} = 23.1\%$。可见，1982—2010 年中国个人储蓄率提高了约 10.6 个百分点。

如果不考虑收入增长率、名义利率和通货膨胀率因素影响，则可按（7-7）式计算出只由工作期时长与退休期时长之比率决定的储蓄率，记为 $\bar{s}$。根据（7-7）式，可计算出 1982 年 $\bar{s}_{1982} = 19.6\%$，2010 年时 $\bar{s}_{2010} = 29.2\%$。

而 $\bar{s}$ 与 s 的比率是有重要意义的指标。该指标可理解为，不考虑收入增长率、名义利率和通货膨胀率因素时计算出的个人储蓄率，与考虑这些因素时计算出的个人储蓄率的比率。例如，1982 年该比率为 $\dfrac{\bar{s}_{1982}}{s_{1982}} \approx 85\%$，即可以理解为 1982 年时个人储蓄率（23.1%）中的 85% 归结为工作期时长与退休期时长之比率的贡献，而增长率、名义利率和通货膨胀率因素的综合贡献约占 15%。2010 年该比率为 $\dfrac{\bar{s}_{2010}}{s_{2010}} \approx 86.6\%$，即可以理解为 2010 年个人储蓄率（33.7%）中的 86.6% 归结为工作期时长与退休期时长之比率的贡献，而增长率、名义利率和通货膨胀率因素的综合贡献约占 13.4%。

上述测算结果表明，工作期时长与退休期时长之比率是影响个人储蓄率的主导性因素，收入增长率、名义利率和通货膨胀率因素对个人储蓄率影响的综合效应相对较小。

可从另一角度说明，两期时长比率对个人储蓄率影响远大于收入增长率、名义利率和通货膨胀率因素的综合影响。$s_{2010} - \bar{s}_{2010}$ 体现的是 2010 年时为展现退休期延长对个人储蓄的影响，现模拟由预期寿命延长而导致退休期延长的效应。假定 2010 年的中国预期寿命仍为 1982 年的 67.77 岁，即 2010 年的 $T_2 = 10.27$，则此时计算出的个人储蓄率即为 s_{1982}。而事实上 2010 年的中国预期寿命提到了 74.83 岁，因此实际上计算出的个人储蓄率为 s_{2010}。因此，$s_{2010} - s_{1982}$ 体现的是由预期寿命延长而导致的家庭储率变化的情况。相应的，$\bar{s}_{2010} - \bar{s}_{1982}$ 体现的是在不考虑收入增长率、名义利率和通货膨胀率因素影响下的由预期寿命延长而导致的家庭储率变化的情况。

因此，由预期寿命延长而导致退休期时长延长对 1982—2010 年中国个人储蓄率提高的贡献率为：

$$\frac{\Delta \bar{s}}{\Delta s} = \frac{\bar{s}_{2010} - \bar{s}_{1982}}{s_{2010} - s_{1982}} = \frac{29.2\% - 19.6\%}{33.7\% - 23.1\%} \approx 90.6\%$$

因此，在上述理论框架下的测算结果表明，1982—2010 年，在中国个人储蓄率增长中，由预期寿命延长而对中国个人储蓄率提高的贡献率达到 90.6%。虽然这一结果是在只考虑有限几个变量情况下的结果，而没有纳入全部可能的影响因素，因而可能存在过高估计其效应的问题，但是，这一结果在一定程度可以体现中国预期寿命延长对个人储蓄率的确有重要的影响效应。即工作期时长与退休期时长之比率是影响个人储蓄率的主导性因素。

第八章 通货膨胀、利率和收入对个人储蓄的影响

本章主要借助第七章建立的个人储蓄决策数理分析模型，进一步分析价格、利率及收入等因素对个人储蓄的影响。研究结果表明，在基于个人生命周期内消费稳定决策模式下，通货膨胀对个人储蓄率有正向影响，名义利率对个人储蓄率有负向影响，而收入增长对个人储蓄率的影响与相关条件有关：若实际利率为正，则收入增长对个人储蓄率有正向影响；若实际利率为负，则收入增长对个人储蓄率有负向影响。

第一节　基本分析

在现实经济中，广义的个人实际利率非零是更为真实的情况。就个人收入而言，经济中的确存在许多影响个人收入收益的因素，从而这些因素对个人的消费与储蓄产生影响。为了分析有关因素对个人储蓄的影响，本节假定实际利率不为零。

第七章的（7－16）式提供了有关分析的基础。为了论述方便，现将（7－16）式列于下面：

$$s = \frac{1}{\dfrac{T_1}{T_2}B + 1}$$

其中，因子 B 由下面的表达式决定：

$$B = \frac{v\left[(1+v)^{T_1} - (1+r-p)^{T_1}\right]}{\left[(1+v)^{T_1} - 1\right]} \frac{1+r-p}{v-(r-p)} \quad [参见（7－15）式]$$

上式便是在实际利率不为零假定条件下包含多种因素的个人储蓄率决定公式。其中，因子 B 包含有价格、利率及收入等变量，由此为分析这些因素变动对个人储蓄的影响提供了有效途径。

由（7－16）式可见，如果工作期时长 T_1 与退休期时长 T_2 不变，那么个人储蓄率 s 是关于因子 B 的减函数。即如果因子 B 值增大，则 s 减小；如果 B 值减小，则 s 增大。而（7－15）式表明，因子 B 是关于收入 v、价格 p 和利率 r 的函数。

现在的问题是：在工作期时长 T_1 与退休期时长 T_2 不变的情况下，收入 v、价格 p 和利率 r 如何影响因子 B？这是一个十分关键的问题，因为如果能够判明这些变量是如何影响因子 B 的，那么就可以通过（7－16）式的机制得到这些变量对个人储蓄率 s 的影响。也就是说，价格、名义利率及收入等因素对个人储蓄率的影响效应分析，可通过这些因素变动对 B 产生的影响而得到体现。下面主要分析价格对个人储蓄率的影响。

第二节　价格对个人储蓄率的影响

一　基本分析

价格对个人储蓄率的影响，对应于现实经济中的问题是：通货膨胀对家庭储蓄率的影响关系。

关于储蓄与通货膨胀之间关系的理论，目前在经济学理论中仍是不清晰的。也就是说，直到目前，尚没有关于表述储蓄与通货膨胀关系的经典模型或论述。或是因为两者的理论关系不清晰，一些学者曾试图通过数据经验的实证分析来发现两者之间的关系。然而，已有的实证分析的结果并不理想，因为许多学者的实证分析结果显示：通货膨胀对储蓄的影响效应有不一致性。

Modigliani 和 Cao（2004）的研究结果表明，通货膨胀率对中国家庭储蓄率有显著的正向影响；而 Horioka 和 Wan（2006）的研究结果表明，通货膨胀率对中国农村家庭储蓄率有显著的负向影响，但是，对城镇家庭储蓄率的影响则没能通过显著性检验。Loayza、Klaus 和 Luis（2000）对世界多个国家的储蓄率进行了研究，发现在控制其他变量后通货膨胀率对家庭储蓄率具有显著的负向影响。Masson、Tami 和 Hossein（1998）发现，通货膨胀率对发达国家的私人储蓄率具有显著正向影响，而对发展中国家影响却为负。Hondroyiannis（2006）发现，通货膨胀率对 13 个欧洲国家的私人储蓄率有显著正影响。而 Koskela 和 Matti（1981）在其利用

OECD 国家 1967 年第二季度到 1980 年第三季度数据的研究中，未发现通货膨胀率与储蓄率存在正相关关系。

我们认为，储蓄与通货膨胀在理论上存在着密切的内在关系，而消费是联结两者关系的一个重要环节。在消费者方面，储蓄是一定收入（产出）用于消费后的剩余部分，因此消费增加则储蓄减少，消费减少则储蓄增加。而价格关系消费的成本，消费成本的变动必然影响消费者行为。因此，价格可以通过影响消费而影响储蓄。一般而言，价格上升意味着消费成本提高，相应地产生降低消费而增加储蓄的效应；反之，价格下降意味着消费成本降低，相应地产生增加消费而减少储蓄的效应。这意味着，在一般情况下，通货膨胀（价格上涨）对消费产生负效应，对储蓄产生正效应。

然而，现实经济是复杂的，并非都如上述情况那样简单。价格对消费（储蓄）的影响效应不仅取决于消费成本的高低，还与其他多方面的因素有关。如消费者的心理预期、消费偏好与习惯、消费品的可替代性及其价格弹性等，都可能是影响消费进而影响储蓄的重要因素。例如，如果消费者预期价格将持续上涨，则担心购买越迟，其所需支付的成本越高，由此可能导致经济中出现价格上升而消费量增加的现象。这便是经济中的"买涨不买跌"现象。同样，如果消费者预期价格将持续下降，则期望价格进一步下降再购买，由此可能导致经济中出现价格下降而消费量减少的现象。这便是经济中的"持币待购"现象。在上述情况下，通货膨胀（价格上涨）对消费产生正效应，对储蓄产生负效应。

可见，储蓄与通货膨胀的关系是复杂的。由于储蓄与通货膨胀都是经济中两个至关重要的问题，因此深入探究二者之间的内在关系是十分必要的。储蓄事关经济增长潜力与生活水平保障能力。通货膨胀不仅影响货币的实际购买力，而且也是一种隐性的财富转移方式，影响每个人的切身利益。而储蓄与通货膨胀二者之间内在关系的不清晰，不利于对经济运行机制的认识，不利于进行有效的相关经济分析与决策。

总的来看，在现行经济学理论中有关通货膨胀与储蓄关系的理论是不够充分的。而已有的实证性研究中的计量分析，普遍缺乏严谨的逻辑性理论基础，并且未取得普遍一致性的结论。在上述研究现状情况下，我们利用（7－16）式进行了在个人（家庭）储蓄层面上的通货膨胀与储蓄关系的分析。数学证明的结果表明：基于个人生命周期消费决策模式的家庭储蓄率与通货膨胀率呈正向关系。或者说，从家庭生命周期的长期范围看，通货膨胀对家庭储蓄率主要起正向影响作用。

二 价格变动效应的数值模拟分析

为了先得到一种直观经验，可利用公式（7-16）通过数值模拟计算的方式，模拟价格变动对个人储蓄率的影响。具体做法是：假定（7-16）式中除价格因素之外的其他变量不变，并给定各参数的数据，相应地计算储蓄率 s 的结果。

具体假定的情景模拟是：设经济增长率 $v = 0.08$，名义利率 $r = 0.03$，工作期时长 $T_1 = 40$ 年，退休期时长 $T_2 = 20$ 年。假定价格变动率以 0.02 为初始值，之后每期价格按 0.002 个百分点递增。将上述参数代入（7-16）式，计算结果见表 8-1。由于现实经济中价格上涨即通货膨胀是常见的情况，因此在下面的论述中把价格变动也称为通货膨胀。

表 8-1　　通货膨胀因素对个人储蓄率影响效应的数值模拟结果

年号	经济增长率 （v）	名义利率 （r）	通货膨胀率 （p）	工作年数 （T_1）	退休年数 （T_2）	个人储蓄率 （s）
1	0.08	0.03	0.02	40	20	0.307
2	0.08	0.03	0.022	40	20	0.313
3	0.08	0.03	0.024	40	20	0.318
4	0.08	0.03	0.026	40	20	0.323
5	0.08	0.03	0.028	40	20	0.328
6	0.08	0.03	0.03	40	20	0.333
7	0.08	0.03	0.032	40	20	0.338
8	0.08	0.03	0.034	40	20	0.344
9	0.08	0.03	0.036	40	20	0.349
10	0.08	0.03	0.038	40	20	0.354
11	0.08	0.03	0.04	40	20	0.359
12	0.08	0.03	0.042	40	20	0.364
13	0.08	0.03	0.044	40	20	0.369
14	0.08	0.03	0.046	40	20	0.373
15	0.08	0.03	0.048	40	20	0.378

表8-1具体设定了15种模拟通货膨胀率变动的情景结果，其中通货膨胀率变化范围在2%—4.8%之间。图8-1是表8-1数据的图示，其中横轴代表通货膨胀率，纵轴代表个人储蓄率。

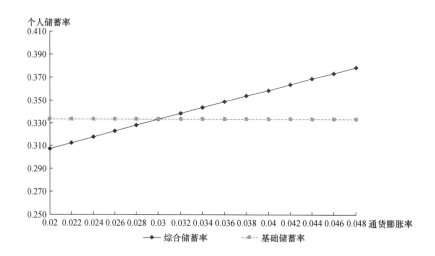

图8-1 通货膨胀因素对个人储蓄率影响效应的数值模拟结果

资料来源：数据来自表8-1。

结果显示，个人储蓄率随通货膨胀率上升而提高，表现出个人储蓄率与通货膨胀率之间呈正向关系。因此，图8-1中的曲线呈现个人储蓄率随通货膨胀率上升而提高的趋势，即个人储蓄率与通货膨胀呈正向关系。当名义利率与通货膨胀率相等时，个人储蓄率水平为0.333，即图8-1中的水平线与斜线的交点。而在实际利率为零时的个人储蓄率公式如下：

$$s = \cfrac{1}{\cfrac{T_1}{T_2} + 1} \quad [参见（7-7）式]$$

可见，上述表达式完全是由工作期时长与退休期时长所决定的储蓄率公式。因此，容易计算出在工作期时长 $T_1 = 40$ 年、退休期时长 $T_2 = 20$ 年的情况下，个人储蓄率水平约为33.3%。这便是图8-1中的水平线与斜线的交点，即通货膨胀率的一个特殊点，在此点，名义利率与通货膨胀率相等。

表 8-1 显示，通货膨胀率从 2%—4.8% 的范围内波动过程中，个人储蓄率是从 30.7%—37.8% 的范围内变化。在表 8-1 设定的通货膨胀变化情景中，个人储蓄率大体是围绕 33.3% 的水平波动。总之，由数值模拟分析得到直观结果是：在其他因素不变情况下，个人储蓄率与通货膨胀率呈正向关系。

三 个人储蓄率与通货膨胀呈正向关系的数学证明

上述个人储蓄率与通货膨胀呈正向关系，是通过数值模拟计算而得到的。这只是一种直观的经验证明，严格证明需要数理进行。根据(7-16)式可知，欲证明个人储蓄率是关于通货膨胀率的增函数，关键在于要证明因子 B 是关于通货膨胀率的减函数。

由于 T_1 为工作期的年数，因此这里设定其为正整数。为了书写方便，记为 $T_1 = m$。于是，(7-16) 式写成：

$$B = \frac{v\left[(1+v)^m - (1+r-p)^m\right]}{(1+v)^m - 1} \frac{1+r-p}{v-(r-p)} \tag{8-1}$$

对 (8-1) 式进行如下推导：

$$B = \frac{v(1+r-p)^m\left[\left(\frac{1+v}{1+r-p}\right)^m - 1\right]}{(1+v)^m - 1} \frac{1+r-p}{1+v-(1+r-p)}$$

$$B = \frac{v(1+r-p)^m\left[\left(\frac{1+v}{1+r-p}\right)^m - 1\right]}{(1+v)^m - 1} \frac{1}{\frac{1+v}{1+r-p} - 1}$$

$$B = \frac{v}{(1+v)^m - 1} \frac{\left(\frac{1+v}{1+r-p}\right)^m - 1}{\frac{1+v}{1+r-p} - 1}(1+r-p)^m$$

$$B = \frac{v(1+v)^m}{(1+v)^m - 1} \frac{\left(\frac{1+v}{1+r-p}\right)^m - 1}{\frac{1+v}{1+r-p} - 1}\left(\frac{1+r-p}{1+v}\right)^m \tag{8-2}$$

令：

$$C = \frac{1+v}{1+r-p} \tag{8-3}$$

则 (8-2) 式可写为：

$$B = \frac{v\ (1+v)^m}{(1+v)^m - 1} \frac{C^m - 1}{C-1} \frac{1}{C^m}$$

设 $C = \dfrac{1+v}{1+r-p} \neq 1$，则有：

$$B = \frac{v(1+v)^m}{(1+v)^m - 1}(C^{m-1} + C^{m-2} + \cdots + 1)\frac{1}{C^m}$$

$$B = \frac{v(1+v)^m}{(1+v)^m - 1}\left(\frac{1}{C} + \frac{1}{C^2} + \cdots + \frac{1}{C^m}\right) \qquad (8-4)$$

由于 $C = \dfrac{1+v}{1+r-p}$，即通货膨胀率 p 与 C 为正向关系，也就是 p 提高则 C 也相应地提高。而 (8-4) 式表明，若 $\dfrac{v(1+v)^m}{(1+v)^m - 1}$ 为正，且 C 为正值，那么 C 增大则必然 B 减小，B 减小则储蓄率 s 提高。即在这种情况下，储蓄率 s 与通货膨胀率 p 最终为正向关系。

因此，问题的关键是 $\dfrac{v(1+v)^m}{(1+v)^m - 1}$ 与 C 是否为正值。这需要从现实经济意义出发来论证，而不是单纯的数学问题。

首先，论证 C 不仅为正值，而且有 $C > 1$。反过来看，如果 $C \leqslant 1$，则要求 $1+v \leqslant 1+r-p$，即要求 $v+p \leqslant r$。这意味着要求在现实经济中，名义利率要超过经济增长率与通货膨胀率之和。这似乎是不可能的事情。至少我国改革开放 30 多年以来的经验能够证明，这种情况是不存在的。在收入增长方面，按可比价计算，1978—2013 年，中国 GDP 总量年均增长 9.8%，人均 GDP 年均增长 8.7%，城镇居民人均可支配收入年均增长 7.4%，农村居民人均纯收入年均增长 7.6%。在价格上涨方面，GDP 价格指数年均增长 5.4%，消费价格指数（CPI）年均增长 5.2%。收入增长率与通货膨胀率之和最小也在 12% 以上。可见，储蓄的名义利率绝不可能超过 12% 这个数量。反过来说，如果 $v+p \leqslant r$ 成立，即意味着经济中的名义利率超过或等于经济增长率与通货膨胀率之和，那么这种收益从何而来？因此，在现实经济中，$v+p > r$ 的情况应是成立的。

因为 $v+p > r$ 成立，由此得到 $C = \dfrac{1+v}{1+r-p} > 1$ 成立。这表明 (8-4) 式中 C 为正值。而在收入为增长的经济现实中，$v > 0$ 成立，因此 $(1+v)^m - 1 > 0$ 成立，从而 $\dfrac{v(1+v)^m}{(1+v)^m - 1} > 0$ 成立。

上述分析表明，通货膨胀率 p 增大，对应着 C 增大，C 增大对应着 B 减小，B 减小对应着个人储蓄率 s 增大。因此，最终结果是：在其他条件不变的情况下，个人储蓄率 s 是关于通货膨胀率 p 的增函数，即通货膨胀率 p 增大将导致个人储蓄率 s 增大。

上述结论表明，通货膨胀使收入及储蓄贬值，为了保持个人在生命周期内的生活水平稳定，则需要提高个人储蓄率。然而，如果个人一生的名义总收入不变，那么提高个人储蓄率只意味着降低各期的消费水平，即实现的是低水平的消费稳定。因此，要保持个人在生命周期内的生活水平稳定，同时也要保持相对高的生活水平，则需要提高总收入水平。而在劳动工作期与退休期的时间长度既定的情况下，只能提高个人在工作期的劳动强度（如增加工作时间）或劳动生产率（增加单位时间的劳动效率），以此增加总收入水平。

上述分析在理论上证明，在个人基于生命周期内消费稳定的决策下，通货膨胀率与个人储蓄率为正向关系。然而，在现实经济中，储蓄与通货膨胀的实际关系可能与具体的经济条件有关。这只有通过对特定经济的特定情况进行有针对性的分析，才能得到对该经济中的储蓄与通货膨胀的真实关系。

第三节　名义利率对个人储蓄率的影响

由于在因子 B 的表达式中，名义利率 r 与通货膨胀率 p 是处于位置相同而只是符号互反的地位，因此实际表明，名义利率 r 与通货膨胀率 p 对个人储蓄率 s 的影响是互为反向的关系。

一　名义利率变动的数值模拟分析

首先，通过数值分析看利率变动对个人储蓄率影响的直观结果。设定的有关参数是：假定收入增长率 $v = 0.08$，通货膨胀率 $p = 0.03$，工作期时长 $T_1 = 40$ 年，退休期时长 $T_2 = 20$ 年。假定名义利率以 0.02 为初始值数，下一期以 0.002 个百分点递增。这样的参数设定实际上是将名义利率的变动与上一节的通货膨胀的变动互换，而其他参数一样。按（7 - 16）式进行数值模拟的计算结果见表 8 - 2。

表 8-2   名义利率因素对个人储蓄率影响效应的数值模拟结果

年号	经济增长率 (v)	名义利率 (r)	通货膨胀率 (p)	工作年数 (T_1)	退休年数 (T_2)	个人储蓄率 (s)
1	0.08	0.02	0.03	40	20	0.359
2	0.08	0.022	0.03	40	20	0.354
3	0.08	0.024	0.03	40	20	0.349
4	0.08	0.026	0.03	40	20	0.344
5	0.08	0.028	0.03	40	20	0.338
6	0.08	0.03	0.03	40	20	0.333
7	0.08	0.032	0.03	40	20	0.328
8	0.08	0.034	0.03	40	20	0.323
9	0.08	0.036	0.03	40	20	0.318
10	0.08	0.038	0.03	40	20	0.313
11	0.08	0.04	0.03	40	20	0.307
12	0.08	0.042	0.03	40	20	0.302
13	0.08	0.044	0.03	40	20	0.297
14	0.08	0.046	0.03	40	20	0.291
15	0.08	0.048	0.03	40	20	0.286

从表 8-2 中可以看到，名义利率变动范围在 2% — 4.8% 之间。结果显示，当名义利率上升时，对应的个人储蓄率呈现下降，即个人储蓄率与通货膨胀率呈负向关系。

图 8-2 是来自表 8-2 中数据的图示，其中横轴代表名义利率，纵轴代表个人储蓄率。可见，图 8-2 中的曲线表现为个人储蓄率与名义利率为负向关系，其中，当名义利率与通货膨胀率相等时，个人储蓄率水平为 0.333，即水平线与斜线的交点。

值得注意的是，这里的名义利率体现的是收入的增值，而且个人储蓄率是基于个人一生消费平稳的决策原则下的结果。这与资本市场中储蓄资金利率的意义有所不同。关于名义利率对个人储蓄率为负影响关系，一种通俗的理解是：如果一个人对其未来收入的增值是乐观的，则会产生增加现期消费而降低储蓄的效应，因此可导致其降低个人储蓄率。

二　个人储蓄率与名义利率呈负向关系的数学证明

个人储蓄率与名义利率呈负向关系的数学证明，与上一节的证明是相似的。由于有了上面的推导，名义利率与个人储蓄率的关系分析可省去一些环节。对此，可以利用 (8-4) 式证明名义利率与个人储蓄率的关系。

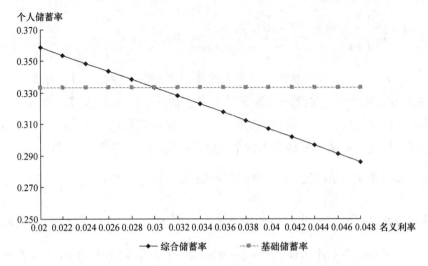

图 8 - 2 名义利率因素对个人储蓄率影响效应数值模拟结果

资料来源：数据来自表 8 - 2。

（8 - 4）式关于 B 的表达式如下：

$$B = \frac{v(1+v)^m}{(1+v)^m - 1}\left(\frac{1}{C} + \frac{1}{C^2} + \cdots + \frac{1}{C^m}\right)$$

其中，$C = \frac{1+v}{1+r-p} > 1$。可见，若名义利率 r 增大，则 C 减小，B 对应增大，因此个人储蓄率 s 减小。由此可以说明，名义利率与个人储蓄率呈负向关系。

三 实际利率为零情况下的个人储蓄率是一种基础性储蓄率

从前面的论述中知道，实际利率为零情况下的个人储蓄率由下面的表达式决定：

$$s = \frac{1}{\frac{T_1}{T_2} + 1} \quad [参见（7 - 7）式]$$

这表明在此情况下工作期时长与退休期时长的比率，是决定个人储蓄率的唯一性因素。例如，在 $T_1 = 40$、$T_2 = 20$ 的情况下，可计算出个人储蓄率为 $\frac{1}{3}$。即在实际率为零条件下单纯由工作期时长与退休期时长的比率决定的个人储蓄率的数值。

然而，当实际利率不为零时，个人储蓄率由下面的表达式决定：

$$s = \cfrac{1}{\cfrac{T_1}{T_2}B + 1} \quad [参见 (7-16) 式]$$

表 8-3 是在不同参数下对个人储蓄率进行数值模拟计算的结果。表 8-3 的结果显示，在设定多种不同的参数情况下，由退休期时长与工作期时长比率决定的个人储蓄率数值，占个人储蓄率数值的绝大比例。具体地说，设实际利率为零情况下的个人储蓄率为 s_0，工作期时长 $T_1 = 40$ 年、退休期时长 $T_2 = 20$ 年，由此得到此种情况下个人储蓄率 $s_0 = \cfrac{1}{3}$。设实际利率为非零情况下的个人储蓄率为 s_1，则 $\cfrac{\Delta s}{s} = 1 - \cfrac{|s_0 - s_1|}{s_1}$ 体现的是实际利率为零情况下的个人储蓄率 s_0，与实际利率为非零情况下的个人储蓄率 s_1 的相对接近度。

表 8-3　　　　　　　不同参数下个人储蓄率的数值模拟计算结果

参数	模拟一	模拟二	模拟三	模拟四	模拟五	模拟六
v	0.07	0.07	0.07	0.07	0.07	0.07
r	0.03	0.03	0.05	0.04	0.06	0.03
p	0.04	0.05	0.04	0.05	0.05	0.06
T_1	40	40	40	40	40	40
T_2	20	20	20	20	20	20
s_0	0.333	0.333	0.333	0.333	0.333	0.333
s_1	0.36055	0.38686	0.305416	0.36055	0.305416	0.412126
$\cfrac{\Delta s}{s}$	92.5%	86.2%	90.9%	92.5%	90.9%	80.9%

注：本表中 $\cfrac{\Delta s}{s} = 1 - \cfrac{|s_0 - s_1|}{s_1}$，体现的是实际利率为零情况下的个人储蓄率 s_0，与实际利率为非零情况下的个人储蓄率 s_1 的相对接近度。

表 8-3 结果显示，实际利率为零和非零两种情况下的个人储蓄率的相对接近度，在各种模拟方案中均在 80% 以上。由此可从数值经验上表明，由退休期时长与工作期时长的比率决定的储蓄率 s_0 占个人储蓄率的主要部分。

因此，可将退休期时长与工作期时长比率通过如下公式表示：

$$s = \frac{1}{\dfrac{T_1}{T_2} + 1} \quad [\text{参见 (7-7) 式}]$$

计算出的个人储蓄率作为基础储蓄率。

四　一些主要结论

通过以上分析可得出以下结论：

（1）数值分析结果显示，退休期与工作期的时间比率决定储蓄率数值的主要部分，而其他参数主要是影响储蓄率围绕主导储蓄率的波动性。

（2）当名义利率等于通货膨胀率时，个人储蓄率等于基础储蓄率。

（3）除通货膨胀率因素外的其他因素不变，通货膨胀率与个人储蓄率呈正向关系。如图8-1所示，如果通货膨胀率小于名义利率，则个人储蓄率必小于基础储蓄率。在通货膨胀率上升而接近名义利率过程中，个人储蓄率上升并接近基础储蓄率。当通货膨胀率超过名义利率并不断上升时，个人储蓄率将大于基础储蓄率并不断上升。

（4）除名义利率因素外的其他因素不变，名义利率与个人储蓄率呈负向关系。如图8-2所示，如果此时名义利率小于通货膨胀率，则个人储蓄率必大于基础储蓄率。在名义利率上升而接近通货膨胀率过程中，个人储蓄率下降并接近基础储蓄率。当名义利率超过通货膨胀率并不断上升时，个人储蓄率将小于基础储蓄率并不断下降。其经济意义是：如果名义利率大于通货膨胀率，则储蓄的利息收入可以补偿通货膨胀对储蓄产生贬值的效应，因此相应地要求降低储蓄率而导致低于基础储蓄率水平。如果名义利率低于通货膨胀率，则储蓄的利息收入不能补偿通货膨胀对储蓄产生贬值效应，因此相应地要求提高储蓄率而导致高于基础储蓄率水平。

第四节　收入变动对个人储蓄率的影响

在前面分析中，参数v体现的是劳动力人均收入增长率。由于劳动力收入增长根源于经济增长，因此这里的收入增长率v可理解为经济增长率。下面分析的核心问题是：如果名义利率r与通货膨胀率p既定，劳动

力的收入增长率 v，或者说是经济增长率 v 对个人储蓄率 s 有怎样的影响？

由前面讨论知道，$s = \left(\dfrac{T_1}{T_2} B + 1 \right)^{-1}$，其中，因子 B 为如下表达式：

$$B = \frac{v\left[(1+v)^m - (1+r-p)^m \right]}{(1+v)^m - 1} \frac{1+r-p}{v-(r-p)}$$

可见，变量 v 只出现在因子 B 的表达式中。因此 v 变动对个人储蓄率 s 的影响，归结为 v 变动对因子 B 的影响，即归结为判断因子 B 关于 v 的单调性分析。

为方便讨论因子 B 关于 v 的单调性，需要对上述因子 B 式进行一定的变换，具体如下：

$$B = \frac{v\left[(1+v)^m - (1+r-p)^m \right]}{(1+v)^m - 1} \frac{1+r-p}{v-(r-p)}$$

$$= \frac{(1+r-p)\left[(1+v)^m - (1+r-p)^m \right]}{(1+v)^m - 1} \frac{1+v-1}{1+v-(1+r-p)}$$

令 $1+v = x$，$1+r-p = k$。由于 $v \geqslant 0$，因此 $x \geqslant 1$，这时上述 B 的表达式可写为：

$$B = \frac{k(x^m - k^m)}{x^m - 1} \frac{x-1}{x-k}$$

上式可进一步变形为：

$$B = k \frac{x^{m-1} + x^{m-2}k + \cdots + k^{m-1}}{x^{m-1} + x^{m-2} + \cdots + 1} \tag{8-5}$$

于是，问题归结为 B 与 x 的单调性分析。事实上，这是一个比较复杂的数学问题。分析过程如下：

由于 m 的意义为工作期时间长度，如工作期年数。如果 $m=1$，则为基年的情况，此时谈不到收入增长率变动对储蓄率影响问题，因此分析应从 $m \geqslant 2$ 开始。如果 $m=2$，此时 $B = k \dfrac{x+k}{x+1}$，有下面的结果：

$$B = k \frac{x+1+k-1}{x+1} = k\left[1 + (k-1)\frac{1}{x+1} \right] \tag{8-6}$$

（8-6）式表明，B 与 x 的单调性与 $k-1$ 情况有关。如果 $k-1$ 为正，则 B 是关于 x 的减函数；如果 $k-1$ 为负，则 B 是关于 x 的增函数。由于 $1+r-p = k$，即 $r-p = k-1$，因此若 $k-1$ 为正，则 $r-p > 0$，若 $k-1$ 为负，则 $r-p < 0$。

这意味着 B 关于 x 的单调性，或者说 B 关于收入增长率 $v(x=1+v)$ 的单调性，与实际利率 $r-p$ 的正负有关：（1）如果 $r-p>0$，即 $k-1>0$，则（8-6）式表明 B 是关于 v 的减函数；（2）如果 $r-p<0$，即 $k-1<0$，则（8-6）式表明 B 是关于 v 的增函数；（3）如果 $r=p$，则归结为实际利率为零的情况。

由于个人储蓄率 s 与因子 B 是减函数关系，因此上述结果的经济意义是：

（1）当名义利率大于通货膨胀率时，收入增长率 v 与个人储蓄率 s 为正向关系，即收入增长率 v 越高，个人储蓄率 s 越高。其逻辑关系是：在其他条件不变的情况下，若名义利率大于通货膨胀率，则 B 是关于 v 的减函数，因此，收入增长率 v 增加将导致因子 B 值下降，而 B 值下降导致 s 提高。

（2）当名义利率小于通货膨胀率时，收入增长率 v 与个人储蓄率 s 为负向关系，即收入增长率越高，个人储蓄率 s 越低。其逻辑关系是：在其他条件不变的情况下，若名义利率小于通货膨胀率，则 B 是关于 v 的增函数，因此收入增长率 v 提高将导致因子 B 值上升，而 B 值上升导致 s 下降。

事实上，上述分析已展现收入增长率对个人储蓄率的基本影响效应，因为从每年递推的角度看，下一年个人收入增长率对其个人储蓄率的影响效应在理论上是相同的。但是，为严谨起见，下面对一般情况进行分析论证。

如果 $m=3$，此时 $B=k\dfrac{x^2+xk+k^2}{x^2+x+1}$，经过推导可得到下面的表达式：

$$B=k\frac{x^2+xk+k^2}{x^2+x+1}=k\left[1+(k-1)\left(1+\frac{k-x^2}{x^2+x+1}\right)\right] \qquad (8-7)$$

如果 $m=4$，此时 $B=k\dfrac{x^3+x^2k+xk^2+k^3}{x^3+x^2+x+1}$，经过推导可得到下面的表达式：

$$B=k\frac{x^3+x^2k+xk^2+k^3}{x^3+x^2+x+1}=k\left\{1+(k-1)\left[(1+k)\left(1+\frac{k-k^{-1}x^3-x^3-x^2}{x^3+x^2+x+1}\right)\right]\right\}$$

$$(8-8)$$

（8-8）式可表示为下面的表达式：

$$B = k\left\{1 + (k-1)\left[1 + k\left(1 + \frac{k - \sum_{i=3}^{3}\left(\sum_{j=1}^{i-2} k^{-j}\right)x^i - \sum_{i=2}^{3} x^i}{\sum_{i=0}^{3} x^i}\right)\right]\right\} \quad (8-9)$$

如果 $m=5$，此时 $B = k\dfrac{x^4 + x^3 k + x^2 k^2 + x k^3 + k^4}{x^4 + x^3 + x^2 + x + 1}$，经过推导可得到下面的表达式：

$$B = k\left(1 + (k-1)\left(1 + k\left(1 + k\left(1 + \frac{k - k^{-2}x^4 - k^{-1}x^4 - k^{-1}x^3 - \sum_{i=2}^{4} x^i}{x^4 + x^3 + x^2 + x + 1}\right)\right)\right)\right)$$

$$(8-10)$$

（8-10）式可表示为下面的表达式：

$$B = k\left(1 + (k-1)\left(1 + k\left(1 + k\left(1 + \frac{k - \sum_{i=3}^{4}\left(\sum_{j=1}^{i-2} k^{-j}\right)x^i - \sum_{i=2}^{4} x^i}{\sum_{i=0}^{4} x^i}\right)\right)\right)\right)$$

$$(8-11)$$

如此下去，对一般情况的 $B = k\dfrac{x^{m-1} + x^{m-2}k + \cdots + k^{m-1}}{x^{m-1} + x^{m-2} + \cdots + 1}$（$m \geqslant 4$），有下面的表达式：

$$B = \underbrace{k(1 + (k-1)(1 + k(1 + \cdots + k}_{m-1重括号}(1 + \frac{k - \sum_{i=3}^{m-1}\left(\sum_{j=1}^{i-2} k^{-j}\right)x^i - \sum_{i=2}^{m-1} x^i}{\sum_{i=0}^{m-1} x^i}\underbrace{)\cdots)))}_{m-1重括号}$$

$$(8-12)$$

记

$$D = \frac{k - \sum_{i=3}^{m-1}\left(\sum_{j=1}^{i-2} k^{-j}\right)x^i - \sum_{i=2}^{m-1} x^i}{\sum_{i=0}^{m-1} x^i} \quad (8-13)$$

于是（8-12）式可写成下面的表达式：

$$B = k(1 + (k-1)(1 + k(1 + \cdots + k(1 + D))\cdots)) \quad (8-14)$$

首先，需要明确 $k > 0$ 成立。这是因为，$k = 1 + r - p$，因此，如果 $k \leqslant 0$，即 $1 + r - p \leqslant 0$，即要求 $r - p \leqslant -1$，其含义是经济中的实际利率小于

−100%。这对于一个正常经济是不可能的情况。若真有这种情况，则本书的讨论不包括此种情况。因此，在本书的讨论中有 $k>0$ 成立。

其次，$x>0$ 成立。这是因为 $x=1+v$，而 v 为经济增长率。如果 $x\leqslant0$ 成立，即意味着经济增长率 $v\leqslant-100\%$。这在正常经济中也是几乎不可能的情况。或者说，本书的讨论也不包括此类情况。

于是，在 $k>0$ 与 $x>0$ 的情况下，根据（8−13）式可知，D 是关于 x 的减函数。因此，B 与 x 单调性取决于（8−14）式中 $k-1$ 的正负。基本结论是：

（1）如果 $k-1>0$，则 B 是关于 x 的减函数。

（2）如果 $k-1<0$，则 B 是关于 x 的增函数。

（3）如果 $k-1=0$，则 $r=p$，即归结为实际利率为零的情况。

因此，通过上面论证可以得到的基本结论是：

（1）当经济中的名义利率大于通货膨胀率时，即实际利率为正，个人储蓄率与经济增长率（个人收入增长率）是增函数的关系，即经济增长率（个人收入增长率）上升将导致个人储蓄率上升，经济增长率（个人收入增长率）下降将导致个人储蓄率下降。

（2）当名义利率小于通货膨胀率时，即实际利率为负，个人储蓄率与经济增长率（个人收入增长率）是减函数的关系，即经济增长率（个人收入增长率）上升将导致个人储蓄率下降，经济增长率（个人收入增长率）下降将导致个人储蓄率上升。

第五节　主要结论

本章研究结果表明：在基于个人生命周期内消费稳定的决策模式下，通货膨胀对个人储蓄率有正向影响，名义利率对个人储蓄率有负向影响，而收入增长率对个人储蓄率的影响同相关条件有关。若实际利率为正，则收入增长率对个人储蓄率有正向影响；若实际利率为负，则收入增长率对个人储蓄率有负向影响。

在中国现实经济中，个人收入的实际利率是正还是负，并不容易判明。这与考察范围有关，如名义利率按前面所述的 1982—2010 年中国一年期银行存款利率的年均值计算，通货膨胀率按 1982—2010 年中国居民消费价格指数的年均增长率计算，则此期间中国实际利率大体为 -0.018。这表明，如果按上述口径计算，则意味着中国改革开放以来的个人收入名义利率小于通货膨胀率，即实际利率为负。然而，这里的名义利率是广义的，而非一年期银行存款利率可以涵盖。如果考虑经济中存在一些可以提高广义名义利率的因素，如财政补贴、社会保障乃至增发货币而导致名义收入增加等因素，中国改革开放期间的广义名义利率有可能远大于通货膨胀率。如果这种情况是真实的，那么可以得出的结论是：中国改革开放30多年的收入增长对个人储蓄率提高有正向作用。但是，在现实经济中关于实际利率的测算是困难的，因此中国经济中的名义利率与通货膨胀率的差值是正是负，难以定论。

注意，本章以上讨论的储蓄率是个人（家庭）层面的储蓄率，是基于个人对货币收入的消费与储蓄决策结果，而非宏观经济层面的储蓄率。对宏观经济的国民储蓄率与经济总收入的关系，本书的研究结论是明确的，即从理论与实证两方面可以证明：中国宏观经济层面的国民储蓄率与收入增长为显著而稳健的正向关系。对此，可见本书第三章以及第十四章有关内容。

第九章　人口因素对储蓄的影响

在影响储蓄诸多因素中，人口因素有特别重要的意义。根本原因在于，人口兼有消费者与生产者的双重属性，同储蓄供给与储蓄需求两方面均有内在关系。相对于第七章进行的个人储蓄决定机制分析，本章实际上是从宏观层面研究人口与储蓄的关系。理论研究结果表明，如果劳动力边际产出大于劳动力平均消费水平，则劳动力数量增加具有提高储蓄供给的效应。实证分析结果表明，1978—2013 年，中国以劳动力数量比重不断提高为特征的人口结构，是导致国民储蓄率不断提高的一个重要原因。

第一节　人口与储蓄的基本关系

一　人口对储蓄的特殊意义

在前面的论述中已经知道，储蓄水平是由储蓄供给与储蓄需求两方面因素共同决定的。由于储蓄供给的主体是消费者，储蓄需求的主体是生产者，因此一定经济中的消费者与生产者的数量、结构及其行为等因素，必然对该经济储蓄状况有重要的影响。然而，不论是消费者还是生产者，他们都是人口中的成员。这意味着兼有消费者与生产者双重属性的人口，不仅与储蓄供给有关，而且与储蓄需求有关，从而人口因素对储蓄有特殊的重要意义。

人口与储蓄供给之间的密切关系，是由人口所具有的消费者属性决定的。事实上，在现实经济中，人人都是消费者，因为没有人可以不消费而生存。从这个意义上讲，人口数量即等同于消费者数量，人口结构是一种消费者结构。可以说，所谓的消费者就是处于消费状态的人口。因此，作为消费状态的人口，就是储蓄供给的主体，人口相关因素的变动必然对储蓄供给产生影响。

　　人口与储蓄需求之间的密切关系，是由人口所具有的生产者属性决定的。生产活动是人类赖以生存的基本活动，而生产活动是由人来主导进行的，其中劳动力是任何生产活动都离不开的生产要素。一定数量的劳动力需要与一定数量的资本相结合，这是从事一切生产活动的基础。由此决定了人口变动对应劳动力资源的变动，影响资本积累与投资需求的变化，从而人口与储蓄需求有密切的内在关系。

　　人口与储蓄需求之间的密切关系，还体现在经济增长要求劳动力与资本之间有协调、匹配的关系。例如，如果一定经济中的劳动力数量增长，但总资本水平不变，则意味着该经济的劳动力人均资本水平下降。此效应等同于劳动力人均产出能力下降，即经济增长能力下降。因此，当一定经济中的劳动力数量处于持续增长状态时，为保证劳动力人均资本水平不下降，甚至要求劳动力人均资本水平有相应幅度的提高，则必然要求有适度的投资增长。所谓"适度的投资增长"，即要求对每新增的单位劳动力配置的资本数量，应不低于原劳动力人均资本水平，也就是需要满足边际劳动力投资水平不低于原劳动力人均资本水平的条件，由此反映劳动力数量变动对投资需求有重要影响。

　　以上论述表明，人口对储蓄供给和储蓄需求两方面的影响是内在的、系统性的。然而，对人口与储蓄关系的考察不能仅停留在人口总量层面上，因为人口中不同类别的群体在经济中的行为与作用不同，从而对储蓄的影响也可能不同。因此，考察人口结构与储蓄的关系非常必要。

二　人口结构划分及其对储蓄的意义

（一）人口结构的划分

　　可将总体人口按一定的特征进行分类，如可按年龄、性别、教育程度、职业、收入、产业或地域等特征，将总体人口划分为不同的群体，这便是有关人口结构的问题。本书说的人口结构主要是按年龄特征划分的，即按未成年人口、劳动年龄人口及老年人口将总体人口划分为三个群体。

　　依据目前国际社会普遍认同的标准，未成年人口的年龄范围一般是0—14 岁，劳动年龄人口的年龄范围一般是 15—64 岁，老年人口的年龄范围一般是 65 岁及以上。事实上，由于各国的国情不同，特别是人口老龄化进程不同，各国对劳动年龄人口与老年人口的年龄界定尚未完全统一。如当前有些国家是将劳动年龄人口的年龄界定在 15—59 岁范围，将老年人口的年龄界定在 60 岁及以上范围。

（二）劳动力和劳动年龄人口的区别与联系

值得注意的是，劳动力和劳动年龄人口并不是相同的概念。一般而言，劳动力是指有劳动能力并有意愿参加职业性经济活动的人。劳动年龄人口则是按年龄范围界定的人口，即凡是处于 15—64 岁（或 15—59 岁）的人都属于劳动年龄人口。劳动力与劳动年龄人口有很大的交集，但彼此互不包含。一方面，并不是劳动年龄人口中的所有人都是劳动力。例如，一些丧失劳动能力的残疾人，或虽有劳动能力但没有参加职业性劳动意愿的人，尽管他们属于劳动年龄人口，但却不属于经济中的劳动力。另一方面，经济中的劳动力来源也并不是只限于劳动年龄人口。在现实经济中，一些在劳动年龄之外的老年人或未成年人，也确有实际参加职业性经济活动而成为事实上的劳动力。

不论怎样，劳动年龄之外的劳动力不构成劳动力队伍的主体。劳动力与劳动年龄人口之间存在密切的联系。劳动力队伍的主体来自劳动年龄人口，即一定经济中的劳动力数量与该经济中的劳动年龄人口数量之间存在高度相关性。因此可以说，劳动年龄人口是劳动力的源泉，劳动年龄人口的数量很大程度上决定劳动力的数量。

（三）劳动力和非劳动力对储蓄的不同意义

由于劳动力主要来自劳动年龄人口，因此在以下分析中将劳动年龄人口视为是对劳动力资源状况的一种度量。在现实经济中，一般意义的老年人和未成年人，是需要被赡养、抚养的人口，是不从事生产活动的纯粹消费者。虽然在现实经济中的确存在一些老年人和未成年人参加经济活动的现象，但这不是一般意义的老年人和未成年人。一般意义的老年人和未成年人属于非劳动力，他们只消费而不从事职业性的经济活动。因此，在未成年人口、劳动年龄人口和老年人口这种"三分天下"的人口结构中，将老年人口和未成年人口视为对非劳动力群体状况的一种度量。

在有关的经济分析中，人口年龄结构的本质涉及劳动力和非劳动力之间的数量比例关系。如人口结构与储蓄的关系，本质上就是劳动力和非劳动的数量比例同储蓄的关系。分析人口结构与储蓄关系的必要性在于，人口中的不同群体对储蓄的意义不同。例如，尽管人人都是消费者，但是，处于劳动年龄阶段的年轻消费者与处于退休阶段的老年消费者，他们的消费行为、习惯及方式等通常会有很大的不同，从而对储蓄的影响效应也不同。

值得关注的是，劳动力和非劳动力对储蓄的意义不同。处于劳动年龄阶段的劳动力，既是消费者，又是经济产出成果的生产者。因此，一定经济中的劳动力数量变化不仅影响消费方面，同时也影响生产方面。其中，劳动力因素变动对生产方面的影响，最直接的就是对经济产出的影响。为此，可通过生产函数有关产出与劳动投入关系进行刻画。由于储蓄是经济产出的消费剩余，因此可以说储蓄的源头是经济产出。因为如果没有经济产出，就无从谈到消费与储蓄，也就没有之后的投资与发展。这意味着，劳动力对储蓄的意义不仅限于其作为消费者的影响，更在于劳动力对储蓄源头即经济产出的贡献。基于此，实际可以认为，劳动力不仅是产品的生产者，同时也是储蓄的生产者。与劳动力的意义不同，一般意义的老年人和未成年人是纯粹的消费者，因此不具有劳动力对储蓄的正向影响效应，也就是非劳动力对储蓄主要是负向影响效应。

可以用数量关系简要地说明劳动力和非劳动力对储蓄的不同影响。储蓄是产出或收入用于消费后的剩余，即有 $S = Y - C$，其中，S 为储蓄，Y 为产出，C 为消费。非劳动力数量及其行为的变动，只对消费 C 产生影响，而对产出 Y 没有直接的影响。而劳动力数量及其行为的变动，不仅对消费 C 产生影响，同时也对产出 Y 有直接的影响。即由生产函数 $Y = Y(K, L)$ 的情况决定劳动投入变动对产出的影响。

（四）生产型人口与消费型人口

可见，区分人口中的不同群体对储蓄的不同影响效应非常必要，而不能泛泛地谈人口对储蓄的影响。不同群体对储蓄的不同影响效应，本质上就是人口结构与储蓄关系问题。为便于分析与论述人口结构和储蓄关系问题，可以将人口分为"生产型人口"和"消费型人口"两类。其中，劳动力属于生产型人口，老年人和未成年人则属于消费型人口。

区分生产型人口与消费型人口的意义在于：有利于认识人口结构变动对储蓄乃至对经济的影响。称劳动力为生产型人口旨在体现劳动力在作为消费者的同时，更是产出即储蓄源头的生产者，称老年人和未成年人为消费型人口旨在体现老年人与未成年人作为非劳动力，只消费而不从事生产对储蓄产生的负效应。一定经济中的生产型人口与消费型人口的数量比例关系，是影响该经济储蓄状况的重要因素。

第二节 人口因素与储蓄关系分析框架

人口总量和结构主要涉及宏观经济层面的问题，因此本章的储蓄主要是指宏观经济储蓄。本节旨在建立从储蓄供给与储蓄需求两方面分析人口因素与储蓄关系的基本框架。其中，人口因素主要是指人口总量与人口结构，人口结构则是按劳动力群体与老年人群体划分。

现设一定封闭经济中的人口总量为 N，其中，劳动力数量为 L，老年人数量为 R，暂不考虑未成年人，于是有 $N = L + R$。设 α 为经济中老年人口占总人口比重，即 $\alpha = \dfrac{R}{N}$，由此可得到下面的关系式：

$$R = \alpha N \tag{9-1}$$

$$L = (1 - \alpha)N \tag{9-2}$$

上述定义的 α，一方面体现人口老龄化程度，另一方面也体现人口结构状况，即体现劳动力数量与老年人口数量比例的关系。由于老年人属于非劳动力，因此变量 α 的真正意义是体现一定经济中的劳动力与非劳动力的数量比例关系。

一 人口因素与储蓄供给的关系式

宏观经济的储蓄对象是经济产出或收入，因此如果将经济的总产出比喻为一块"蛋糕"，那么进行消费与储蓄的决定，就是如何划分这块"蛋糕"的问题，即需要决定这块"蛋糕"中的多大比例部分用于消费，多大比例部分用于储蓄。

设劳动力群体的消费总和为 C_L，老年人群体的消费总和为 C_R。考虑老年人与劳动力的人均消费水平存在差异，因此设 $\bar{c}_L$ 为劳动力的人均消费水平，$\bar{c}_R$ 为老年人的人均消费水平。于是，根据定义有下面的关系：$\bar{c}_L = \dfrac{C_L}{L} > 0$，$\bar{c}_R = \dfrac{C_R}{R} > 0$。因此，该经济中的总消费水平 C 是劳动力群体消费与老年人群体消费之和，即有下面的表达式：

$$C = C_L + C_R$$

即：

$$C = \bar{c}_L L + \bar{c}_R R \tag{9-3}$$

根据 (9-1) 式与 (9-2) 式, (9-3) 式可进一步表示为下面的表达式:

$$C = \bar{c}_L(1-\alpha)N + \bar{c}_R\alpha N$$

即:

$$C = [\bar{c}_L + (\bar{c}_R - \bar{c}_L)\alpha]N \tag{9-4}$$

在 (9-4) 式中, α 是体现人口结构的变量, N 是体现人口总量的变量, 因此 (9-4) 式体现一定经济中消费总量同该经济的人口结构与人口总量关系表达式。(9-4) 式的经济意义是: 一定经济中的消费总量是关于其人口结构与人口总量的函数。

由于消费与储蓄之间存在着密切的关系, 因此可利用 (9-4) 式建立人口因素与储蓄的关系式。设 S 表示该经济的总储蓄, Y 表示总收入或总产出, 于是有下面的表达式:

$$S = Y - C \tag{9-5}$$

根据 (9-3) 式 $C = \bar{c}_L L + \bar{c}_R R$, 得到下面的关系式:

$$S = Y - C = Y - \bar{c}_L L - \bar{c}_R R \tag{9-6}$$

即:

$$S = Y - [\bar{c}_L + (\bar{c}_R - \bar{c}_L)\alpha]N \tag{9-7}$$

(9-7) 式的经济意义是: 总量储蓄 S 是关于人口结构 α 与人口总量 N 的函数。需要说明的是, 由于 (9-7) 式是从消费方面表现储蓄与人口因素变量关系, 因此 (9-7) 式实际上是体现储蓄供给与人口因素变量的关系。

利用 (9-7) 式可以分析老年人口比重 α 变动对总量储蓄 S 的影响效应。根据 (9-7) 式可知, 老年人口比重 α 对总量储蓄 S 的影响是正向还是负向, 与 $\bar{c}_R - \bar{c}_L$ 的正负性有关。可具体分为以下几种情况:

(1) 若 $\bar{c}_R > \bar{c}_L$, 即老年人均消费水平大于劳动力人均消费水平。这时有 $\bar{c}_R - \bar{c}_L > 0$, 根据 (9-4) 式, 老年人口比重 α 对总消费 C 的影响是正向的, 但是, 根据 (9-7) 式, 老年人口比重 α 对总储蓄 S 的影响是负向的。这意味着在此种情况下, 老年人口占比越高, 若其他条件不变, 经济的总量储蓄供给水平越低。

(2) 若 $\bar{c}_R < \bar{c}_L$, 即老年人均消费水平小于劳动力人均消费水平。这时有 $\bar{c}_R - \bar{c}_L < 0$, 根据 (9-4) 式, 老年人口比重 α 对总消费 C 的影响是负向的, 但是, 根据 (9-7) 式, 老年人口比重 α 对总储蓄 S 的影响是正向的。这意味着在此种情况下, 老年人口占比越高, 若其他条件不变,

经济的总量储蓄供给的水平越高。

（3）若 $\bar{c}_R = \bar{c}_L$，即老年人均消费水平等于劳动力人均消费水平。这时有 $\bar{c}_R - \bar{c}_L = 0$，根据（9-4）式和（9-7）式，老年人口比重 α 对总消费 C 以及总量储蓄 S 没有影响。这意味着，在老年人均消费水平与劳动力人均消费水平相等或相差不大情况下，经济的总储蓄供给水平与人口结构无关，而只与人口总量有关。

可见，劳动力与老年人在消费倾向方面的差异性，是影响人口结构与消费水平关系，以及影响人口结构与储蓄供给关系的重要因素。

二　人口因素与储蓄需求关系式

储蓄需求主要源于经济中的生产者对储蓄产生的投资需求。从大类方面看，经济中有两种基本生产性储蓄需求：一是资本积累需求；二是资本折旧需求。根据前面论述过的有关内容，有下面的关系式成立：

$$I = \frac{\mathrm{d}K}{\mathrm{d}t} + \delta K \qquad (9-8)$$

储蓄的对象是经济产出，而产出是由在生产过程中的资本、劳动与技术相结合而形成的，对此可表现为下面的生产函数：

$$Y = Y(K, L) \qquad (9-9)$$

其中，L 可根据（9-2）式表达为 $L = (1-\alpha)N$。因此，当考虑人口结构与人口总量因素时，经济中的产出将与人口结构和人口总量有关。具体来看，需要将 $L = (1-\alpha)N$ 展现的关系式，同（9-8）式及（9-9）式联立，由此可以得到体现人口结构 α、人口总量 N 同投资需求 I 之间关系的方程组：

$$\begin{cases} I = \dfrac{\mathrm{d}K}{\mathrm{d}t} + \delta K \\ Y = Y(K, L) \\ L = (1-\alpha)N \end{cases} \qquad (9-10)$$

（9-10）式展现的方程组便是体现从生产者方面决定的投资需求关系式，即储蓄需求关系式。

资本与劳动力结合的关系，可以用劳动力人均资本水平来体现。为此，一定经济中的劳动力人均资本水平 k，可以表示为 $k = \dfrac{K}{L}$。于是，有 $K = kL$，因此，（9-8）式可表示为下面的关系式：

$$\frac{\mathrm{d}K}{\mathrm{d}t} = L\frac{\mathrm{d}k}{\mathrm{d}t} + k\frac{\mathrm{d}L}{\mathrm{d}t}$$

即：

$$\frac{\mathrm{d}K}{\mathrm{d}t} = kL\frac{\mathrm{d}\ln k}{\mathrm{d}t} + kL\frac{\mathrm{d}\ln L}{\mathrm{d}t}$$

因此，（9-8）式可进一步展现为下面的关系式：

$$I = kL\left(\frac{\mathrm{d}\ln k}{\mathrm{d}t} + \frac{\mathrm{d}\ln L}{\mathrm{d}t} + \delta\right) \qquad (9-11)$$

在（9-11）式中，$\frac{\mathrm{d}(\ln k)}{\mathrm{d}t}$ 的含义是劳动力的人均资本增长率，$\frac{\mathrm{d}(\ln L)}{\mathrm{d}t}$ 的含义是劳动力数量增长率。因此，（9-10）式的方程组可以有另一种形式：

$$\begin{cases} I = kL\left(\dfrac{\mathrm{d}\ln k}{\mathrm{d}t} + \dfrac{\mathrm{d}\ln L}{\mathrm{d}t} + \delta\right) \\ K = kL \\ Y = Y(K,\ L) \\ L = (1-\alpha)N \end{cases} \qquad (9-12)$$

即（9-12）式展现的方程组表现的是劳动力人均资本水平、劳动力数量等生产性因素，以及人口结构和人口总量等人口因素共同决定的储蓄需求关系式。

三 储蓄供给与储蓄需求的均衡

储蓄的实际水平，是由储蓄供给与储蓄需求均衡关系决定的。而储蓄供给与储蓄需求实现均衡，要求有储蓄供给与储蓄需求相等，即应有如下关系成立：

$$I = S \qquad (9-13)$$

在宏观经济层面上，产出变动引发储蓄变动，实际上是关于经济增长与储蓄关系的问题。建立储蓄同经济增长、消费、储蓄及人口结构的关系，需要将上述方程联立在一起。即形成下面的联立方程组：

$$\begin{cases} I = \dfrac{\mathrm{d}K}{\mathrm{d}t} + \delta K \\ Y = Y(K,\ L) \\ S = Y - C \\ C = C(\alpha,\ N) \\ L = (1-\alpha)N \\ I = S \end{cases} \qquad (9-14)$$

人口因素对产出的影响及其对消费的影响，终将使人口因素对储蓄供给产生的影响。为了体现人口因素的这种影响，可将生产函数与消费函数代入消费行为决定的储蓄供给方程，即得到如下表达式：

$$S = Y(K, L) - C(L, R) \qquad (9-15)$$

（9-15）式即体现生产因素与人口因素对储蓄影响的关系式。其中，K、L 及生产函数体现了生产因素，而 L 与 R 同时出现则体现人口结构的因素。其中，L 与 R 可以进一步表现为以老年人口比率 α 和以总人口数量 N 表示的关系式。

以上分析表明，生产型人口 L 与消费型人口 R 数量变化对储蓄的影响有两种途径：一是对消费 C 产生影响而影响储蓄；二是对产出 Y 产生影响而影响储蓄。其中，通过对产出（经济增长）途径的影响效应，与产出资本型、劳动型或技术型的情况有关；通过对消费途径的影响效应，与劳动力和非劳动力之间的消费倾向的差异情况有关。

劳动力和非劳动力之间的消费倾向差异而导致对储蓄的影响差异，属于消费者行为差异范畴问题。而老年人口比重 α 和人口总量 N 的变动导致对储蓄的影响，则属于人口结构与人口数量对储蓄影响的问题。如果劳动力和非劳动力的消费行为既定，消费者和生产者的数量及结构变动，同样对储蓄有重要作用。

第三节　人口结构（人口老龄化）与储蓄关系的理论分析

可将总人口分为劳动力和非劳动力两部分。因此，劳动力数量的变动，或非劳动力数量的变动，也就是人口结构的变动。本节将分析在由劳动力和老年人构成的经济中，劳动力数量和老年人口数量变动对储蓄的影响效应。

一　老年人口数量与储蓄的关系

（一）宏观储蓄总量是关于老年人口数量的减函数

根据（9-6）式，一定经济的储蓄供给 S 与老年人口数量 R 有下面的关系式：

$$S = Y - \bar{c}_L L - \bar{c}_R R \qquad (9-16)$$

由于 $\bar{c}_R$ 为老年人的人均消费水平，是大于零的变量，因此，根据（9－16）式可以推断：储蓄供给 S 是关于老年人口数量 R 的减函数。然而，这一结论的成立需要有一个前提条件，即（9－16）式中除 S 和 R 之外的其他变量为既定。

如果老年人口数量 R 对产出 Y 没有影响，那么上面的结果容易理解。这是因为，在其他条件不变的情况下，老年人口数量增多，老年人消费总量必然增多，因此产出的剩余（储蓄）必然相应减少。因此，在此情况下，储蓄供给 S 是关于老年人数量 R 的减函数这一结论是成立的。

由于在生产函数中没有显示出产出 Y 是老年人数量 R 的函数，因此可以说，产出与老年人口数量没有直接关系。然而，并不能由此简单地说老年人口数量与经济产出没有关系。老年人口数量与经济产出的关系实际上涉及人口老龄化与经济的关系，是一个非常复杂的问题。虽然老年人口数量增加没有直接体现对生产函数的影响，但是，老年人口数量增加导致老年人对产出的消费增加，从而对产出（经济增长）产生间接性影响。对此有关的研究，请参见《人口老龄化经济效应分析》（李军，2005），这里不再赘述。

然而，从现有的研究成果看，人口老龄化对经济增长的影响总体上是负向的。因此，即使考虑老年人口数量对实际产出的影响，其结论也主要是老年人口数量增加对产出是负向影响。这意味着，即使从综合角度看，储蓄供给 S 是关于老年人数量 R 的减函数这一结论仍是成立的。

（二）宏观储蓄率是老年人口数量的减函数

设 s 为一定宏观经济的储蓄率，则根据（9－16）式，s 有下面的表达式：

$$s = \frac{S}{Y} = 1 - \frac{C}{Y} = 1 - \bar{c}_L \frac{L}{Y} - \bar{c}_R \frac{R}{Y} \qquad (9-17)$$

由于在（9－17）式中，老年人口数量 R 被视为与其他变量无关，因此容易计算出 $\frac{\partial s}{\partial R}$ 的结果：

$$\frac{\partial s}{\partial R} = -\bar{c}_R \frac{1}{Y} \qquad (9-18)$$

由于 $\bar{c}_R$ 和 Y 均大于零，因此根据（9－18）式，有 $\frac{\partial s}{\partial R} < 0$ 成立。

因此，宏观储蓄率是老年人口数量的减函数。其经济意义是：随着老年人口数量的增加，宏观储蓄率将下降。

二　劳动力数量与储蓄的关系

劳动力对储蓄的影响，同老年人对储蓄的影响有质的不同。这是因为，劳动力在作为消费者的同时也是生产者。这意味着劳动力数量变动时，不仅影响 $S = Y - C$ 关系式中的消费 C，而且也影响其中的产出 Y。而对 $S = Y - C$ 关系式而言，老年人口数量变动只影响消费 C。这是为什么在对（9-17）式求 s 关于老年人口数量 R 偏导数时，可以视老年人口数量 R 与其他变量无关的原因。而劳动力数量变动对储蓄影响的效应，需要考虑对产出与消费两方面的影响。

（一）当劳动力人均产量处于上升阶段时，宏观储蓄总量是关于劳动力数量的增函数

下面的研究结果表明，劳动力数量变动对储蓄的影响效应与老年人口数量变动的效应是不同的。即当劳动力人均产量处于上升阶段时，宏观储蓄总量供给是关于劳动力数量的增函数。

劳动力数量变动，既影响消费也影响产出，对此可用生产函数理论进行分析。按生产函数的理论有 $Y = Y(K, L)$，即产出 Y 是劳动力 L 的函数。将 $Y = Y(K, L)$ 代入（9-6）式，得到如下关系式：

$$S = Y(K, L) - \bar{c}_L L - \bar{c}_R R \tag{9-19}$$

由于劳动力数量 L 出现在生产函数 $Y(K, L)$ 中，因此劳动力数量 L 变动对储蓄供给 S 的影响效应并非可以简单得到判断。（9-19）式表明，劳动力数量 L 变动对储蓄的影响效应，不仅取决于 $\bar{c}_L L$ 项，而且与其对 $Y(K, L)$ 的影响有关。现对（9-19）式求微分得：

$$dS = dY(K, L) - \bar{c}_L dL - \bar{c}_R dR$$

$$dS = \frac{\partial Y}{\partial K} dK + \frac{\partial Y}{\partial L} dL - \bar{c}_L dL - \bar{c}_R dR$$

$$dS = \frac{\partial Y}{\partial K} dK + \left(\frac{\partial Y}{\partial L} - \bar{c}_L \right) dL - \bar{c}_R dR \tag{9-20}$$

在（9-20）式中，第一项 $\frac{\partial Y}{\partial K} dK$ 为资本数量变动对 S 的影响，第二项 $\left(\frac{\partial Y}{\partial L} - \bar{c}_L \right) dL$ 为劳动力数量变动对 S 的影响，第三项 $-\bar{c}_R dR$ 为老年人口数量对 S 的影响。

值得注意的是，在（9-20）式中，$\frac{\partial Y}{\partial L}$ 的经济意义是劳动力的边际产

量或边际收入。$\bar{c}_L$ 为劳动力平均消费水平，因此 $\frac{\partial Y}{\partial L} - \bar{c}_L$ 的经济意义是劳动力的边际产量与劳动力平均消费水平的差值。可见，$\frac{\partial Y}{\partial L} - \bar{c}_L$ 的情况是一重要因素。这是因为，如果 $\frac{\partial Y}{\partial L} - \bar{c}_L > 0$，即意味着劳动力数量增量 dL，对储蓄供给 S 是正向影响关系，也就是（9-20）式中储蓄增量 dS 是关于劳动力数量增量 dL 的增函数。

如果 $\frac{\partial Y}{\partial L} - \bar{c}_L < 0$，即意味着劳动力数量增量 dL，对储蓄供给 S 是负向影响关系，也就是（9-20）式中储蓄增量 dS 是关于劳动力数量增量 dL 的减函数。因此，劳动力的边际产量 $\frac{\partial Y}{\partial L}$ 同劳动力人均消费 $\bar{c}_L$ 两者之间的大小比较，成为一个关键性问题。

事实上，这一问题在经济学理论中已有清晰的论述，即有关经济学理论中边际产量与平均产量关系问题。对此，可按图9-1展现的边际产量曲线与平均产量曲线的关系进行说明。

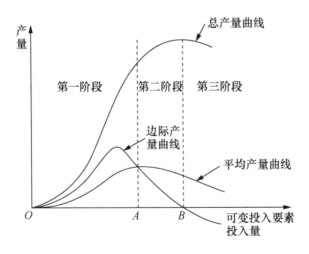

图9-1　总产量曲线与平均产量曲线、边际产量曲线之间的关系

根据图9-1所示，在生产开始初期即第一阶段，边际产量与平均产

量都是递增的，但是，边际产量大于平均产量。随着生产的继续，边际产量达到最高点，之后边际产量下降，但仍高于平均产量。继而边际产量曲线与平均产量曲线相交于平均产量曲线的最高点。相交后，平均产量开始递减，边际产量小于平均产量。当边际产量为零时，总产量达到最大，以后当边际产量为负数时，总产量就会绝对减少。

上述理论表明，生产过程中的初期阶段（图 9 – 1 中的第一阶段）时，边际产量大于平均产量。即在此阶段，有 $\frac{\partial Y}{\partial L} > \frac{Y}{L}$ 成立。而当平均产量达到最高后，边际产量开始小于平均产量。因此，判断 $\frac{\partial Y}{\partial L} > \frac{Y}{L}$ 是否成立的一个重要标准是：看平均产量是否出现由升转降的拐点。

如果平均产量始终处于上升状态，则意味边际产量大于平均产量，即有 $\frac{\partial Y}{\partial L} > \frac{Y}{L}$ 成立。其道理在于，平均产出是随边际产出变动的，如果边际产出（新增一个劳动力所导致产出的增量）大于平均产出，则平均产出继续提高，如果边际产出小于平均产出，则平均产出下降。因此，只要平均产量持续上升而没有出现下降的情况，则可认为边际产量仍处于大于平均产量的过程中。

劳动力的平均产量在收入方面就是劳动力人均收入。因此，按照标准的消费理论，消费是收入的函数，且单位收入所产生的消费小于单位收入。即劳动力的人均消费小于劳动力的人均收入。由此可推得这样的结论：当劳动力平均产量处于上升阶段时，劳动力的边际产量大于劳动力的平均产量，而劳动力的平均产量即劳动力的平均收入大于劳动力的人均消费水平，按上述逻辑关系便有 $\frac{\partial Y}{\partial L} > \bar{c}_L$ 成立。

上述结论的经济意义是：如果经济中的劳动力人均产出水平处于上升阶段，而没有出现下降阶段，则意味着经济中的劳动力的边际产出水平大于劳动力的平均消费水平，即经济中有 $\frac{\partial Y}{\partial L} - \bar{c}_L > 0$ 成立。这也就意味着在此状况下的经济中，（9 – 20）式中的 dL 项为正，也就是储蓄供给 S 与劳动力数量变动呈正向关系。其经济意义是：在处于劳动力人均产出水平上升阶段经济中，劳动力数量增加具有提高储蓄供给水平的效应。

（二）当劳动力人均产量处于上升阶段时，宏观储蓄率是关于劳动力数量的增函数

劳动力数量对宏观储蓄率的影响，体现为宏观储蓄率 s 关于劳动力数量 L 的偏导数 $\frac{\partial s}{\partial L}$ 的情况。如果 $\frac{\partial s}{\partial L} > 0$，表明宏观储蓄率 s 是关于劳动力数量 L 的增函数；如果 $\frac{\partial s}{\partial L} < 0$，表明宏观储蓄率 s 是关于劳动力数量 L 的减函数。

下面对（9－17）式求关于劳动力数量 L 的偏导数 $\frac{\partial s}{\partial L}$。其中，（9－17）式中产出 Y 是关于 L 的函数，而（9－17）式中其他变量 R、$\bar{c}_L$、$\bar{c}_R$ 与 L 无关，因此有下面的计算结果：

$$\frac{\partial s}{\partial L} = -\bar{c}_L \frac{Y - L\frac{\partial Y}{\partial L}}{Y^2} + \bar{c}_R \frac{R}{Y^2} \frac{\partial Y}{\partial L}$$

$$\frac{\partial s}{\partial L} = -\bar{c}_L \left(\frac{1}{Y} - \frac{L}{Y^2} \frac{\partial Y}{\partial L} \right) + \bar{c}_R \frac{R}{Y^2} \frac{\partial Y}{\partial L}$$

$$\frac{\partial s}{\partial L} = \bar{c}_L \frac{1}{Y} \left(\frac{L}{Y} \frac{\partial Y}{\partial L} - 1 \right) + \bar{c}_R \frac{R}{Y^2} \frac{\partial Y}{\partial L} \tag{9－21}$$

在（9－21）式中，$\frac{\partial Y}{\partial L}$ 的经济意义是劳动力的边际产量，当经济处于在生产过程中的初期阶段（图 9－1 中的第一阶段）时，边际产量大于平均产量。即在此阶段，有 $\frac{\partial Y}{\partial L} > \frac{Y}{L}$ 成立。这意味在此阶段有 $\frac{L}{Y} \frac{\partial Y}{\partial L} - 1 > 0$ 成立，即 $\frac{\partial s}{\partial L} > 0$。因此，根据（9－21）式可以得到这样的结论：

在劳动力人均产量上升阶段，有 $\frac{\partial s}{\partial L} > 0$ 成立。该结论的具体经济意义是当经济中的劳动力人均产量处于上升阶段中，宏观经济储蓄率与劳动力数量呈正向关系。

第四节 中国劳动力增长与储蓄正向关系的数据经验

通过以上分析可知，考察一定经济中的劳动力人均产量是否出现由升转降情况，是评判该经济中的劳动力边际产出是否大于劳动力人均消费水

平的一个重要判断标准。如果中国劳动力边际产出仍大于劳动力人均消费水平，则表明中国劳动力数量增长仍具有提高储蓄水平的作用。下面对1978—2013年中国劳动力人均产量进行分析。

　　中国经济的实际情况是，在改革开放的30多年里，中国经济呈现出高速增长，不仅GDP总量快速增长，人均GDP（视为人均产出）同时也呈现快速增长。按可比价计算，1978—2013年，中国人均GDP年均增长8.7%。这里，人均GDP中的人员含有非劳动力人口。如果以就业人口数量作为劳动力人口数量的度量，则计算结果表明，1978—2013年，中国劳动力人均GDP年均增长7.7%，仍为正增长。这一结果说明，不论是按全部人口的人均产量度量，还是按劳动力的人均产量度量，中国人均产量都是显著的正增长。即1978—2013年的数据经验表明，在改革开放的30多年里，中国经济始终处在劳动力人均平均产量上升期，而尚未出现由升转降的拐点。由此按上面的理论表明，1978—2013年中国劳动力的边际产出大于劳动力的人均消费水平，因此，中国劳动力数量增长与储蓄是正向关系的结论成立。

一　中国劳动力人均产量总体持续上升

　　图9-2给出1979—2013年中国从业人员人均产量的计算结果。其中，产出系采用国内支出法计算的GDP，并按2010年可比价计算。从业人员数量是国家统计局公布的各年度就业人员数量。这里的从业人员是实际参加经济活动的劳动者，可理解为是实际参加创造GDP的人员数量。图9-2显示，除1990年外，1979—2013年中国从业人员的人均产量持续增高。其中，1990年出现从业人员的人均产量负增长，主要来自从业人员的统计口径问题。即便如此，1990年的人均产量下降，并不能说明之后的中国从业人员的人均产量出现系统性变化。正如图9-2所示，中国从业人员人均产量在总体上是持续上升的。

　　因此，从中国实际数据可以得出：改革开放以来，中国劳动力的边际产量大于平均产量是成立的。否则，人均产出水平不可能提高。这表明依据中国实际数据经验，$\frac{\partial Y}{\partial L} - \bar{c}_L > 0$ 是成立的，由此证明，在中国的现实经济中，宏观经济的储蓄供给与劳动力数量呈正向关系。由于（9-19）式中的 S 是宏观经济的总量储蓄，因此按照（9-20）式表明的结论是：在其他条件不变的情况下，国民储蓄随劳动力数量增加而增加，随老年人口数量的增加而减少。

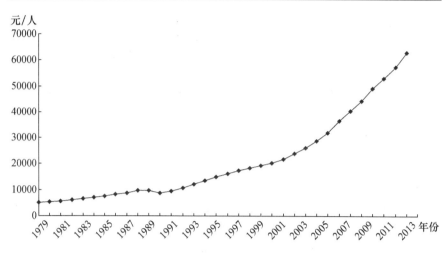

图 9 - 2 1979—2013 年中国从业人员人均产量计算结果

资料来源：根据有关年份《中国统计年鉴》数据计算而得。

　　表 9 - 1 给出了 2010 年与 1982 年的中国劳动年龄人口与非劳动年龄人口数据。2010 年与 1982 年均为中国进行人口普查的年份。可以看到，在改革开放 30 多年里，中国劳动力快速增长，即 $dL > 0$。因此，按上述的理论可得，中国劳动力的快速增长对提高储蓄供给起到了积极的正向作用。具体地看，1982—2010 年，中国 15—64 岁的劳动年龄人口年均增长 1.69%，在此年龄之外的非劳动年龄人口（包括老年人和未成年人）是负增长，即年均增长率为 - 0.49%。虽然此期间老年人口年均增长 3.1%，但未成年人口年均增长率为 - 1.5%，而且由于未成年人口数量大，因此导致非劳动年龄人口数量负增长。于是，按（9 - 20）式可得出的结论是：1982—2010 年，中国劳动力数量的增长，非劳动力数量的下降，均产生提高中国国民储蓄供给的效应。

表 9 - 1　　　　　　　　2010 年与 1982 年的中国劳动年龄人口与

非劳动年龄人口数据　　　　　　　　单位：万人

年份	总人口	15—64 岁人口	非劳动年龄人口
1982	101654	62517	39137
2010	133972	99850	34122
年均增长率（%）	0.99	1.69	- 0.49

　　上述理论及中国实际数据表明，中国的高储蓄与改革开放后劳动力迅速增长有很大关系。表9－1给出了2010年与1982年中国劳动年龄人口与非劳动年龄人口的数据。1982年与2010年均是中国人口普查年份，因此数据比非普查年份的数据有更高的可靠性。表9－1显示，1982—2010年，中国15—64岁的劳动年龄人口年均增长1.69%。而中国非劳动年龄人口（0—14岁与65岁及以上年龄人口之和）呈负增长，年均增长率为－0.49%。由此可见，此期间中国劳动年龄人口增速远高于非劳动年龄人口增速。因此，上述理论与实证均表明劳动力比重不断提高的人口结构是导致中国国民储蓄率不断提高的一个重要原因。然而，这一结论在未来或是难以成立的，因为中国人口结构已经出现了深刻的变化。

二　人口老龄化将深刻地改变未来储蓄供给局面

　　2012年，中国人口结构出现了拐点性的变化。根据国家统计局的数据，2012年年末，中国15—59岁劳动年龄人口9.3727亿，比上年减少345万人，占总人口的比重为69.2%，比2011年年末下降0.60个百分点，这是中国15—59岁劳动年龄人口比重首次下降。

　　图9－3展现出未来中国人口结构变化的趋势。可以看到，从现在到

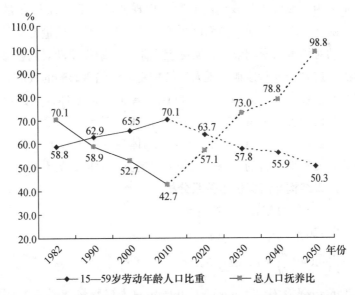

图9－3　中国15—59岁劳动年龄人口比重及人口抚养比未来变化趋势

　　资料来源：1982—2010年数据来自历次中国人口普查数据，以后为国家应对人口老龄化战略研究课题组（2010）的预测数据。

2050 年，中国 15—59 岁劳动年龄人口比重将持续下降，而老年人口比重将持续上升。预计到 2020 年，中国 15—59 岁劳动年龄人口比重将下降到 63.7%，比 2010 年降低 6.4 个百分点，而人口抚养比上升到 57.1%，提高 14.4 个百分点。到 2050 年，中国 15—59 岁劳动年龄人口比重将持续下降到 50.3%，人口抚养比上升到 98.8%。

因此，未来中国人口结构的变化特点是，劳动年龄人口比重下降，非劳动年龄人口比重上升。按本章理论，这样的人口结构变化的效应将降低国民储蓄。而且这种人口结构变化的效应具有双重性，一方面，劳动年龄人口比重下降将产生降低国民储蓄的效应；另一方面，非劳动年龄人口比重上升将产生降低国民储蓄的效应，因此最终是这两种效应的叠加。

第五节　人口结构（人口老龄化）与储蓄供需关系分析

劳动力数量或老年人口数量的变动，实际上也是人口结构的一种变动。这是因为，如果 A 与 B 的绝对数量出现变动，那么 A 与 B 的数量比例关系也随之变动。因此，前面已经论述的有关劳动力数量变动及老年人口数量变动对储蓄的影响效应，实际上也是人口结构变动对储蓄影响的效应。然而，这是一种间接地体现人口结构变动对储蓄影响的效应。本书人口结构变动主要以老年人口占总人口比重 α 的变动来体现。因此，本节关于人口结构与储蓄关系的分析，主要展现 α 变动对储蓄的影响效应，而将总人口数量 N 视为既定。由于 α 变动体现的是人口老龄化程度的变化，因此 α 变动对储蓄的影响也就是人口老龄化对储蓄的影响。

一　人口结构与储蓄供给关系分析

（一）人口结构与储蓄供给总量

取 （9 - 20） 式：

$$dS = \frac{\partial Y}{\partial K}dK + \left(\frac{\partial Y}{\partial L} - \bar{c}_L\right)dL - \bar{c}_R dR$$

由于 $R = \alpha N$ 及 $L = (1 - \alpha)N$，并假定总人口数量 N 给定，因此将此关于 R 与 L 的表达式代入 （9 - 20） 式，并进行下面的推导：

$$dS = \frac{\partial Y}{\partial K}dK + \left(\frac{\partial Y}{\partial L} - \bar{c}_L\right)Nd(1 - \alpha) - \bar{c}_R Nd\alpha$$

$$dS = \frac{\partial Y}{\partial K}dK - \left(\frac{\partial Y}{\partial L} - \bar{c}_L\right)Nd\alpha - \bar{c}_R Nd\alpha$$

$$dS = \frac{\partial Y}{\partial K}dK - \left[\frac{\partial Y}{\partial L} - (\bar{c}_L - \bar{c}_R)\right]Nd\alpha \qquad (9-22)$$

可见，在（9-22）式中，储蓄 S 的微分 dS 展现为含有人口结构变量 α 的表达式。由（9-22）式可见，dS 是关于 $d\alpha$ 的增函数还是减函数，取决于其前面的系数项 $\frac{\partial Y}{\partial L} - \bar{c}_L + \bar{c}_R$ 的正负性。

事实上，根据前面论证可知，当经济中的劳动力人均产出水平处于不断上升阶段时，容易得出 $\frac{\partial Y}{\partial L} - \bar{c}_L + \bar{c}_R > 0$ 成立。这是因为，在此经济发展阶段，劳动力人均产出水平处于上升状态，表明劳动力边际产出水平大于其平均产出水平，即有 $\frac{\partial Y}{\partial L} > \bar{c}_L$ 成立，而 $\bar{c}_R > 0$，因此有 $\frac{\partial Y}{\partial L} - \bar{c}_L + \bar{c}_R > 0$ 成立。从实证经验方面看，针对改革开放后 30 多年的中国经济，$\frac{\partial Y}{\partial L} > \bar{c}_L$ 是成立的。

在上述情况下，（9-22）式表明，老年人口比重 α 上升将导致储蓄供给 S 减少；反之，老年人口比重 α 下降，则将提高储蓄供给 S。这一结论意味着在其他条件不变的情况下，人口老龄化程度提高将产生降低宏观储蓄供给的效应。

（二）人口结构与宏观储蓄率

根据（9-17）式可知，一定宏观经济的储蓄率 s 有下面的表达式：

$$s = \frac{S}{Y} = 1 - \frac{C}{Y} = 1 - \bar{c}_L\frac{L}{Y} - \bar{c}_R\frac{R}{Y}$$

由于 $L = (1-\alpha)N$ 及 $R = \alpha N$，因此有下面的关系式：

$$s = 1 - \bar{c}_L\frac{(1-\alpha)N}{Y} - \bar{c}_R\frac{\alpha N}{Y}$$

即：

$$s = 1 - \frac{\bar{c}_L N}{Y} + (\bar{c}_L - \bar{c}_R)\frac{\alpha N}{Y} \qquad (9-23)$$

如果老年人口比重 α 对产出 Y 没有影响，对（9-23）式求 s 关于 α 偏导数，得到下面的结果：

$$\frac{\partial s}{\partial \alpha} = (\bar{c}_L - \bar{c}_R)\frac{N}{Y} \qquad (9-24)$$

由（9 - 24）式可见，这时老年人口比重 α 对宏观储蓄率 s 的影响方向，取决于 $\bar{c}_L - \bar{c}_R$ 的正负性。即如果劳动力的人均消费水平大于老年人的人均消费水平，即 $\bar{c}_L - \bar{c}_R > 0$，则储蓄率 s 是关于老年人口比重 α 的增函数，即在其他变量一定情况下，老年人口比重 α 上升将导致储蓄率 s 上升；反之，如果劳动力人均消费水平小于老年人人均消费水平，即 $\bar{c}_L - \bar{c}_R < 0$，则储蓄率 s 是关于老年人口比重 α 的减函数，即在其他变量一定的情况下，老年人口比重 α 上升将导致储蓄率 s 下降。

然而，在人口老龄化经济中，老年人口比重 α 变动对产出 Y 的影响是不能忽视的，即产出 Y 与 α 有关，这时，Y 是关于 α 的函数。利用（9 - 23）式，求 s 关于 α 的偏导数 $\dfrac{\partial s}{\partial \alpha}$ 如下：

$$\frac{\partial s}{\partial \alpha} = \frac{1}{Y^2}\left[\bar{c}_L N \frac{\partial Y}{\partial \alpha} + (\bar{c}_L - \bar{c}_R)N\left(Y - \alpha\frac{\partial Y}{\partial \alpha}\right)\right]$$

$$\frac{\partial s}{\partial \alpha} = \frac{1}{Y^2}\left[\bar{c}_L N \frac{\partial Y}{\partial \alpha} + (\bar{c}_L - \bar{c}_R)NY - \alpha(\bar{c}_L - \bar{c}_R)N\frac{\partial Y}{\partial \alpha}\right]$$

$$\frac{\partial s}{\partial \alpha} = \frac{1}{Y^2}\left[(\bar{c}_L - \bar{c}_R)NY + [\bar{c}_L - \alpha(\bar{c}_L - \bar{c}_R)]N\frac{\partial Y}{\partial \alpha}\right]$$

$$\frac{\partial s}{\partial \alpha} = \frac{1}{Y^2}\left[(\bar{c}_L - \bar{c}_R)NY + [\bar{c}_L(1 - \alpha) + \alpha\bar{c}_R]N\frac{\partial Y}{\partial \alpha}\right]$$

$$\frac{\partial s}{\partial \alpha} = \frac{N}{Y}(\bar{c}_L - \bar{c}_R) + \frac{N}{Y}\left[\bar{c}_L\left(\frac{1}{\alpha} - 1\right) + \bar{c}_R\right]\frac{\partial \ln Y}{\partial \ln \alpha} \qquad (9 - 25)$$

在（9 - 25）式中，由于 $\alpha < 1$，因此 $\dfrac{1}{\alpha} > 1$，即 $\dfrac{1}{\alpha} - 1 > 0$。因此，有 $\bar{c}_L\left(\dfrac{1}{\alpha} - 1\right) + \bar{c}_R > 0$，可见，$\dfrac{\partial s}{\partial \alpha}$ 与 $\dfrac{\partial \ln Y}{\partial \ln \alpha}$ 同方向变动，其中 $\dfrac{\partial \ln Y}{\partial \ln \alpha}$ 的经济意义是产出 Y 对老年人口比重 α 的弹性。这意味着 α 变动对储蓄率 s 的影响，与 α 变动对产出 Y 的影响方向是相同的。

因此，（9 - 25）式结果表明：如果 α 上升对产出 Y 起负向作用，则 α 上升对储蓄率 s 也起负向作用；如果 α 上升对产出 Y 起正向作用，则 α 上升对储蓄率 s 也起正向作用。然而，就一般情况而言，α 上升对产出 Y 起负向作用可能是主要的情况，因此 α 上升对储蓄率 s 起负向作用可能是现实经济中的主要情况。这一结论与前面有关理论的论证结果一致。

二 人口结构与储蓄需求关系分析

在生产过程中，劳动力数量变化是生产对储蓄需求影响的重要因素。

设 k 为劳动力的人均资本水平，即 $k = \dfrac{K}{L}$，K 为总资本水平。因此，若要求劳动力人均资本水平 k 不降低，则劳动力数量 L 增加，必然要求总资本水平 K 相应增加。如前所述，生产者的投资需求水平 I 为：

$$I = K\left[\frac{\mathrm{d}(\ln k)}{\mathrm{d}t} + \frac{\mathrm{d}(\ln L)}{\mathrm{d}t} + \delta\right] \qquad (K = kL)$$

$$I = \frac{\mathrm{d}(\ln k)}{\mathrm{d}t}kL + \frac{\mathrm{d}(\ln L)}{\mathrm{d}t}kL + \delta kL \qquad\qquad (9-26)$$

$(9-26)$ 式表明，即使 $\dfrac{\mathrm{d}(\ln k)}{\mathrm{d}t} = 0$，即保持劳动力人均资本水平 k 不变，那么由于劳动力数量 L 增加而使 $\dfrac{\mathrm{d}(\ln L)}{\mathrm{d}t}kL$ 与 δkL 两项变动，也将导致投资水平 I 增加。其中，$\dfrac{\mathrm{d}(\ln L)}{\mathrm{d}t}kL$ 体现劳动力数量变动的效应，δkL 体现补偿折旧的效应。

由于 $L = (1-\alpha)N$，因此 $(9-26)$ 式可进一步表达为下面的关系式：

$$I = k(1-\alpha)N\left[\frac{\mathrm{d}(\ln k)}{\mathrm{d}t} + \frac{\mathrm{d}[\ln(1-\alpha)]}{\mathrm{d}t} + \frac{\mathrm{d}\ln N}{\mathrm{d}t} + \delta\right] \qquad (9-27)$$

利用 $(9-27)$ 式可分析人口老龄化程度变动对投资需求水平的影响。变量 α 体现了人口老龄化程度。$(9-27)$ 式表明 I 与 α 为负向关系，即若总人口既定，老年人口比重 α 上升将导致 I 下降。这是因为，对既定的总人口，老年人口比重上升对应着劳动力数量下降，因此导致投资需求水平下降。若人口老龄化程度稳定，即 α 不变，则总人口数量增加将相应有劳动力数量增加，在此情况下投资需求水平将提高。

投资需求变化将引起资本积累变化，由此将影响生产能力变化。然而进一步的分析需要结合储蓄供给方面的因素，只有综合考虑储蓄供给与需求两方面因素，才能判断人口结构变化对储蓄的最终影响。

第十章 代际收入对消费（储蓄）的影响效应

总收入在老年人口与劳动年龄人口之间的分配，体现着上代人与下代人之间的代际收入。随着人口老龄化的快速进展，代际收入的差距不仅影响老年人福利水平，而且也是影响经济运行的重要因素。本章主要在宏观层面分析代际收入变动对总量消费（储蓄）的影响。

第一节 基本分析

宏观经济层面上的总需求可以分为消费、投资与出口三大需求。改革开放的 30 多年里，中国经济的高速增长主要依靠投资与出口需求拉动，消费需求拉动经济增长的作用较弱。因此，转变经济增长方式的一个关键，就是要提高消费需求对经济增长的促进作用。在此背景下，人口老龄化对消费需求的影响具有重要现实意义。

养老的实现过程实际上是将劳动力的生产成果的一部分出让给老年人消费的过程。而这一过程的本质是一种代际交易，即在上代人（老年人）与下代人（年轻人）之间进行的一种交易。从实体经济角度看，这种交易与养老制度无关，即不论是哪种养老保障制度，养老的实现必须由年轻人提供产品或服务给老年人。因此，在养老问题上，年轻人和老年人之间存在着供给与需求关系。这种供给与需求关系存在两个市场：一个是产品市场，另一个是资本市场。在产品市场，劳动力提供产品或服务给老年人，因此劳动力是产品市场中的供给方，老年人是产品市场的需求方。在资本市场上，养老储蓄是一种重要的资金来源，老年人是储蓄资金供给方，劳动力是资金需求方。因此，老年人消费通过对上述两个市场的影响而对总需求产生重要影响。

一 基本假定

经济中的总消费是所有消费者的消费总和。在人口老龄化背景下，老年人口是重要的消费群体，因而对总消费由此对总需求有重要影响。现将经济中的消费者划分为劳动力和老年人两个消费群体，因此总消费是老年人群体消费与劳动力群体消费之和。为分析方便，明确有关假设如下：

（1）设经济中的劳动力群体收入总额为 Y_L，劳动力平均消费倾向为 $c_L(0 < c_L < 1)$；

（2）设经济中的老年人群体收入总额为 Y_R，老年人平均消费倾向为 $c_R(0 < c_R < 1)$；

（3）设经济总收入为 Y，且有 $Y = Y_L + Y_R$。

（4）设经济中的劳动力数量为 L，老年人口数量为 R，总人口数量为 N，且有 $N = L + R$。

平均消费倾向是指收入中用于消费的比率。注意，平均消费倾向与平均消费水平不是同一概念。平均消费水平是指人均消费水平，即针对人数而言的。而平均消费倾向是针对收入而言的，即一定收入中用于消费的比率。

根据上面的假定可知，劳动力群体的消费总量为 $c_L Y_L$，老年人群体的消费总量为 $c_R Y_R$。因此，在只考虑劳动力和老年人组成的经济中，可以得到总量消费的一个表达式：

$$C = c_L Y_L + c_R Y_R \tag{10-1}$$

二 产出在劳动力与老年人群体之间的配置

现定义 θ 为：

$$\theta = \frac{Y_R}{R} \Big/ \frac{Y}{N} \tag{10-2}$$

（10-2）式定义的 θ 是老年人口的平均收入水平与经济中总人均收入水平比率，体现了老年人群体平均收入的相对水平，称 θ 为养老水平系数。

此处定义的养老水平系数 θ 与替代率概念有相似之处，但也有不同之处。替代率在养老保障分析中是一个常见的概念，是指养老收入水平同劳动力收入水平的比率，而且收入主要是指货币收入。这里定义的养老水平系数 θ 同样体现老年人的养老水平，但 θ 与替代率的不同主要体现在两个方面：一方面，（10-2）式中的分母是总人口的人均收入，而不是劳动力的人均收入；另一方面，在（10 - 2）式中，收入 Y 及 Y_R 是实体经济产出意义的收入概念，而不是货币收入概念。但是，这里的 θ 与替代率本质都是体现养老水平的指标，只是对比的参照指标不同。

一般情况下，一个人退休后的养老收入（如退休金）要低于其退休前作为劳动力时期的收入水平。这意味着，在现实经济中，通常有 $\theta < 1$ 成立。实际上，θ 既是对养老水平的一种度量，也是对产出在老年人群体与劳动力群体之间配置关系的一种度量。

由（10 - 2）式可以得到下面的表达式：

$$\theta = \frac{Y_R}{R} \bigg/ \frac{Y}{N} = \frac{Y_R}{Y} \frac{N}{R} = \frac{Y_R}{Y} \frac{1}{(R/N)} = \frac{1}{\alpha} \frac{Y_R}{Y} \tag{10-3}$$

（10 - 3）式中的 $\alpha = \dfrac{R}{N}$，是老年人口占总人口的比重。因此，由（10 - 3）式可得：

$$Y_R(t) = \theta \alpha Y(t) \tag{10-4}$$

由于 $Y = Y_L + Y_R$，因此，根据（10 - 4）式可以得到总量产出 $Y(t)$ 的一种表达式：

$$Y(t) = Y_L(t) + \theta \alpha Y(t) \tag{10-5}$$

即：

$$Y_L(t) = Y(t) - \theta \alpha Y(t) \tag{10-6}$$

由（10 - 6）式可见，只要 θ 一定，产出 $Y(t)$ 在老年人与劳动力之间的配置关系即为一定。按（10 - 5）式，$Y_L(t)$ 是总产出 $Y(t)$ 中配置给劳动力的部分，$Y_R(t) = \theta \alpha Y(t)$ 是配置给老年人的部分。

假定老年人对其养老收入 $Y_R(t)$ 不再进行储蓄，而是全部用于其消费。因此，经济中只能对 $Y_L(t)$ 进行投资。也就是说，在考虑老龄化因素后，可用于劳动力进行投资的产出部分是 $Y_L(t)$，而不是全部的产出 $Y(t)$。

设劳动力的储蓄率为 s，则经济中的投资量为：

$$\dot{K} = sY_L(t) - \delta K(t) \tag{10-7}$$

（10 - 7）式中，$\dot{K}$ 表示资本 K 关于时间的导数，即 $\dot{K} = \dfrac{\mathrm{d}K}{\mathrm{d}t}$。这是投资 I 的另一种表现形式，即有 $I = \dot{K} = \dfrac{\mathrm{d}K}{\mathrm{d}t}$。将（10 - 6）式代入（10 - 7）式，得到下面的关系式：

$$\dot{K} = s[Y(t) - \alpha\theta Y(t)] - \delta K(t) \tag{10-8}$$

注意：这里的 s 是劳动力的储蓄率，即不包括老年人的储蓄率。由 (10-8) 式可见，如果其他参数不变，老年人口比重 α 上升，则 $\dot{K}$ 减少，即投资量减少。

三 总消费与老年人口比重的关系

根据前面讨论可知，以下关系成立：

$Y_R = \theta\alpha Y$ 及 $Y_L = (1 - \theta\alpha)Y$

将此关系式代入 (10-1) 式中得到：

$$C = c_L(1 - \theta\alpha)Y + c_R\theta\alpha Y$$

即：

$$C = [c_L + \theta\alpha(c_R - c_L)]Y \tag{10-9}$$

(10-9) 式就是表示总量消费水平 C 与老年人口比重 α 之间关系的公式。按 (10-9) 式所表示的关系，α 对 C 有怎样的影响，$c_R - c_L$ 这一项的正负性是一个关键因素。具体情况如下：

(1) 如果 $c_R - c_L < 0$，则在 (10-9) 式中 $\theta\alpha(c_R - c_L)$ 为负，在这种情况下，老年人口比重 α 或养老水平系数 θ 提高，将导致 $c_L + \theta\alpha(c_R - c_L)$ 减少。这样，对于相同的收入总量 Y，$c_L + \theta\alpha(c_R - c_L)$ 的减少意味着总消费水平 C 降低。

(2) 如果 $c_R - c_L > 0$，则在 (10-9) 式中 $\theta\alpha(c_R - c_L)$ 为正，在这种情况下，老年人口比重 α 或养老水平系数 θ 提高，将导致总消费水平 C 提高。

(3) 如果 $c_R - c_L = 0$，则老年人口比重 α 或养老水平系数 θ 的任何变化，对总消费不产生任何影响。

可见，对 c_R 和 c_L 大小的判断很关键。不论从实际经验还是从经济学理论都可以表明，劳动力的平均消费倾向 c_L 应小于老年人口的平均消费倾向 c_R。亦即 $c_L < c_R$ 成立是主要的。对此可从以下两个方面来说明：

首先，消费倾向随收入水平增加而递减，如果老年人口人均收入水平低于劳动力人均收入水平，那么就应有 $c_L < c_R$ 成立。此结论在西方国家是普遍成立的。高收入者具有相对较低消费倾向，就可以得出劳动年龄人口的平均消费倾向低于老年人口的平均消费倾向这一结论，即 $c_L < c_R$ 成立。

其次，还可以从生命周期与永久收入假说理论说明 $c_L < c_R$ 成立的理

由。用最简洁的方式来表述生命周期与永久收入假说的理论：消费者试图使其一生的消费水平都是平稳的，消费水平取决于其收入中的永久性部分而不是全部收入。由于消费者在退休后的收入水平下降，为了保持其原有的消费水平，就必须提高消费倾向，即必须保证 $c_L < c_R$ 成立才能使消费水平基本稳定。

最后，中国有关数据也一定程度上支持上述结论，具体见本章第五节的内容。因此，通过以上的分析可以判定：$c_R - c_L > 0$ 是可能出现的情况。于是，（10-9）式中 α 项的符号被视为正号。这表明，如果收入总量（总量产出）不变，总消费水平 C 将随 α 的提高而增加。这说明人口老龄化程度提高将产生提高消费需求的作用。

注意：这一结论是以收入总量（产出总量）Y 既定为前提的。

四　老龄化对总消费影响的复杂性

上述结论成立的一个重要前提是，老年人口比重对总产出 Y 没有影响。然而，事实上这一前提条件在现实经济中并非严格成立。现实经济中的实际产出（或收入）是由需求与供给共同决定的。老年人口比重 α 的变化如何影响产出，实际上是很复杂的问题，与经济中的具体条件有关。以下通过 α 对产出 Y 影响的几种可能性进行分析，由此可以看到 α 变动对总消费 C 的影响是复杂的。

老年人口比重 α 对总量消费 C 的影响，可以用 $\dfrac{\partial C}{\partial \alpha}$ 来体现。对（10-9）式求总消费 C 关于 α 的微分，可得下面的关系式：

$$\frac{\partial C}{\partial \alpha} = \theta(c_R - c_L)Y + [\,c_L + \theta\alpha(c_R - c_L)\,]\frac{\partial Y}{\partial \alpha} \qquad (10-10)$$

由于 $c_R - c_L > 0$，因此可对（10-10）式进行如下分析：

（1）当 $\dfrac{\partial Y}{\partial \alpha} \geqslant 0$ 时，必有 $\dfrac{\partial C}{\partial \alpha} > 0$。其意义是：如果老龄化率 α 的提高起增加产出的正作用，则 α 也将起提高总消费水平 C 的正向作用。

（2）当 $\dfrac{\partial Y}{\partial \alpha} < 0$ 时，虽然（10-10）式中 $\theta(c_R - c_L)Y$ 为正，但 $\dfrac{\partial C}{\partial \alpha}$ 可能为正也可能为负，需要进一步分析：

情况一：$\dfrac{\partial Y}{\partial \alpha} < 0$，这时 $\dfrac{\partial Y}{\partial \alpha} > \dfrac{-\theta(c_R - c_L)Y}{c_L + \theta\alpha(c_R - c_L)}$，故得 $\dfrac{\partial C}{\partial \alpha} > 0$。也就是说，在这种情况下，老龄化率 α 的提高将使消费 C 值增加。这种情况所对应

的经济是，老龄化率 α 的提高使消费 C 增加，但由于(10-10)式中 $[c_L + \theta\alpha(c_R - c_L)]$ 这一项的系数 $\frac{\partial Y}{\partial \alpha} < 0$，故在这种情况下消费 C 的增加程度比(1)中消费 C 的增加程度要小。

情况二：$\frac{\partial Y}{\partial \alpha} < \frac{-\theta(c_R - c_L)Y}{c_L + \theta\alpha(c_R - c_L)}$，这时 $\frac{\partial C}{\partial \alpha} < 0$。在这种情况下，老龄化率 α 的提高将使消费 C 减少。

通过上述讨论可以看到，老年人口比重变动对总消费水平的影响是复杂的。即根据不同条件，人口老龄化程度变动既可能对消费需求起正向作用，也可能对消费需求起负向作用。因此，如何识别现实经济中的具体条件，成为判断人口老龄化因素效应的关键。

第二节　代际收入变动对总量消费和储蓄的影响

收入是影响消费的重要因素，对此许多消费理论都有论述。在老龄社会中，随着人口老龄化程度不断提高，老年人口成为越来越重要的消费群体。以下分析总收入在劳动力群体与老年人口群体之间的分配比例关系变动对总量消费的影响。

凯恩斯消费理论、生命周期理论、永久收入假说、无限期界模型和世代交叠模型等，都是当前经济学中的经典消费理论。然而，在这些消费理论中都基本遵循同一个假定，即"消费者无差异"。在这样假定下，收入与消费都可以用单一变量表现，而不涉及收入结构产生的差异性，从而可以单纯地分析收入与消费的关系。这样的做法可以为分析带来方便，但实际上却忽略了不同消费者之间的差别对总消费的影响。

应当把经济中的人口按劳动力和老年人区分。在下面的分析中，变量意义和条件假设与本章上一节相同；并假定劳动力群体的平均消费倾向小于老年人群体的平均消费倾向，即 $c_L < c_R$ 成立。

设 $\beta = \frac{Y_L}{Y}(0 < \beta < 1)$，则 β 为劳动力群体的收入占总收入的比率。β 的大小体现了总收入在劳动力群体与老年人群体之间的分配比率。这实际上是一种代际收入的分配比率，即关于总收入中的多大比例成为劳动力群体的收入，多大比例成为老年人群体的收入。因此，β 称为代际收入分配

系数。由于 $Y_L = (1 - \alpha\theta)Y$，可将此式代入 $\beta = \dfrac{Y_L}{Y}$ 式，故得到下面的表达式：

$$\beta = (1 - \alpha\theta) \tag{10-11}$$

一　代际收入分配系数 β 的计算

由 $Y_R = Y - Y_L$ 及 $Y_L = \beta Y$，代入（10-1）式并整理，可得（10-1）的另一表达式：

$$C = \left[(c_L - c_R)\beta + c_R \right] Y \tag{10-12}$$

或写成：

$$C = \left[\beta c_L + (1 - \beta) c_R \right] Y \tag{10-13}$$

记 $\beta c_L + (1 - \beta) c_R = \bar{c}$，则（10-13）式可简写为：

$$C = \bar{c} Y \quad 其中，\bar{c} = \beta c_L + (1 - \beta) c_R \tag{10-14}$$

（10-14）式中，$\bar{c}$ 就是总体居民的平均消费倾向。由于 $c_L < c_R$ 及 $0 < \beta < 1$，故 $\bar{c}$ 乃是 c_L 与 c_R 的加权平均值，因而 $c_L < \beta c_L + (1 - \beta) c_R < c_R$ 成立。也就是说，总体居民的平均消费倾向 $\bar{c}$ 大小介于 c_L 与 c_R 之间。

平均消费倾向 $\bar{c}$ 有确切的含义：$\bar{c}$ 是劳动力与老年人两类群体平均消费倾向的加权平均值，因此 $\bar{c}$ 含有总收入的代际分配的结构效应。

由公式 $\beta c_L + (1 - \beta) c_R = \bar{c}$ 解出 β，可得代际收入分配系数 β 的测算公式：

$$\beta = \frac{c_R - \bar{c}}{c_R - c_L} \tag{10-15}$$

（10-15）式表明，β 可以由全体人口、劳动力和老年人的平均消费倾向确定，这提供了估算 β 的一种方法。（10-15）式说明，如果能够估计出老年人口群体、劳动力群体和全体人口的平均消费倾向，那么就能得到总收入在老年人口与劳动力这两类群体之间的分配情况。

二　代际收入分配系数对总量消费与储蓄的影响

首先，根据（10-12）式 $C = \left[(c_L - c_R)\beta + c_R \right] Y$，对于相同的 Y 及不同的 β 会得到不同的 C 值。由于储蓄 S 与消费 C 的关系是 $S = Y - C$，说明即使对于相同的总收入水平 Y，由于收入分配结构不同，消费总量 C 的水平也将不同，从而储蓄 S 的水平也不同。这从理论上证明了老年人群体与劳动力群体之间的代际收入差距，对消费水平进而对储蓄水平有直接的影响。

其次，由于 $c_L - c_R < 0$，同样根据（10-12）式 $C = [(c_L - c_R)\beta + c_R]Y$，总消费 C 是收入分配系数 β 的减函数。因此，在收入 Y 一定的情况下，消费 C 随 β 的增大而减小，随 β 的减小而增大。β 增大表示劳动力占有总收入相对更大的比重。因此，这一结论表明：如果经济总收入一定，劳动力群体在总收入中的比重越高，总消费水平越低，总储蓄水平越高；老年人群体在总收入中的比重越高，总消费水平越高，总储蓄水平越低。如果老年人均收入水平变化，老年人口数量增加将导致老年人群体收入增加，因此 β 值的水平下降。这意味着在上述条件下，人口老龄化程度提高具有增加消费而降低储蓄水平的效应。

第三节　不同情景下代际收入变动对消费和储蓄的影响

一　基本假定

经济中不同群体增加收入，会对总量消费产生不同作用。假定总收入 Y 有一个增量 ΔY，那么实现这个 ΔY 可以有三种方式：一是劳动力群体增加收入，老年人的群体收入不增加；二是老年人群体增加收入，劳动力群体的收入不增加；三是老年人和劳动力两个群体的收入都增加。

问题是：对于同一增量 $\Delta Y > 0$，三种不同的收入增长方式对总消费 C 所产生的作用是否一样？对（10-1）式求微分，得：

$$dC = c_L dY_L + c_R dY_R \qquad (10-16)$$

从（10-16）式可以看到：

第一种方式：$dY_L = \Delta Y$，$dY_R = 0$，这时由（10-16）式可知 C 的增加量为 $c_L \Delta Y$。

第二种方式：$dY_R = \Delta Y$，$dY_L = 0$，这时由（10-16）式可知 C 的增加量为 $c_R \Delta Y$。

由于 $c_R > c_L$ 及 $\Delta Y > 0$，故 $c_R \Delta Y > c_L \Delta Y$。这一结论的意义是：由 Y_R 增加而 Y_L 不变所导致 C 的增加量，要大于由 Y_L 增加而 Y_R 不变所导致 C 的增加量。在现实经济中的实际意义是：对同一笔收入，给低收入者所导致消费的增加量要大于给高收入者所导致消费的增加量。

容易证明，在第三种方式中，当老年人和劳动力两个群体的收入都增加时，由此导致消费的增加量是介于 $c_L \Delta Y$ 与 $c_R \Delta Y$ 之间。

由以上分析可得出的结论是：对同一收入增量，分配给老年人群体还是分配给劳动力群体，导致的消费增加效应不同；如果 $c_R > c_L$，即老年人的消费倾向大于劳动力消费倾向，则分配给老年人群体所产生的增加消费的效应最大，分配给劳动力群体对增加消费的效应最小。这样的结论对政策的指导意义是：如果能够确定老年人的消费倾向相对较大，那么增加老年人群体的收入具有相对高的增加消费的效应。

二　代际收入分配系数的变动对消费与储蓄影响的弹性分析

代际收入差距对消费的作用可以用 $\dfrac{\partial C}{\partial \beta}$ 来度量。从（10-12）式可得消费 C 关于 β 的偏导数：

$$\frac{\partial C}{\partial \beta} = Y(c_L - c_R) \tag{10-17}$$

由于根据前面的假定有 $c_L - c_R < 0$，因此 $\dfrac{\partial C}{\partial \beta}$ 为负值。这表明，消费 C 随 β 的降低而增加，随 β 的升高而减少，即随劳动力收入比重的增大，消费水平将下降。此外，还可以进一步计算出消费 C 对 β 的弹性系数。

消费 C 对 β 的弹性系数为 $\dfrac{\partial \ln C}{\partial \ln \beta}$。于是，从（10-17）式得：

$$
\begin{aligned}
\frac{\partial \ln C}{\partial \ln \beta} &= \frac{\beta}{C} \frac{\partial C}{\partial \beta} \\
&= \frac{\beta}{C} Y(c_L - c_R) \\
&= \frac{\beta}{Y[(c_L - c_R)\beta + c_R]} Y(c_L - c_R) \\
&= \frac{\beta(c_L - c_R)}{(c_L - c_R)\beta + c_R} \\
&= \frac{\beta(c_L - c_R) + c_R - c_R}{(c_L - c_R)\beta + c_R} \\
&= 1 - \frac{c_R}{\bar{c}} \qquad [\bar{c} = (c_L - c_R)\beta + c_R] \tag{10-18}
\end{aligned}
$$

由于 $\bar{c} < c_R$，因此 $\dfrac{\partial \ln C}{\partial \ln \beta} = 1 - \dfrac{c_R}{\bar{c}} < 0$。说明在其他条件不变的情况下 β 的变动方向与消费 C 的变动方向是相反的，即当 β 下降时 C 上升，β 上升

时 C 下降。其实，（10–17）式就已揭示了这一情况。弹性系数值的大小取决于 c_R 与 $\bar{c}$ 之比值的大小。

（10–18）式同样也具有政策意义：是否以增加老年人的收入水平作为刺激消费的方式？其成效如何？一个重要的评判指标是：老年人的平均消费倾向 c_R 与总体居民的平均消费倾向 $\bar{c}$ 之间差距的大小，这个差距越大，弹性系数的绝对值就越大，缩小代际收入差距对消费的提高作用越大。

三　收入总量变动效应与收入分配系数变动效应间的替代关系

一般而言，消费是收入的函数，即收入水平变动将导致消费水平变动。换句话说，如果收入水平不变，消费水平也保持不变。现在的问题是，在考虑总收入水平不变的情况下，如何实现总消费水平提高？这就需要考虑收入结构变动的效应。

如前所述，对同一经济总收入 Y，对劳动力群体与老年人群体的分配不同，所对应的总消费水平也将不同。即如果保持 Y 不变，通过改变 β 可以起到使消费 C 变动的效应；反之，如果保持 β 不变，通过改变 Y 也可以使消费 C 产生同样的变动效应。因此，在 β 与 Y 之间存在着替代关系。

在（10–16）式中，令 $dC = 0$，可以得到下面的关系式：

$$\frac{dY_L}{dY_R} = -\frac{c_R}{c_L}$$

$\frac{dY_L}{dY_R}$ 就是保持总消费 C 不变时劳动力群体对老年人群体的收入边际替代率。Y_R 与 Y_L 之间的替代关系，可以以转化为收入总量 Y 与代际收入分配系数 β 之间的替代关系来体现。即保持 Y 不变时，改变 β 可以使消费 C 变动；同样，保持 β 不变时，改变 Y 也可以使消费 C 产生等量变动，即在 β 与 Y 之间有替代关系。

可以证明，为保持总消费水平不变，β 与 Y 的边际替代率应为下面的表达式：

$$\frac{dY}{d\beta} = \frac{Y}{\beta}\left(\frac{c_R}{\bar{c}} - 1\right)$$

证明如下：

从（10–12）式可得：

$$dC = (c_L - c_R)Y d\beta + [(c_L - c_R)\beta + c_R] dY$$

令 $dC = 0$，得：

$$[(c_L - c_R)\beta + c_R]\mathrm{d}Y = -Y(c_L - c_R)\mathrm{d}\beta$$

得：

$$\frac{\mathrm{d}Y}{\mathrm{d}\beta} = \frac{-(c_L - c_R)Y}{[(c_L - c_R)\beta + c_R]} = -\frac{Y(c_L - c_R)\beta + c_R - c_R}{\beta[(c_L - c_R)\beta + c_R]}$$

经整理，得：

$$\frac{\mathrm{d}Y}{\mathrm{d}\beta} = \frac{Y}{\beta}\left(\frac{c_R}{\bar{c}} - 1\right) \qquad [\bar{c} = (c_L - c_R)\beta + c_R] \qquad (10-19)$$

$\frac{\mathrm{d}Y}{\mathrm{d}\beta}$ 即为 Y 对 β 的边际替代率，证毕。

由于 $\bar{c} < c_R$，故（10-19）式中的 $\frac{\mathrm{d}Y}{\mathrm{d}\beta}$ 为正。这说明，要保持消费水平不变，β 与 Y 的变动方向必须一致，即当 β 提高时，必须相应地提高总收入水平 Y 才能保持消费水平不变。而 β 的上升意味着收入的两极分化程度加剧，按照前面的理论这将引起消费需求下降，因此要保持消费不变，就要通过适当提高总量收入水平 Y 来弥补。当 β 下降时，消费需求将上升，因此适当降低 Y 就可使消费水平不变。因此，收入分配比例关系的改变可以起到替代收入的效应。

由（10-19）式可推导出保持消费水平不变时 Y 对 β 的替代弹性：

$$\frac{\mathrm{d}Y}{Y} \bigg/ \frac{\mathrm{d}\beta}{\beta} = \frac{c_R}{\bar{c}} - 1 \qquad [\bar{c} = (c_L - c_R)\beta + c_R] \qquad (10-20)$$

由（10-20）式可知，Y 对 β 的替代弹性的大小同样与 c_R 和 $\bar{c}$ 差距的大小有关，这个差距越大，弹性就越大。

第四节 关于老年人的收入

随着中国进入形势日趋严峻老龄社会，如何确保老年人收入合理增长，成为养老保障的一个核心性问题。现行国民收入分配机制不利于老年人的收入增长，难以保持养老保障体系的基本稳定。养老金是对老年人过去工作期间所创造价值的回报，而不是国家和社会对他们提供的福利，老年人有权分享当下经济增长的成果。为了克服当下经济不利于老年人收入增长的局面，应当建立老年人收入增长与当下经济增长相关联的国民收入分配机制。

一 如何认识老年人的收入

一般意义的老年人，乃是不再从事职业劳动的退休者，因此老年人的收入具有"非劳动收入"的属性，即退休的老年人虽不参加当期劳动，但分享当期经济的成果，即参加国民收入的分配。这种"不劳而获"，是否说明老年人的收入是一种福利呢？

回答是否定的。老年人的收入是对老年人曾经对经济所做贡献的一种回报，并不是国家和社会对他们提供的福利，更不是一种恩赐。道理很简单：老年人在作为劳动力时的经济成果并没有全部归其个人所有，如劳动力所创造价值中一部分用于抚养后代，一部分用于储蓄投资，支持企业与社会建设，还有一部分成为政府财政收入。因此，养老金应当理解为对老年人曾经为经济发展所做贡献的一种回报，是老年人对过去创造价值的剩余索取。

如何给予老年人回报？主要涉及三个方面的问题：一是主体，即谁应当对老年人养老负责；二是标准，即按照怎样的标准确定老年人的养老水平；三是来源，即如何为老年人养老筹集资金。责任主体是容易明确的，即按"谁受益，谁负责"的原则。受益的主体主要是家庭后代、企业、政府及社会。养老水平的标准以及养老资金的来源，是养老保障体系的核心问题，这里我们无法展开讨论。但是，有必要认清老年人收入的主要来源以及老年人收入增长中存在的障碍。

目前，老年人的收入来源主要是养老金（退休金）、储蓄与家庭赡养费、政府补贴与社会捐助、其他财富等。第一，养老金是老年人收入的主要部分，由退休及社会保障制度决定，有鲜明的政策性及规范性，但缺乏灵活性。第二，个人储蓄源于工作时期的收入，由于通货膨胀等因素影响，以个人储蓄的增值作为养老收入增长的主要来源，不具有普遍意义。家庭提供的赡养费不仅取决于后代获得收入的能力，同时还取决于后代的"孝心"，而这些因素都不是由老年人的主观意愿能决定的。第三，政府补贴与社会捐助是辅助方式，不是增加老年人收入的根本方法。同时，能获得多少补贴也不取决于老年人的主观意愿。第四，老年人拥有丰富的财富（如有价证券、珠宝、文物等），不具有普遍意义。

上述分析表明，老年人的收入主要受制于制度安排，是被动的，特别是缺乏与经济增长关联的机制。

二 现代经济有多方面因素不利于老年人收入增长

首先，现代经济增长的动力来源不利于老年人收入增长。经济增长主要依靠技术进步与资本积累，这一特点使财富有向技术及资本持有者集中的内在倾向。初次收入分配由要素贡献决定，资本带来的利润主要由资本所有者获得，技术进步的收益主要由技术拥有者获得，劳动力则取得相应的劳动工资收入。老年人是生产过程的局外人，不参与国民收入初次分配，不直接分享经济增长的成果。

其次，人口老龄化也不利于老年人收入增长。人口老龄化是老年人口比重不断上升的过程，意味着参与分享国民收入的老年人的数量不断增加，相应的不利于提高老年人的人均收入水平。特别是，如果国民收入用于老年人收入的部分不能适当扩大，人口老龄化将降低老年人收入水平。

最后，老年人的经济地位也不利于其收入增长。老年人不再是经济活动的主体，经济地位下降。虽然参加国民收入的再分配，但在现行的经济制度框架内，老年人在国民收入分配中是弱势群体，处于被支配的地位，缺乏"讨价还价"的能力。同时，老年人也缺乏其他增加收入的途径。劳动力可以通过提高劳动技能、劳动强度或延长工作时间等多种方式实现收入增长，而退休的老年人已无能为力。

在缺乏老年人收入同经济增长关联机制的情况下，多方面因素综合作用的结果是：经济中存在着扩大代际收入非均衡增长的内在倾向。其中，老年人处于收入增长的不利地位，而一些素质高、能力强的年轻劳动力成为高收入者。胡润研究院与中国银行私人银行联合发布的《中国私人财富管理白皮书》（2011）显示，中国大陆千万富豪平均年龄为39岁。

然而，如果没有老一辈人的贡献，就没有下一代人的发展。因此，如果不能让老年人及时分享经济增长的成果，这是对老年人的不公平。在未来越来越依靠科技进步推动经济增长的情况下，确保老年人收入与经济增长同步，不仅是老年人应享有的权利，而且也是国家应尽的责任。

三 建立养老金与经济增长的相关联机制

养老本质是一种代际交换，即无论是怎样的养老方式与保障制度，养老的实现最终体现为老年人以资本品（资金）换取下一代人的生产品（产品与服务）的过程。这一过程能否有效实现，是资本经济与实体经济能否有效结合的问题。其中一个重要环节是：建立资本经济中老年人收入增长与实体经济中经济增长有效的关联机制，使养老金增长与经济增长相适应，从而根据经济增长决定养老水平的标准。建立养老金与经济增长相关联的机制，可以从如下两个方面入手：

首先，通过税收进行转移支付的机制增加老年人收入。个人所得税源于个人收入，企业所得税源于企业收入。基于老年人曾对家庭与企业所做的贡献，将这两种税收的一部分转移支付给老年人是合理的。具体的做法是：按一定比例提取个人所得税收入及企业所得税收入作为社保基金的收入。在一定税制下，税收主要来自经济增长，因此这种税收与养老金增长相关联的方式实际上就是建立经济增长与养老金增长相关联的机制。这是通过税收进行转移支付的方式，不会增加个人与企业的负担。在中国财政收入保持多年快速增长的背景下，这种方式也是还富于民、实现结构性减税的一种有效途径。关于提取比例、操作程序等问题，有待在实践中进一步探索。关于企业所得税，还可以考虑按不同的所有制性质进行不同方式的处理，如国有企业应当担负较大的责任。

其次，采取各种措施提高居民收入在国民收入中的比重。在建立养老保障与应对人口老龄化方面，提高居民收入增长，将有利于个人及家庭提高养老储蓄。为了提高居民收入，提高初次分配中的劳动要素报酬是一个关键环节。为此，需要建立关于提高劳动要素报酬合理性的理论。理论中一个要点是：明确劳动力成本的合理构成。例如，一个劳动力成本的合理构成应当包括用于个人基本生活的费用、抚养后代的费用、为养老储蓄的费用、人力资本投资的费用（教育与培训）等。可以根据劳动力成本的合理构成确定工资下限，并与经济增长关联，由此确保劳动要素报酬增长与经济增长相适应。这是在初次收入分配中建立养老收入与经济增长相关联的一种方式。当前，改善国民收入分配结构有两方面的重点工作：一是加大提高中低收入者收入水平的力度；二是消除垄断行业非合理高收入的状况。

第五节　对中国劳动力与老年人消费倾向的估算

前面论述表明，劳动力消费倾向与老年人消费倾向之差异是人口结构变化对经济影响效应的重要因素。本节旨在利用微观数据，实证分析不同年龄群体（主要分为劳动年龄人口群体和老年人口群体）之间平均消费倾向和边际消费倾向是否存在明显的差异。

一 数据情况

数据取自 2007 年中国城市、农村和流动人口居民收入调查（CHIP2007/RUMIC2008）。该项调查由北京师范大学和澳大利亚国立大学（the Australian National University）学者发起，并得到国家统计局和德国劳动研究所（the Institute for the Study of Labor, IZA）的支持。调查数据包含 5000 个流动人口家庭、8000 个农村家庭和 5000 个城镇家庭样本，遍及上海、江苏、浙江、安徽、河南、湖北、广东、重庆和四川 9 个省市，其中，上海是发达的城市代表，江苏、浙江和广东是发达的东部沿海省份代表，安徽、河南和湖北是中部省份代表，重庆和四川是较不发达的西部省市代表。由于调查省份的差异性较大，因此一定程度上说明样本具有较强的代表性。

运用城镇家庭的数据检验不同年龄层次人口的边际消费倾向，即没有采用相应的农村家庭数据。这是因为，该调查的农村家庭数据并没有明确调查家庭的总收入和消费性支出情况，而城镇家庭数据中有明确的家庭总收入和消费性支出的情况。其中，可以根据户主的年龄识别其是属于劳动年龄人口群体还是属于老年人口群体。表 10 - 1 给出了 CHIP2007/RU-MIC2008 公布的 9 个省份 5000 个城镇家庭的入户调查样本观察数及其比重。

表 10 - 1 各省份样本观察数及其比重

省份	观察数	比重（%）
上海	500	10.00
江苏	600	12.00
浙江	600	12.00
安徽	550	11.00
河南	650	13.00
湖北	400	8.00
广东	700	14.00
重庆	400	8.00
四川	600	12.00
总计	5000	100

二　不同年龄群体收入和消费情况

采用的调查样本中，户主年龄在 60 岁及以上的家庭 1104 个，15—59 岁之间的家庭 3896 个。不同年龄群体的收入和消费情况如表10－2 所示。

表 10 - 2　　　　　　　2007 年不同年龄群体的收入和消费情况

	劳动年龄人口（15—59 岁）	老年人口（60 岁及以上）
户均收入水平（元）	60682.0	47502.3
户均消费水平（元）	35919.8	28795.6
平均消费率（%）	59.2	60.6

从表 10－2 可以看出，当户主年龄超过 60 岁时，不论是家庭的收入水平还是消费水平都比劳动年龄人口明显下降，但是，消费率却比劳动年龄人口略高。这一结果倾向表明，老年人口的平均消费倾向高于劳动年龄人口的平均消费倾向。但是，表 10－2 的数据表明，两者消费倾向仅相差 1.4 个百分点，这似乎说明中国的老年人平均消费倾向比劳动年龄人口的平均消费倾向并不是高太多。

三　不同年龄群体边际消费倾向估计

下面通过计量模型实证检验中国不同年龄群体的边际消费倾向，使用的经济计量方程模型如下：

$$C = \alpha + \beta Y + \gamma X + \varepsilon \qquad (10 - 21)$$

方程（10－21）中被解释变量 C 是家庭消费，核心解释变量是家庭收入 Y；X 表示控制变量，主要包含户主的性别（gender）、民族（race）、受教育年限（school）和省份虚拟变量。所有变量的描述性统计如表 10－3 所示。

表 10 - 3　　　　　　　　　变量的描述性统计

变量	全体样本			劳动年龄人口样本			老年人口样本		
	观察值	均值	标准差	观察值	均值	标准差	观察值	均值	标准差
C	4998	34346.18	27924.43	3894	35919.84	28542.70	1104	28795.61	24853.17
Y	5000	57771.94	49909.58	3896	60682.03	53354.24	1104	47502.28	33191.01
race	5000	0.99	0.11	3896	0.99	0.10	1104	0.98	0.14

变量	全体样本			劳动年龄人口样本			老年人口样本		
	观察值	均值	标准差	观察值	均值	标准差	观察值	均值	标准差
gender	5000	0.64	0.48	3896	0.63	0.48	1104	0.69	0.46
school	4954	5.41	1.70	3861	5.57	1.59	1093	4.83	1.96
*dprov*1	5000	0.10	0.30	3896	0.11	0.31	1104	0.06	0.24
*dprov*2	5000	0.12	0.32	3896	0.10	0.31	1104	0.18	0.38
*dprov*3	5000	0.12	0.32	3896	0.12	0.32	1104	0.13	0.33
*dprov*4	5000	0.11	0.31	3896	0.11	0.32	1104	0.10	0.30
*dprov*5	5000	0.13	0.34	3896	0.12	0.32	1104	0.17	0.37
*dprov*6	5000	0.08	0.27	3896	0.08	0.27	1104	0.09	0.29
*dprov*7	5000	0.14	0.35	3896	0.16	0.36	1104	0.08	0.27
*dprov*8	5000	0.08	0.27	3896	0.08	0.27	1104	0.09	0.28
*dprov*9	5000	0.12	0.32	3896	0.12	0.33	1104	0.11	0.32

注：本表中 $dprov(i)(i=1,2,\cdots,9)$ 分别为9个省市的变量名，对应上海、江苏、浙江、安徽、河南、湖北、广东、重庆及四川。

表10-4给出方程（10-21）的回归结果，模型（1）是所有样本的回归结果。可以看到，当控制了民族、性别、教育和省际虚拟变量之后，中国的边际消费倾向是很低的，仅为0.231。当将样本分成劳动年龄人口群体和老年人口群体后，我们发现，劳动年龄人口群体和老年人口群体的边际消费倾向有很大的不同。从模型（2）可以看到，中国的劳动年龄人口群体的边际消费倾向很低，仅为0.203，而老年人口群体的边际消费倾向是较高的，达到了0.503，老年人口群体的边际消费倾向是劳动年龄人口群体的2倍。

由于中国面临越来越严峻的人口老龄化问题，这就意味着从总体看，中国的边际消费倾向会随着人口老龄化程度增加而增加，同时也就意味着中国消费率也将随之增加。但是，正如表10-2所显示的，由于老年人口的平均消费水平低于劳动年龄人口，边际消费倾向增加并不意味着总体消费水平会随之增加，因此，从长期来看，人口老龄化对总消费和总储蓄都将产生不利影响，这主要是由于老年人口的收入水平下降所导致的结果。

表 10 - 4　　　　　　　　不同年龄群体消费倾向回归结果

被解释变量	消费水平		
	模型（1）	模型（2）	模型（3）
解释变量	所有样本	劳动年龄人口样本	老年人口样本
Y	0.231	0.203	0.503
	(0.047)**	(0.046)**	(0.064)**
race	-246.923	350.254	-2481.145
	(1738.374)	(2301.552)	(2749.462)
gender	-1360.442	-1806.411	313.207
	(825.996)	(991.887)	(1177.028)
school	1610.703	2084.151	-263.507
	(380.339)**	(435.818)**	(282.923)
dprov1	10584.033	10945.783	4251.739
	(1855.874)**	(1825.547)**	(4077.046)
dprov2	1272.535	2742.596	-3465.816
	(1586.775)	(2188.105)	(1368.071)*
dprov3	1419.553	2810.638	-1564.164
	(1464.260)	(1799.368)	(1592.319)
dprov4	-4053.267	-3927.465	-3219.246
	(834.231)**	(996.726)**	(1411.097)*
dprov5	-7161.026	-6658.612	-7081.689
	(998.677)**	(1255.804)**	(1128.239)**
dprov6	-5371.100	-5132.774	-5321.301
	(937.941)**	(1119.210)**	(1430.009)**
dprov7	15486.779	16369.702	5290.312
	(2479.106)**	(2459.241)**	(3942.544)
dprov8	1903.002	1808.055	3269.344
	(1104.954)	(1271.855)	(1488.119)*
常数项	11450.009	9714.040	10325.850
	(2227.885)**	(2854.638)**	(3412.512)**
R^2	0.34	0.32	0.52
样本观测量	4952	3859	1093

注：括号中的数值是 robust 标准误差，** 和 * 分别表示 1% 和 5% 的显著性水平。dprov9 即四川省为参照省份，因此不在表中显示估计结果。

　　总之，上述实证分析结果表明，中国老年人群体的平均消费倾向略高于劳动力的平均消费倾向，但是，中国老年人群体的边际消费倾向明显高于劳动力的边际消费倾向。这说明收入增长的变动对老年人消费影响相对更大。储蓄水平在一定程度上决定了投资水平，而投资水平在很大程度上决定了长期经济增长的潜力。上述研究结果表明，人口老龄化程度提高使得消费水平和储蓄水平降低，这就意味着长期经济增长潜力也会随着人口老龄化程度的增加而下降。如何应对人口老龄化所导致的经济增长潜力下降将成为中国面临的重要问题。

第十一章 中国经济与人口数据分析

本章通过数据分析,展现 1978—2013 年中国经济与人口的基本情况,为有关实证分析提供数据准备。数据分析表明,1978—2013 年,中国经济实现了快速增长,但是,消费增速低于收入增速,从而储蓄呈现上升趋势。而劳动力数量的持续增长,为形成高储蓄现象提供了有利的人口结构。

第一节 宏观经济数据分析

一 经济实现快速增长

1978—2013 年,中国经济实现了快速增长。图 11 – 1 是此期间中国 GDP 年度增长率曲线,由此可以看到中国改革开放 30 多年来的经济增长轨迹。数据显示,1978—2013 年,中国 35 年的 GDP 年均增长率达到 9.8%,是当期世界上经济增长最快的国家。

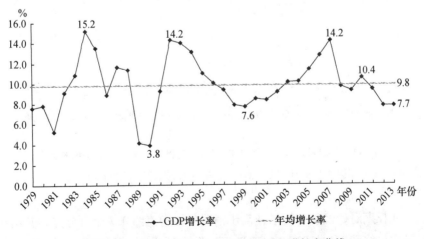

图 11 – 1 1979—2013 年中国年度 GDP 增长率曲线

资料来源:根据《中国统计年鉴》(2014)表 3 – 4 的数据按可比价格计算。

图 11 - 1 显示，中国经济增长率曾出现多次较大的起伏。1990 年，中国经济增长率曾下降至 3.8% ，是中国改革开放 35 年间经济增长率最低的年份。1984 年经济增长率达到 15.2% ，是改革开放以来经济增长率最高的年份。从总体上看，1978—2013 年，中国经济出现过三次高增长时期，分别是 1983—1988 年、1992—1996 年以及 2002—2006 年。

二 消费增速低于 GDP 增速

投资、消费和出口是拉动经济增长的三大需求。其中，消费的变动对储蓄有直接影响。数据显示，1978—2013 年，中国 GDP 增速高于消费增速，从而导致消费增长率（最终消费与 GDP 的比率）下降。图 11 - 2 是 1979—2013 年中国 GDP（按支出法计算）年度增长率与年度最终消费增长率的曲线。计算结果表明，1978—2013 年，按支出法计算的中国 GDP 年均增长率为 9.9% ，最终消费年均增长率为 9.2% ，即 GDP 年均增长率高于最终消费年均增长率约 0.7 个百分点。

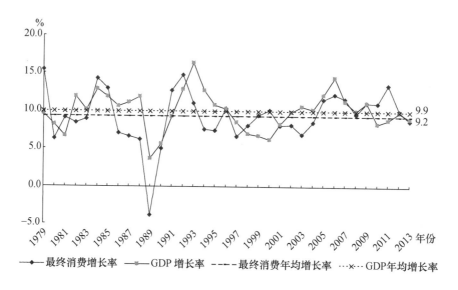

图 11 - 2 1979—2013 年中国 GDP（支出法）与最终消费增长率

资料来源：根据《中国统计年鉴》（2014）表 3 - 18 的数据按可比价计算。

从长期看，经济年均增速高于消费年均增速约 0.7 个百分点，其结果是导致最终消费与 GDP 的比率显著下降。图 11 - 3 是 1978—2013 年中国消费率（最终消费与 GDP 的比率）曲线。可以看到，中国消费率在

1978—2013 年呈现出明显的波动性下降的态势，1981 年中国消费率为
67.1%，为历史最高值，然而到 2010 年，消费率下降至 48.2%，为历史
最低值，2010 年比 1981 年下降了 18.9 个百分点。尽管 2010 年消费率回
升至 49.8%，但仍处于较低的水平，这预示着中国的储蓄率水平仍处于
较高的状态。

图 11 - 3　1978—2013 年中国消费率（最终消费与 GDP 的比率）

资料来源：根据《中国统计年鉴》（2014）表 3 - 18 数据计算。

三　投资率显著上升

消费率明显下降，必然对应着的投资率显著上升。投资与消费的比例
关系，对长期经济增长的潜力有重要影响。图 11 - 4 是 1978—2013 年中
国最终消费率与资本形成率的数据曲线图。① 这里的最终消费率是指最终
消费支出占支出法国内生产总值的比重；资本形成率是指资本形成总额占
支出法国内生产总值的比重。最终消费包括居民消费和政府消费，资本形
成总额包括固定资本形成额和存货增加额。由于资本形成源于投资，因此
资本形成率可视为投资率的一种体现。

从图 11 - 4 可以看到，1978 年以来，中国的最终消费率曲线呈现出
波动性下降态势。1981 年最终消费率为 67.1%，1995 年下降到 58.1%，

① 本书中有关中国投资与消费的数据来自《中国统计年鉴》（2014），下同。

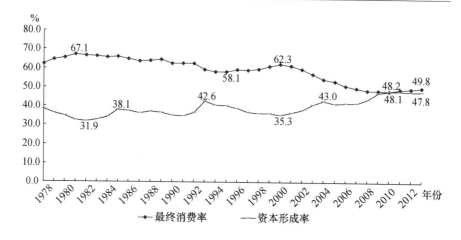

图 11 - 4 1978—2013 年中国最终消费率与资本形成率曲线

资料来源：根据《中国统计年鉴》(2014) 表 3 - 18 的数据计算。

2000 年回升到 62.3%。然而，从 2000 年起，中国最终消费率呈现明显的下降态势，到 2010 年，下降至 48.2%，比 2000 年降低 14.1 个百分点。2013 年，最终消费率略有所回升，为 49.8%，比 2010 年回升 1.6 个百分点。

与最终消费率波动性下降态势相反，资本形成率则呈现出波动性上升趋势。1982 年资本形成率为 31.9%，1985 年上升至 38.1%，1993 年上升至 42.6%。1993—2000 年，资本形成率出现下降，到 2000 年，下降至 35.3%。然而，进入 21 世纪后，中国资本形成率开始明显上升，至 2010 年上升到 48.1%，比 2000 年提高 12.8 个百分点。

资本形成率与消费率波动的轨迹很大程度上能反映中国经济波动的轨迹。1978—2008 年，中国资本形成率继续呈现波动性上升态势。资本形成率的峰值分别出现在 1985 年、1993 年和 2004 年。而在这些年份的前后，分别是中国经济增长的分阶段高峰期。具体来看，1985 年前后，中国开始经济体制改革，此期间，中国经济呈现快速增长并伴随着明显的通货膨胀。1993 年出现的峰值，与邓小平南方谈话之后中国经济开始进入高增长状态相伴随。2004 年出现资本形成率的峰值，则与 2003 年后中国经济开始出现新一轮高增长有关。

四 经济增长方式呈现显著投资拉动特征

长期以来，投资对中国经济增长发挥了至关重要的作用，具体表现为中国经济增长与投资增长密切相关。图 11 – 5 给出 1979—2013 年中国 GDP 增长率和全社会固定资产投资实际增长率的曲线图。这里的投资实际增长率是指剔除价格上涨因素后的增长率，其中，以全国固定资产投资品价格指数作为价格减缩因子。

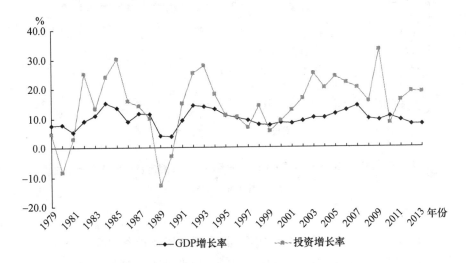

图 11 – 5　1979—2013 年中国 GDP 增长率和全社会固定资产投资增长率

资料来源：根据历年《中国统计年鉴》有关 GDP 增长率、固定资产投资及投资品价格指数计算。

从图 11 – 5 可以看到，在 GDP 增长率与投资增长率之间存在一定程度的趋同走势。为了更清楚地展现这两种增长率之间的相关性，将这两种增长率进行数据标准化处理。经过标准化处理的数据序列的均值为零，方差为 1，而数据序列的相关性不变。经标准化处理的这两种增长率的数据如图 11 – 6 所示。

由图 11 – 6 可以看到，1979—2008 年，中国 GDP 增长率与固定资产投资增长率之间存在的变动趋势大致相同，是非常明显的。这种数据经验表明，中国的经济增长与投资增长之间存在着紧密关系。数据分析表明，中国经济的高增长是与投资的高增长相伴的，故可把中国经济增长模式称为投资拉动型。然而，2009 年之后，中国 GDP 增长率与固定资产投资增长率之间的相关性渐弱。这表明 2009 年后投资拉动型的中国经济增长方式开始明显发生变化，这与 2010 年前后中国人口结构出现转型的时间点离得很近。这在一定程度可以用统计数据说明，2010 年前后是中国经济进入转型期的重要时间点。

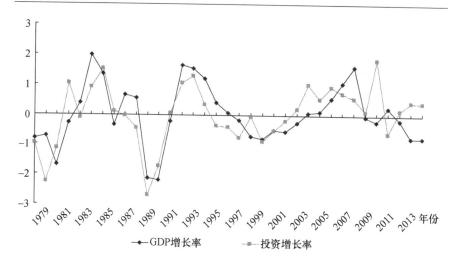

图 11 - 6 1979—2013 年中国 GDP 增长率和全社会固定资产投资增长率曲线
（经数据标准化处理）

资料来源：同图 11 - 5。

图 11 - 7 是 1978—2013 年中国全社会固定资产投资与 GDP 比率的曲线。可以看到，1978 年该比率为 24.7%，2009 年上升到 65.9%，提高了 41.2 个百分点。图 11 - 7 显示，进入 21 世纪后，中国固定资产投资呈现出更快的增长，固定资产投资与 GDP 的比率从 2000 年的 33.2% 上升到 2013 年的 78.5%，提高了 45.3 个百分点。

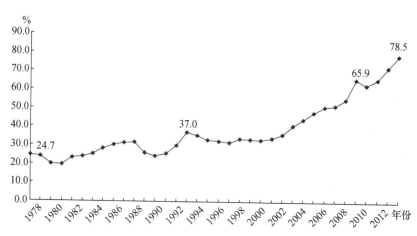

图 11 - 7 1978—2013 年中国全社会固定资产投资与 GDP 的比率

资料来源：同图 11 - 5。

当前，中国的投资规模与投资率已经很高，从长期来看，如此投资增长是不可持续的。这预示着未来中国投资增长对经济增长的贡献将呈下降趋势。因此，转变这种过分依赖投资拉动的经济增长方式迫在眉睫。

五 出口成为经济增长的重要动力

出口与 GDP 之比称为出口依存度，该比值度量经济中的出口规模相对于总体经济规模程度，比值越大表明出口在经济中的地位越重要。图 11-8 是关于 1978—2013 年中国出口总额与 GDP 之比率的数据。从图 11-8 可以看到，自 1978 年以来中国出口总额与 GDP 的比率不断上升，1978 年该比率为 4.6%，到 2006 年上升到峰值 35.9%，提高了 31.3 个百分点。

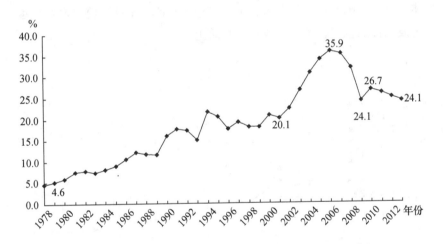

图 11-8 1978—2013 年中国出口总额与 GDP 的比率

资料来源：根据历年《中国统计年鉴》有关 GDP 与出口数据计算。

从图 11-8 可以看到，特别是进入 2000 年以来，中国出口总额与 GDP 比率呈现持续快速上升态势。2001 年出口与 GDP 的比率为 20.1%，到 2006 年上升到历史最高点。这种情况表明，改革开放以来出口对经济增长的作用不断提高，因而中国经济增长方式的另一特征是出口拉动。

然而，2007 年之后中国出口总额与 GDP 比率开始下降。2008 年后由于受国际金融危机的影响而导致外部需求下降，中国出口增长受阻。2008 年中国出口增长率为 7.3%，比上年降低 13.3 个百分点，2009 年中国出口为负增长，当年出口增长率为 -18.3%。2013 年中国出口总额与 GDP 之比率为 24.1%。

除外需因素之外，转变过分依赖出口拉动经济增长的方式，还存在内在因素。即长期以来，中国参与国际分工和国际贸易的优势，是来自中国在劳动要素和资源禀赋方面的比较优势。人口老龄化导致劳动力稀缺性提高，从而使人工成本上升，由此增加企业经营成本、降低劳动密集型产业的比较优势。因此，从长期看，人口老龄化使中国以低劳动力成本为贸易比较优势的出口模式不可持续，转变过分依赖出口经济增长方式的紧迫性进一步增强。

六　第三产业比重不断提高

中国三次产业结构以第一、第二、第三产业增加值分别占 GDP 的比重进行度量。图 11 - 9 展示了 1978—2013 年中国三次产业比重情况。从总体上看，中国改革开放以来，第一产业比重明显下降，第二产业比重有一定波动性的稳定，第三产业比重显著上升。

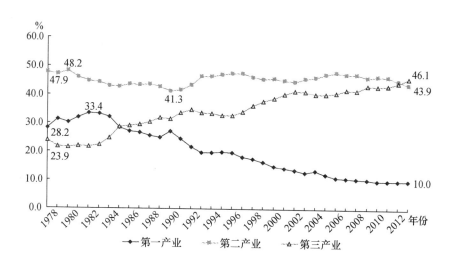

图 11 - 9　1978—2013 年中国三次产业比重

资料来源：根据《中国统计年鉴》（2014）表 3 - 1 数据计算。

从图 11 - 9 可以看到，第一产业比重变化可以分为两个阶段。第一阶段是 1978—1982 年，第一产业比重呈现一定的上升趋势，即从 1978 年的 28.2% 上升到 1982 年的 33.4%。第二阶段是 1983 年至今，第一产业比重在总体上呈现持续下降趋势，到 2013 年该比重已经下降到 10%，相当于 1920—1930 年美国第一产业比重的水平。

第二产业比重相对平稳波动，到 2013 年略有下降。1978 年第二产业比重为 47.9%，到 2013 年下降为 43.9%。1989 年第二产业比重下降到 41.3%，为最低点。1980 年达到 48.2%，为最高点，最高与最低相差 6.9 个百分点。2000 年之后，第二产业比重维持在 43.9%—47.9% 范围内，波动范围在 4 个百分点以内，表明第二产业比重呈现相对稳定的趋势。美国第二产业的比重最高时为 1959—1968 年，此期间第二产业比重平均约为 34.7%。

第三产业比重显著上升。1978 年第三产业比重为 23.9%，到 2013 年上升到 46.1%，提高了 22.2 个百分点。在总体上，第二产业比重相对稳定的情况下，第三产业比重与第一产业比重呈现相反的变动趋势。2000—2008 年美国第三产业比重平均约为 77%。

值得注意的是，关注各产业增加值的数量比例关系变化只是产业结构问题的一方面，另一方面是产业结构的内涵。即便在相同的各产业增加值数量比例关系下，产业内容及技术水平也可能不同。具体来说，即便未来中国第二产业的比重处于相对稳定状态，也并不表明未来的第二产业就没有结构变动问题。事实上，第三产业并不是独立发展的，而是建立在第二产业发展的基础之上的。也就是说，第三产业不能超越第二产业的应有发展阶段而独立发展起来。虽然第三产业是服务性产业，但这种服务产业是围绕整个经济的生产活动及社会生活方式展开的，经济社会的生产和生活方式与第二产业发展状况密切相关。因此，中国仍需一定时间实现工业化。工业化是中国产业结构升级不可逾越的阶段。

七　中国已进入中高收入阶段

1978—2013 年，中国人均 GDP 水平显著提高。图 11-10 是以现价计算的 1978—2013 年中国人均 GDP 水平的数据图。可以看到，按当年价格计算，1978 年中国人均 GDP 只有 381 元，2010 年达到 30015 元，2013 年达到 41908 元。

由于当年价格含有通货膨胀因素，因此以可比价格计算的人均 GDP 相对来说更为准确地反映了增长的真实情况。图 11-11 是按 2010 年价格水平估计的 1978—2013 年中国人均 GDP 水平。根据图 11-11 可以计算出，1978—2000 年中国人均 GDP 年均增长率为 8.3%，2000—2013 年为 9.3%，表明进入 2000 年后中国人均 GDP 水平出现快速增长。2013 年同 1978 年相比，中国人均 GDP 水平提高约 18 倍。

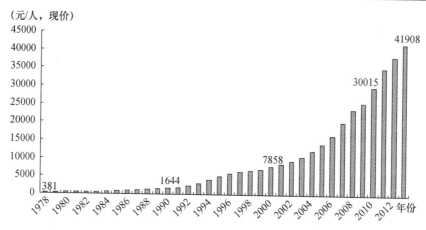

图 11 - 10　1978—2013 年中国人均 GDP 水平

资料来源：根据《中国统计年鉴》（2014）表 3 - 1 数据计算。

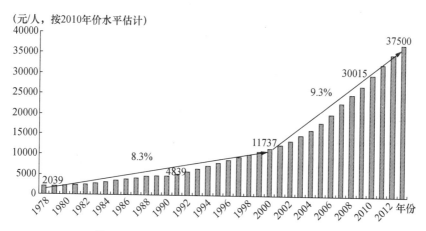

图 11 - 11　1978—2013 年中国人均 GDP 水平

资料来源：同图 11 - 10。

　　图 11 - 12 是根据世界银行的中国人均国民收入数据绘制的直方图。世界银行 2010 年制定的标准是：人均国民收入（GNI）低于 1005 美元为低收入国家；1006—3975 美元为中低收入国家；3976—12275 美元为中高收入国家；12276 美元以上为高收入国家。因此，按此标准，2001 年以前中国处于低收入阶段。2001 年中国人均国民收入为 1100 美元。2001—2009 年进入中低收入阶段。2010 年中国人均国民收入为 4240 美元，标志着 2010 年起进入中高收入阶段。从中高收入向高收入国家转变是一个重要关键时期，中国能否成为高收入国家而避免陷入"中等收入陷阱"，关

键在此阶段。

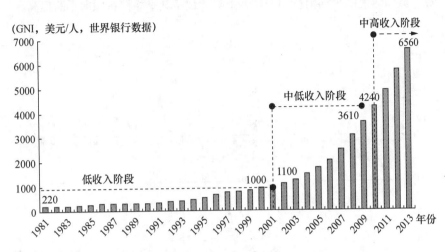

图 11 - 12　1981—2013 年中国人均国民收入

第二节　居民收入与消费

收入与消费关系的变化，直接影响储蓄状况变化。在居民收入层面，1978—2013 年，中国居民收入水平显著提高。

一　城镇居民收入与消费

1978 年城镇居民人均可支配收入为 343.4 元，2013 年达到 26955.1 元，按可比价计算，2013 年是 1978 年的 12.3 倍，1978—2013 年，年均增长 7.4%。然而，居民消费增速低于收入增速，1978—2013 年，城镇居民人均现金消费支出（生活消费支出）年均增长 6.5%，年均低于同期收入 0.9 个百分点。图 11 - 13 是 1978—2013 年中国城镇居民人均可支配收入与人均现金消费支出增长率曲线。表 11 - 1 具体给出 1978—2013 年各年份中国城镇居民人均可支配收入增长率、人均现金消费支出增长率和平均消费倾向数据。

图 11 - 13 和表 11 - 1 中的平均消费倾向是指城镇居民人均现金消费支出与人均可支配收入的比率。尽管这里难以判断人均可支配收入与人均现金消费支出统计口径是否一致，即无法判断这里的现金消费支出是否全部来自可支配收入，但是两者的比率可视为对城镇居民平均消费倾向的一种估计。从图 11 - 14 可以看到，城镇居民平均消费倾向呈现出明显的不断

下降的趋势。1978 年为 90.6%，2013 年下降至 66.9%，下降 23.7 个百分点。城镇居民的平均消费倾向显著下降，预示其平均储蓄倾向不断提高。

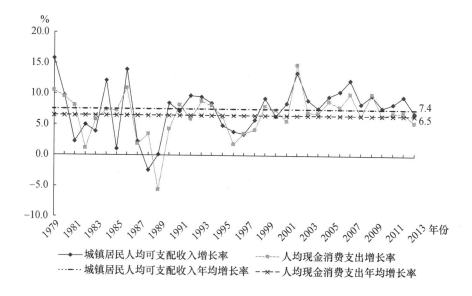

图 11－13　1978—2013 年中国城镇居民人均可支配收入与人均现金消费支出增长率

资料来源：同表 11－1。

表 11－1　　1978—2013 年中国城镇居民人均可支配收入增长率、
人均现金消费支出增长率及平均消费倾向　　　　单位：%

年份	人均可支配收入增长率	人均现金消费支出增长率	平均消费倾向	年份	人均可支配收入增长率	人均现金消费支出增长率	平均消费倾向
1978			90.6	1996	3.9	1.9	81.0
1979	15.7	10.5	89.3	1997	3.4	3.6	81.1
1980	9.7	9.5	86.4	1998	5.8	4.1	79.8
1981	2.2	8.1	91.3	1999	9.3	7.9	78.9
1982	4.9	1.1	88.0	2000	6.4	7.4	79.6
1983	3.9	5.8	89.6	2001	8.5	5.5	77.4
1984	12.2	7.4	85.8	2002	13.4	14.7	78.3
1985	1.1	7.3	91.1	2003	9.0	7.0	76.9
1986	13.9	10.9	88.7	2004	7.7	6.8	76.2
1987	2.3	1.8	88.3	2005	9.6	8.8	75.7
1988	－2.4	3.4	93.5	2006	10.4	7.9	74.0

续表

年份	人均可支配收入增长率	人均现金消费支出增长率	平均消费倾向	年份	人均可支配收入增长率	人均现金消费支出增长率	平均消费倾向
1989	0.1	-5.7	88.1	2007	12.2	10.0	72.5
1990	8.5	4.3	84.7	2008	8.4	6.5	71.2
1991	7.2	8.2	85.5	2009	9.8	10.0	71.4
1992	9.7	5.8	82.5	2010	7.8	6.4	70.5
1993	9.5	8.8	81.9	2011	8.4	6.9	69.5
1994	8.5	8.1	81.6	2012	9.6	7.0	67.9
1995	4.9	6.2	82.6	2013	7.0	5.4	66.9

资料来源：1978—2008 年数据来自《新中国 60 年统计资料汇编》表 1 - 23，2009—2013 年数据来自《中国统计年鉴》（2014）表 6 - 4、表 6 - 5 及表 6 - 12。按可比价计算。其中，因为现有统计资料中没有提供 1979 年城镇人均现金消费支出的数据，故该数据按前后两年平均值估计。

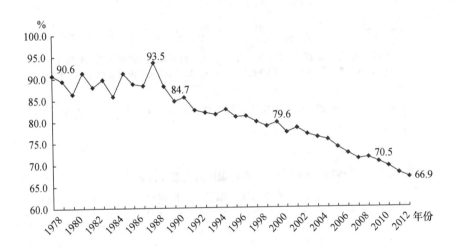

图 11 - 14 1978—2013 年中国城镇居民年均消费倾向

资料来源：同表 11 - 1。

二 农村居民收入与消费

1978 年，农村居民人均纯收入为 133.6 元，2013 年达到 8895.9 元，按可比价计算，2013 年是 1978 年的 12.9 倍，1978—2013 年，年均增长 7.6%。同样，农村居民消费增速低于其收入增速；1978—2013 年，农村居民人均现金消费支出（生活消费支出）年均增长 7.1%，年均低于同期收入 0.5 个百分点。图 11 - 15 是 1978—2013 年中国农村居民人均纯收入与人均现金消费支出增长率曲线。表 11 - 2 具体给出了 1978—2013 年各年份中国农村居民人均纯收入增长率、人均现金消费支出增长率以及平均消费倾向的数据。

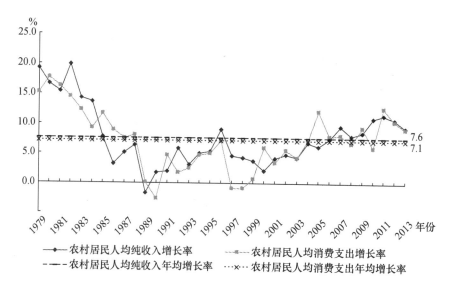

图 11 - 15　1978—2013 年中国农村居民人均纯收入与人均现金消费支出增长率

资料来源：同表 11 - 1。

表 11 - 2　　　　1978—2013 年中国农村居民人均纯收入增长率、

人均消费支出增长率及平均消费倾向　　　单位:%

年份	人均纯收入增长率	人均现金消费支出增长率	平均消费倾向	年份	人均纯收入增长率	人均现金消费支出增长率	平均消费倾向
1978			86.9	1996	9.0	7.1	81.6
1979	19.2	15.2	84.0	1997	4.6	-0.9	77.4
1980	16.6	17.7	84.8	1998	4.3	-0.8	73.6
1981	15.4	16.2	85.4	1999	3.8	0.7	71.4
1982	19.9	14.5	81.5	2000	2.1	6.0	74.1
1983	14.2	12.3	80.2	2001	4.2	3.4	73.6
1984	13.6	9.2	77.1	2002	4.8	5.5	74.1
1985	7.8	11.7	79.8	2003	4.3	4.3	74.1
1986	3.2	8.9	84.2	2004	6.8	7.2	74.4
1987	5.2	7.5	86.1	2005	6.2	12.1	78.5

续表

年份	人均纯收入增长率	人均现金消费支出增长率	平均消费倾向	年份	人均纯收入增长率	人均现金消费支出增长率	平均消费倾向
1988	6.4	8.1	87.5	2006	7.4	7.9	78.9
1989		0.1	89.0	2007	9.5	8.1	77.9
1990	1.8	−2.6	85.2	2008	8.0	6.7	76.9
1991	2.0	4.7	87.5	2009	8.5	9.3	77.5
1992	5.9	1.8	84.1	2010	10.9	5.9	74.0
1993	3.2	2.5	83.5	2011	11.4	12.6	74.8
1994	5.0	4.7	83.3	2012	10.7	10.4	74.6
1995	5.3	5.0	83.1	2013	9.3	9.1	74.5

资料来源：同表 11 - 1。

图 11 - 15 和表 11 - 2 中的平均消费倾向是指农村居民人均现金消费支出与人均纯收入比率。同样，两者比率可视为对农村居民平均消费倾向的一种估计。从图 11 - 16 可以看到，农村居民平均消费倾向呈现下降趋势，但下降幅度不如城镇居民平均消费倾向下降的幅度大。1978 年，农村居民平均消费倾向为 86.9%，2013 年下降至 74.5%，下降 12.4 个百分点。农村居民平均消费倾向下降，预示着其平均储蓄倾向是提高的。

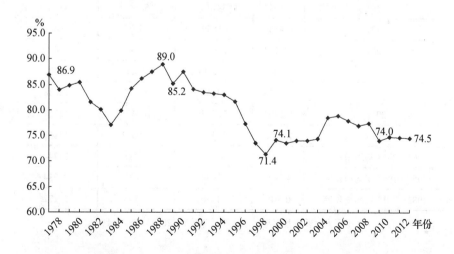

图 11 - 16　1978—2013 年中国农村居民平均消费倾向

资料来源：同表 11 - 1。

第三节　中国人口总量与结构

一　人口总量

中国是目前世界上人口最多的国家。中国第六次人口普查数据显示，2010 年，中国（大陆）人口总量为 13.41 亿，是 1953 年的 2.28 倍。到 2013 年，中国人口总量为 13.6 亿，在 1953—2013 年的 61 年里，中国人口总量年均增长率约为 1.4%。

下面的人口年龄结构按未成年人口、劳动年龄人口及老年人口划分。其中，未成年人口的年龄为 14 岁及以下；劳动年龄人口的年龄为 15—64 岁；老年人口的年龄为 65 岁及以上。按上述年龄结构分类的中国历次人口普查，人口总量及比重的数据分别由表 11 - 3 和表 11 - 4 列出。

表 11 - 3　　　中国未成年人口、劳动年龄人口及老年人口数量　单位：万人、%

年份	总人口	0—14 岁人口 （未成年人口）	15—64 岁人口 （劳动年龄人口）	65 岁及以上人口 （老年人口）
1953	58796	21331	34872	2593
1964	70499	28686	39303	2510
1982	101654	34146	62517	4991
1990	114333	31659	76306	6368
2000	126742	29011	88910	8821
2010	134091	22259	99938	11894
2011	134735	22164	100283	12288
2012	135404	22287	100403	12714
2013	136072	22329	100582	13161
1953—2013 年均增长率	1.408	0.076	1.781	2.744
1953—1982 年均增长率	1.906	1.636	2.033	2.284
1982—2013 年均增长率	0.945	- 1.361	1.546	3.177

资料来源：历次中国人口普查数据与《中国统计年鉴》（2014）表 2 - 4。

表 11 - 3 显示，1982—2013 年，中国 15—64 岁的劳动年龄人口年均增长 1.546%，高于同期总人口的年均增长率，表明此期间劳动年龄人口

比重是上升的。这便是 1978 年改革开放后中国劳动力资源不断扩大的具体表现。但是，老年人口增长更为显著，1982—2013 年，65 岁及以上年龄的老年人口年均增长 3.177%，在三个年龄组中人口增速最快。

二　老年人口状况

表 11 -3 与表 11 -4 的数据显示，2010 年，中国 65 岁及以上年龄人口的数量为 1.19 亿，约占总人口的 8.87%，即超过老龄社会标准线 1.87 个百分点。2010 年，中国 65 岁及以上年龄人口的数量规模为美国总人口的 38%，中国 60 岁及以上年龄人口的数量规模为美国总人口的 58%。根据国际货币基金组织的统计，2010 年，中国人均 GDP 在世界排第 92 位，水平不及美国的 1/10，不及世界人均 GDP 的一半。发达国家都是在实现经济富裕之后才进入人口老龄化的，而中国目前还是一个发展中国家，因此中国面临的是"未富先老"状况。

表 11 -4　　中国未成年人口、劳动力及老年人口占总人口的比重　　单位:%

年份	0—14 岁人口比重 （未成年人口）	15—64 岁人口比重 （劳动年龄人口）	65 岁及以上人口比重 （老年人口）
1953	36.28	59.31	4.41
1964	40.69	55.75	3.56
1982	33.59	61.50	4.91
1990	27.69	66.74	5.57
2000	22.89	70.15	6.96
2010	16.60	74.53	8.87
2011	16.45	74.43	9.12
2012	16.46	74.15	9.39
2013	16.41	73.92	9.67

资料来源：根据表 11 -3 数据计算。

图 11 -17 和图 11 -18 分别是根据表 11 -3 和表 11 -4 的数据绘制的中国老年人口的总量及其比重图。可以看到，1953 年中国进行第一次人口普查时，老年人口为 0.26 亿，占总人口的 4.41%；1964 年中国进行第二次人口普查时，65 岁及以上的老年人口为 0.25 亿，占总人口的 3.56%。按照国际标准，这个时期中国属于年轻型人口结构。

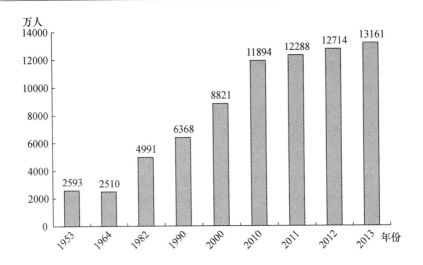

图 11 - 17　1953—2013 年中国老年人口（年龄≥65 岁）总量

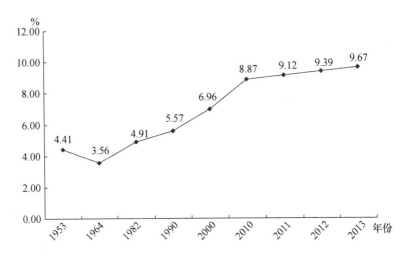

图 11 - 18　1953—2013 年中国老年人口（年龄≥65 岁）比重

2000 年进行第五次人口普查时，中国已经进入老龄社会。2000 年，60 岁及以上老年人口为 1.32 亿，占总人口的 10.4% ；65 岁及以上的老年人口为 0.88 亿，占总人口的 6.96%[①]，即 2000 年中国基本上达到国际社会认定的老龄社会标准。从图 11 - 18 可以看到，进入 20 世纪 90 年代

---

① 《第五次全国人口普查公报》第 1 号。

后，中国老年人口比重快速上升。第六次人口普查数据显示，2010 年，65 岁及以上年龄人口的数量达到 1.19 亿，占总人口的比重上升至 8.87%。1953—2013 年，65 岁及以上年龄人口的年均增长率为 2.7%，是三个年龄段人口群体中数量增长率最高的。

三　劳动年龄人口状况

图 11-19 和图 11-20 分别是中国劳动年龄人口总量及其比重的图。可以看到，1953 年，15—64 岁的劳动年龄人口是 3.49 亿人，占当时总人口的 59.3%。到 2010 年，15—64 岁的劳动年龄人口达到了 9.99 亿，占总人口的 74.53%。1953—2013 年，劳动年龄人口的年均增长率为 1.78%，高于未成年人口增长率，但低于老年人口增长率。这表明新中国成立以来，中国劳动力增长非常快。

然而，值得注意的是，进入 2010 年后，中国劳动年龄人口情况发生了很大变化，即劳动年龄人口增速明显下降。虽然 2010—2013 年 15—64 岁年龄人口绝对数量仍在增加，但该年龄段的人口数量占总人口的比重已经下降。2010 年，15—64 岁年龄人口比重为 74.53%，然后逐年下降，到 2013 年已降至 73.92%，比 2010 年下降了 0.61 个百分点。2010—2013 年，15—64 岁的劳动年龄人口年均增长率仅为 0.21%。

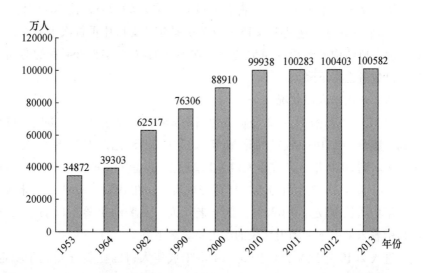

图 11-19　1953—2013 年中国劳动年龄人口（15—64 岁）总量

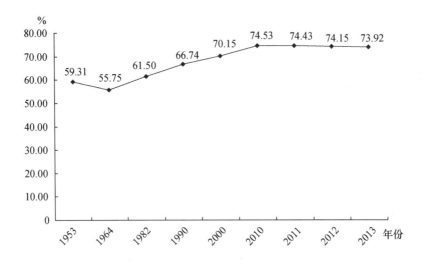

图 11 - 20　1953—2013 年中国劳动年龄人口（15—64 岁）比重

实际上，2012 年起，15—59 岁这一年龄段的劳动年龄人口的绝对数量已开始下降。这表明，此期间中国已进入人口年龄结构的拐点阶段。根据国家统计局的数据，2012 年年末，15—59 岁劳动年龄人口为 9.3727 亿，比上年减少了 345 万人，占总人口的比重为 69.2%，比 2011 年末下降 0.60 个百分点，这是中国 15—59 岁劳动年龄人口比重首次下降，标志着中国人口结构开始出现重大变化。在不久的将来，15—64 岁的劳动年龄人口数量也将下降。

四　未成年人口状况

图 11 - 21 和图 11 - 22 分别是中国未成年人口总量及其比重图。可以看到，1953 年，0—14 岁的未成年人口为 2.13 亿，占当时总人口的36.3%。到 2010 年，未成年人口为 2.23 亿，占总人口的 16.6%，比重比1953 年下降了 19.7 个百分点。计算结果表明，在 1953—2013 年，未成年人口年均增长率仅为 0.076%，低于老年人口及劳动年龄人口的增长率。这预示着未来中国劳动力增长的潜力将显著下降。

进入 2010 年以来，中国 0—14 岁未成年人口的比重开始趋于稳定。2010 年，0—14 岁未成年人口占总人口的比重为 16.6%，到 2013 年略有下降，为 16.4%，降低了 0.2 个百分点。数据显示，2010—2013 年，0—14 岁未成年人口数量呈现略微增加，年均增长率为 0.1%。

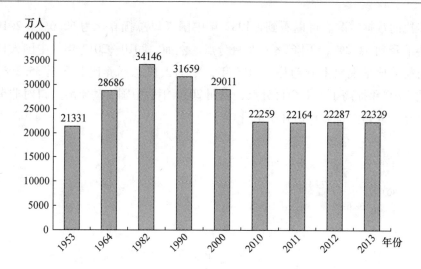

图 11 - 21　1953—2013 年中国未成年人口（0—14 岁）总量

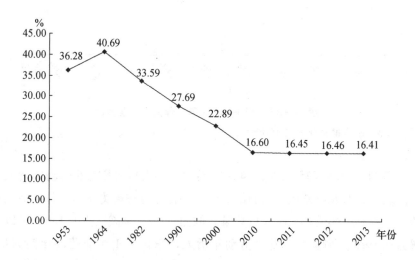

图 11 - 22　1953—2013 年中国未成年人口（0—14 岁）比重

五　人口总抚养比

1978 年改革开放以来，随着中国劳动年龄人口迅速增长，人口总抚养比呈现明显下降趋势。① 图 11 - 23 显示了 1953—2013 年中国人口总抚

---

① 这里人口总抚养比系指非劳动年龄人口（0—14 岁人口与 65 岁及以上年龄人口之和）同劳动年龄人口（15—65 岁人口）的比率，表示劳动年龄人口对非劳动年龄人口的抚养负担情况。

养比的数据情况。可以看到，1982 年中国人口总抚养比为 62.6%，2010年下降到 34.2%，下降 28.4 个百分点。然而，2010—2013 年，中国人口总抚养比呈现出上升趋势。2013 年，中国人口总抚养比上升至 35.3%，比 2010 年提高了 1.1 个百分点，表明 2010 年后中国劳动年龄人口对非劳动年龄人口的抚养负担开始上升。

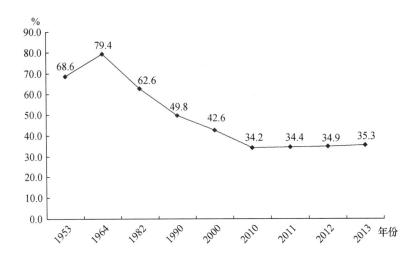

图 11 - 23　1953—2013 年中国人口总抚养比

资料来源：根据表 11 - 3 数据计算。

图 11 - 24 为 1953—2013 年中国劳动年龄人口数量与非劳动年龄人口数量之比，即人口总抚养比的倒数值。该比值可理解为抚养单位非劳动年龄人口所对应的劳动年龄人口数量。例如，1982 年该比值为 1.6，可以理解为在 1982 年可提供 1.6 个劳动年龄人口来供养 1 个非劳动年龄人口。2010 年该比值为 2.9，即可提供 2.9 个劳动年龄人口来供养 1 个非劳动年龄人口，这表明劳动力的供养负担下降。可见，1982—2010 年，数量充裕、成本低廉、抚养负担下降是该期间中国劳动力形势基本特征，这为此期间中国经济实现快速增长提供了有利而重要的劳动力资源。

然而，2010 年后这种局面出现变化。图 11 - 24 数据显示，2010 年后，中国劳动年龄人口数量与非劳动年龄人口数量之比开始降低。2013年，2.83 个劳动年龄人口供养一个非劳动年龄人口，劳动力供养负担比2010 年有所加重。

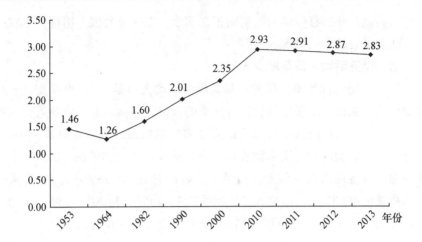

图 11 - 24　1953—2013 年中国劳动年龄人口数量与非劳动年龄人口数量之比
（总抚养比的倒数）

六　劳动力产业分布

图 11 - 25 是 1978—2013 年中国劳动力按三次产业分布的就业结构情况。可以看到，第一产业就业人员比重已大幅度下降。1978 年第一产业就业人员比重为 70.5%，2013 年下降到 31.4%，下降 39.1 个百分点。1978 年第二产业就业人员比重为 17.3%，2013 年上升到 30.1%，提高 12.8 个百分点。1978 年第三产业就业人员比重为 12.2%，2013 年上升到 38.5%，提高 26.3 个百分点。上述就业人员的结构变化表明，中国第一

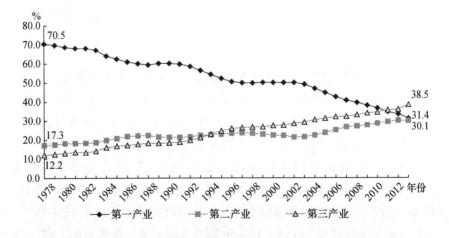

图 11 - 25　1978—2013 年中国劳动力按三次产业分布的就业结构

产业向其他产业转移劳动力的空间正在缩小，在一定程度上出现了非农产业劳动力供给趋紧的情况。

七 经济活动人口与就业人员

按《中国统计年鉴》中的解释，经济活动人口是指 16 周岁及以上有劳动能力参加或要求参加社会经济活动的人口，包括就业和失业人员。可见，经济活动人口的数量可以反映劳动力资源状况。就业人员是指 16 周岁及以上有劳动能力并实际就业的人员。表 11 – 5 是 1978—2013 年主要年份的经济活动人口与就业人员情况。可以看到，1978 年中国经济活动人口数量为 40682 万，占总人口的比重为 42.26%，到 2013 年经济活动人口数量为 79300 万，比 1978 年增加 38618 万人，年均增长 1.93%。

表 11 – 5　　1978—2013 年主要年份经济活动人口与就业人员情况

年份	经济活动人口（万人）	就业人员（万人）	总人口（万人）	经济活动人口占总人口比重（%）	就业人员与经济活动人口比率（%）
1978	40682	40152	96259	42.26	98.70
1980	42903	42361	98705	43.47	98.74
1990	65323	64749	114333	57.13	99.12
2000	73992	72085	126742	58.38	97.42
2010	78388	76105	134091	58.46	97.09
2011	78579	76420	134735	58.32	97.25
2012	78894	76704	135404	58.27	97.22
2013	79300	76977	136072	58.28	97.07

资料来源：《中国统计年鉴》（2014）表 4 – 3。

图 11 – 26 是 1978—2013 年中国经济活动人员占总人口的比重。可以看到，2013 年经济活动人员占总人口的比重为 58.28%，比 1978 年提高了约 16 个百分点。表明在总人口中参加经济活动人员的比重显著提高。这实际上是此期间中国劳动年龄人口比重显著提高的另一种形式的反映。1990 年该比重出现了较大变动，这或许与统计口径变化有关。然而，2011 年经济活动人员比重出现下降，这一现象值得关注，这与中国 15—59 岁劳动年龄人口绝对数量减少有关。2012 年年末，中国 15—59 岁劳动年龄人口比上年减少 345 万，15—59 岁劳动年龄人口比重首次下降。

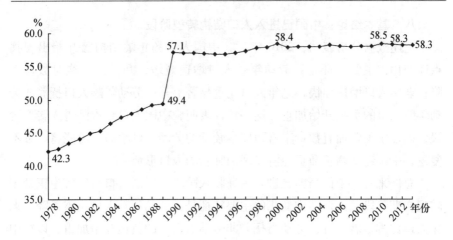

图 11-26 1978—2013 年中国经济活动人员占总人口的比重

图 11-27 是 1978—2013 年中国就业人员与经济活动人口比率的曲线。该比率在一定程度上体现了中国劳动力中的就业与失业情况。可以看到，自 2000 年后就业人员与经济活动人口的比率出现较明显的波动，2000—2013 年，该比率在 97.1%—98.6% 的范围内变化。特别是 2010 年后该比率在 97.1%—97.3% 的范围内，处于改革开放以来的历史最低值。这在一定程度上与中国经济进入转型期有关。

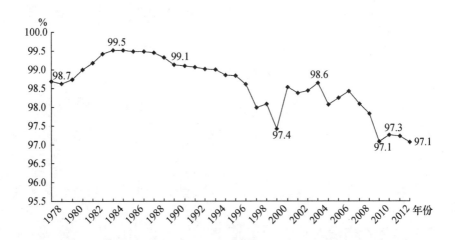

图 11-27 1978—2013 年中国就业人员与经济活动人口比率

八 基本结论：中国已进入人口结构转型阶段

上述数据分析表明，2010 年后，中国人口的年龄结构已开始出现拐点性变化，主要特征是：劳动年龄人口增速减缓，乃至出现绝对数量下降；老年人口增速加快，老年人口比重显著上升；劳动年龄人口抚养非劳动年龄人口的负担开始加重。这些特征表明，中国人口结构已进入转型阶段，以往中国曾拥有数量丰富而成本较低的劳动力供给局面可能将一去不复返，中国经济增长乃至经济发展面临新的人口形势。

总体来看，中国当前已进入中高收入阶段，中国人口与经济也正处于转型初期阶段。人口结构变化的主要特征是：劳动年龄人口比重下降，老年人口比重显著上升，劳动力抚养非劳动力人口的负担开始加重，以往中国曾经拥有数量丰富而成本较低的劳动力供给局面将一去不复返。经济发展的主要特征是：经济增长潜力下降，投资拉动增长的效应趋于降低，中国正处在跨越"中等收入陷阱"的关键时期。

第十二章　预期寿命与中国家庭储蓄

在生命周期模型的基础上，本章引入预期寿命变量，借以验证预期寿命对中国家庭储蓄率的影响。通过收集中国 1990—2009 年 31 个省份的省级面板数据进行实证分析，结果表明：人口预期寿命对中国家庭储蓄率有显著正向影响，样本期内人口平均预期寿命的增加所导致的中国家庭储蓄率增加了 4.2 个百分点，这对中国家庭储蓄率增长的贡献达到 42.9%。本章的实证研究结果还表明，预期未来的收入增长率对家庭储蓄率产生微弱的负面影响，而预期未来的收入不确定性以及人口抚养比对中国家庭储蓄率的影响没有通过显著性检验。

第一节　概　述

改革开放 30 多年来，中国经济保持了近两位数的年均增长率，世界地位越来越重要。与此同时，伴随经济的高速增长，中国总和储蓄率不断增加，消费率不断下降。作为一个拥有十几亿人口的大国，中国的高储蓄率引起了众多学者的高度关注。Kraay（2000）和 Kuijs（2006）的研究表明，即使在控制了储蓄率的决定因素之后，中国的国内储蓄率仍然异乎寻常的高。从中国国家统计局公布的资金流量表可以看到，2008 年，中国国民总和储蓄率达到了令人震惊的 52.3%，成为世界上储蓄率最高的国家之一。虽然中国一直保持非常高的投资率，2008 年资本形成总额占 GDP 的比重达到了 43.9%，然而由于储蓄超过了投资，中国拥有大量储蓄盈余，这些盈余转变为国际收支经常项目顺差。这一顺差长期以来呈不断扩大趋势，从 2000 年占 GDP 的比重为 1.9% 上升至 2009 年的 4.7%，使中国成为世界上最大的资本输出国之一，并加剧了中国与其他国家之间的贸易摩擦。在后危机时代中国经济强劲增长背景下，一些学者抛出了

"中国经济责任论"和"储蓄国责任论",中国的高储蓄问题再一次成为学界讨论的热点。

　　图12 - 1给出了中国家庭、政府和企业的储蓄率状况。可以看到,中国家庭储蓄在国民总和储蓄中一直占据非常重要地位,在总和储蓄中占40%以上的份额。随着2008年全球金融危机的到来,中国政府再一次提出扩大内需,鼓励居民消费(上一次中国鼓励扩大居民消费是在1998年的亚洲危机发生之时),然而中国居民消费率不仅没有提升,反而一直下降,2009年,中国居民消费支出占GDP的比重从1990年的50.5%下降到35.3%,而家庭储蓄率则不断上升,使得中国家庭的储蓄和消费问题再一次成为国内外学界十分关注的焦点问题。

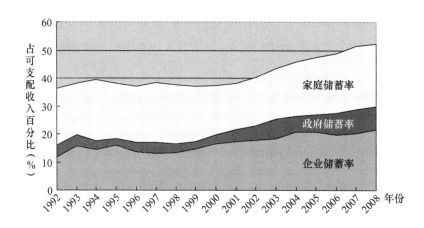

图12 - 1　中国国民储蓄构成（1992—2008）

资料来源:《中国资金流量表历史资料》(1992—2004)、《中国统计年鉴》(2010)。

　　中国的家庭调查中给出了城镇和农村的家庭收入和支出数据。[①] 由于该调查数据没有区分家庭支出中的现金支出和个人实物资本投资支出,因此,遵循Kraay(2000)的做法,我们从相关年份《中国统计年鉴》中收集农户和城镇居民的个人投资,将个人实物资本投资作为储蓄一并计算储蓄率。据此,我们分别计算1990—2009年各省份城镇家庭、农村家庭和

_____

　　① 本书后面的实证研究仅给出预期寿命对所有家庭储蓄率的影响,这是因为本书最核心的解释变量,即预期寿命无法收集到分城乡的面板数据。

所有家庭的储蓄率。[1]

　　图 12 - 2 进一步揭示中国城镇、农村和所有家庭储蓄率在 1990—2009 年的发展趋势，从中可以看到，城市家庭储蓄率在 13.7%—28.8% 之间波动、农村家庭储蓄率在 7.5%—28.6% 之间波动，所有家庭储蓄率在 9.2%—26.0% 之间波动。就城镇、农村和所有家庭储蓄率的发展趋势而言，我们可以看到城镇储蓄率、农村储蓄率和所有家庭储蓄率在整个样本期内总体上呈现上升的趋势。

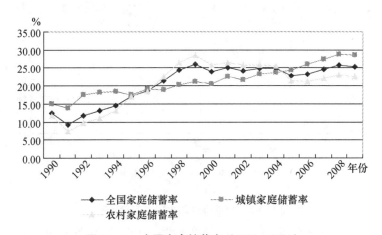

图 12 - 2　中国家庭储蓄率（1990—2009）

资料来源：根据《中国统计年鉴》（1991—2010）计算。

　　随着经济发展及医疗条件和公共卫生状况改善，1990—2009 年，中国的人均预期寿命也呈现不断增加的趋势，从 1990 年的 68.55 岁增加到 2009 年的 73.1 岁。图 12 - 3 给出了 1990 年、1995 年、2000 年、2005 年和 2009 年中国家庭储蓄率和中国人口的平均预期寿命的发展趋势。[2] 可以看到，家庭储蓄与预期寿命在这个时期内均呈现出平稳增长的趋势，两

---

　　① 城镇家庭储蓄率通过城镇人均可支配收入减去人均消费支出后与可支配收入的比值来计算；农村家庭储蓄率通过农村人均纯收入减去人均消费支出后与人均纯收入的比值来计算；所有家庭储蓄率通过城镇和农村各自的储蓄率与各自人口的比重的加权平均值来计算。

　　② 1990 年、2000 年和 2009 年中国人口平均预期寿命系笔者从《中国统计年鉴》和其他资料处获取；1995 年的平均预期寿命取得是 1990 年和 2000 年数值的平均值；2005 年北京、天津、山西、上海、浙江、安徽、福建、江西、山东、湖北、湖南、重庆、西藏的平均预期寿命来自各统计局网站或者其他公开出版物，其余省份的平均预期寿命根据 2005 年 1% 人口抽样调查数据中生命表计算得来。

者之间的简单相关系数达到了95.36% 。预期寿命的增加意味着人们在退休之后的时间变得更长，而为了在这延长了的退休时间里仍然保持一定的消费水平，人们将不得不在工作年龄时段更多地进行储蓄。预期寿命的延长很可能是导致中国家庭储蓄率不断上升的原因之一，本章试图通过实证分析来论证预期寿命对中国家庭储蓄的影响。

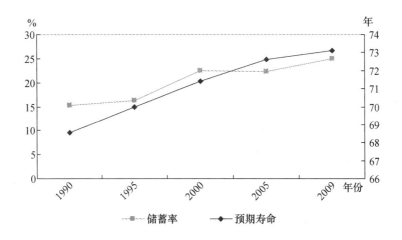

图 12 - 3 预期寿命与中国家庭储蓄率

资料来源：笔者根据《中国统计年鉴》（1991、1996、2001、2006、2010）计算得来。

第二节 文献回顾

自 Modigliani 和 Brumberg（1954）的开创性研究以来，生命周期模型已经成为分析储蓄行为的基本理论之一。在生命周期模型中，储蓄的主要动机是为了平滑一生的消费，使其一生的消费效用之和最大化。根据凯恩斯观点，储蓄仅由收入水平决定。而根据 Ando 和 Modigliani（1963）、Deaton（1992）的理论，储蓄只与人均收入水平的增加率有关，而与收入水平无关。Modigliani（1970）还指出，根据生命周期理论，储蓄率随着人口的增加而增加，但是人口增加并不是储蓄率增加的直接影响因素，影响储蓄率的因素实际上是人口结构，即只有当劳动年龄人口相对于被抚养人口比重上升时，家庭储蓄率才会上升，这一点在后来的一些文献中得到了佐证（Loayza，Schmidt - Hebbel and Servén，1998；Modigliani and Cao，

2000）。

尽管经验证据（尤其是跨国面板证据）往往能够支持生命周期理论的主要预期结果，然而，仍然有一些额外的储蓄率增长无法通过生命周期理论进行解释，尤其是以中国为代表的东亚国家和地区（Deaton，1992；Bloom，Canning and Graham，2003）。一些文献开始从预期寿命延长这个角度来解释东亚地区的储蓄高增长问题（Lee，Mason and Miller，1998；Bloom，Canning and Graham，2003；Li，Zhang and Zhang，2007），他们的理论和实证研究表明，预期寿命延长会促使人们增加储蓄。

中国已经成为世界上储蓄率最高的国家之一，国内外学术界也从不同的角度对中国高储蓄问题进行了解释，如人口结构因素（Kraay，2000；Modigliani and Cao，2004；Horioka and Wan，2007；Ang，2008；Qi and Prime，2009；Wei 和 Zhang，2009；汪伟，2010）、经济发展和收入增长因素（Qian，1988；Modigliani and Cao，2004；贺菊煌，2005；Ang，2008；Qi and Prime，2009）、预防性储蓄（Meng，2003；Blanchard and Giavazzi，2006；Giles and Yoo，2006；刘兆博、马树才，2007；杨汝岱、陈斌开，2009；Chamon and Prasad，2010）、男女比例失衡（Wei and Zhang，2009）、非正规制度（孙涛、黄少安，2010）以及部门贡献（李扬、殷剑峰，2005；Kuijs，2005；He and Cao，2007），等等。尽管先前的研究对中国的家庭储蓄行为的解释提供了一些视角，然而，由于中国储蓄行为的决定因素十分复杂，仍然存在一些因素，如预期寿命等因素对中国家庭储蓄行为的影响，在现存文献中并没有得到足够的重视。

进行本章研究之前，不得不提到 Kraay（2000）、Modigliani 和 Cao（2004）、Horioka 和 Wan（2007）等作者的三篇论文。他们都是在生命周期理论的基础上研究中国家庭储蓄率的决定因素，但得出的结果不尽相同。上述研究之间的主要分歧归纳如下：（1）Modigliani 研究表明，人口抚养比对家庭储蓄率有显著影响，而 Kraay、Horioka 和 Wan 的研究则没有证明这一点。（2）Modigliani、Cao、Horioka 和 Wan 的研究表明，收入增长率对家庭储蓄率有着显著的正向影响，而 Kraay 的研究则表明，未来的收入增长率对家庭储蓄率有着显著的负向影响。（3）Modigliani 和 Cao 的研究表明，短期经济增长对长期增长率的偏离对家庭储蓄率有着显著的正向影响，而 Kraay 的研究表明，未来收入的不确定性对家庭储蓄率的影响是负向的，尽管这一估计结果并没有通过显著性检验。（4）Modigliani

和 Cao 的研究结果表明，通货膨胀率对家庭储蓄率有着显著的正向影响，Horioka 和 Wan 的研究结果表明，通货膨胀率对农村家庭储蓄率有着显著的负向影响，而对城镇家庭储蓄率的影响则没能通过显著性检验。他们的研究似乎显示：当采用不同数据类型、不同的估计方法以及选取不同的数据时段时，得出的结果会有所不同。此外，他们的研究均忽视了一个重要的储蓄率决定因素，即预期寿命增加对家庭储蓄行为的影响。

相对于先前的研究，本书的主要改善如下：（1）将采用最新的数据，并充分考虑数据指标的测量误差，将数据分成 4 个 5 年期的区间面板数据，即 1990—1994 年、1995—1999 年、2000—2004 年和 2005—2009 年，通过取 5 年期的平均值来克服指标的测量误差。相对于跨国面板数据而言，本书的数据能够避免跨国数据不一致的问题。（2）将实证检验预期寿命对中国家庭储蓄率的影响。

第三节　实证模型、变量及数据

一　模型

遵循 Loayza、Schmidt – Hebbel 和 Servén（2000）、Horioka 和 Wan（2007）的做法，将在一个简化式线性方程模型的基础上检验中国家庭储蓄率决定因素。Ando 和 Modigliani（1963）指出，生命周期理论模型预测家庭储蓄率由收入增长率和人口年龄结构所决定。我们的实证模型则在生命周期理论模型上进一步扩展，将预期寿命等一些因素纳入进来，以检验预期寿命对中国家庭储蓄率的影响。实证模型形式如下：

$$SR_{it} = \alpha_0 + \alpha_1 Growth_{it} + \alpha_2 Demo_{it} + \alpha_3 Life_{it} + \gamma X_{it} + f_i + v_t + \varepsilon_{it} \qquad (12-1)$$

式中，SR 是家庭储蓄率，用家庭储蓄与家庭可支配收入（农村用家庭纯收入）之比来衡量。[①]

$Growth$ 是收入增长率，本章用 5 年期平均实际收入增长率来表示

---

① 城镇家庭储蓄率通过城镇人均可支配收入减去人均消费支出后与可支配收入比值来计算；农村家庭储蓄率通过农村人均纯收入减去人均消费支出后与人均纯收入比值来计算；所有家庭储蓄率通过城镇和农村各自储蓄率与各自人口比重的加权平均值来计算。由于分省份的人口平均预期寿命和人口死亡率没有进一步分城乡的省际面板数据，因此本书中的实证研究只能够测算预期寿命对所有家庭储蓄率的影响。

（2000 年为 100）。① 简单的持久收入假说和理性预期理论认为，未来更高的收入增长率将会降低当前的储蓄率。而生命周期理论预测更高的收入增长率将会提高储蓄率（Ando and Modigliani，1963）。此外，储蓄率和收入增长之间逆向的因果关系也可能存在，比如储蓄率的提高会通过增加投资水平进而对收入增长率产生影响。许多跨国研究表明，收入增长率对储蓄率产生显著的正向影响（Bosworth，1993；Loayza，Schmidt - Hebbel and Servén，2000；Bloom，Canning and Graham，2003；Li，Zhang and Zhang，2007）。然而，由于不知道究竟是增长导致储蓄（如 Carroll and Weil，1994），还是储蓄导致增长（Mankiw，Romer and Weil，1992），当运用中国数据时，不同的研究者发现，收入增长率对中国的家庭储蓄率既有显著为正的（Modigliani and Cao，2004；Horioka and Wan，2007；Ang，2008），也有显著为负的（Kraay，2000）。本章的实证研究将进一步探讨这个问题。

　　Demo 是人口结构变量，用人口抚养比（*Dep*）来表示。② 生命周期理论的一个基本的预测就是储蓄率与人口年龄之间存在一个倒 U 形关系③，即一个人在少儿时期和老年时期储蓄较低，而在工作年龄时期储蓄较高。跨国数据比较研究大多证明人口抚养比对家庭储蓄率产生负向影响，与生命周期理论假设相符，但也不是完全没有例外，如 Deaton（1992）的研究表明，人口抚养比对家庭储蓄率的影响有可能是混合的影响，既有可能是正向的，也有可能是负向的。当采用中国的数据时，已有的研究支持了Deaton（1992）的研究结论：Modigliani 和 Cao（2004）发现，人口抚养比对家庭储蓄率的影响显著为负，而 Horioka 和 Wan（2007）及 Kraay（2000）的研究结果表明，人口抚养比对中国家庭储蓄率的影响有可能是正向的。

　　通过人口平均预期寿命（*Life*）来检验预期寿命延长对中国家庭储蓄率的影响，它是本书最核心的解释变量。

　　X 是反映其他一些影响家庭储蓄率的控制变量向量。这些控制变量主

---

　　① 我们计算了各省份定基价格指数（2000 年为 100），本书中凡是用人民币价格元来衡量的变量，均调整成以 2000 年为基准年份的可比价格衡量。

　　② 用 0—14 岁人口和 65 岁及以上人口占 15—64 岁人口的比重来衡量人口抚养比。

　　③ 也有文献称之为驼峰形（hump - shaped），参看 Loayza、Schmidt - Hebbel 和 Servén（2000）。

要包含当前的实际收入（*Rinc*）、预期未来收入不确定（*Uncertainty*）和食品占消费支出比重（*Food*）三个。

标准的凯恩斯理论认为，家庭储蓄率仅由当前收入决定，因此与凯恩斯储蓄理论模型相关的解释变量只有一个，即人均收入水平（*Rinc*），我们用实际可支配收入进行衡量，基准年份为 2000 年为 100。

预防性储蓄理论预测当个人面临的不确定提高时，一个风险厌恶型的消费者将会把更多的收入储蓄起来以应对将来的不确定性。在实证研究时，许多研究者将通货膨胀率作为收入不确定的代理变量（Loayza, Schmidt – Hebbel and Servén, 2000; Schrooten and Stephan, 2005; Horioka and Wan, 2007）。然而，通货膨胀率对家庭储蓄的影响也是不确定的，Bailey（1956）认为，高通货膨胀会降低家庭的购买力，因此会降低储蓄率。而 Mundell（1963）则支持"通胀税"假设，他认为，高通货膨胀对实际货币均衡有一个负面影响，个人为了恢复其实际财富将会提高储蓄。由此可见，通货膨胀率并不是收入不确定的很好的代理变量[①]，遵循Kraay（2000）的做法，我们先用 AR（1）过程计算收入的确定性趋势，通过实际收入与确定性趋势之间的差额来衡量收入的不确定性。

最后，与 Kraay（2000）一样，我们在书中还引入食品消费支出占总消费支出的比重（*Food*），一个人只有在其收入水平超过维持其生存的基本水平时，储蓄率才会随着其收入水平的增加而增加。本章以食品消费支出占总消费支出比重来衡量这个人的基本消费支出水平，可以预期，食品消费支出占总消费支出比重越高，则储蓄率越低。

二 数据来源及处理

我们收集了 1990—2009 年中国 31 个省、直辖市、自治区的数据，利用面板数据模型进行实证检验。正如 Kraay（2000）所指出的，尽管在储蓄率的计算上已经考虑了家庭投资的信息，仍然很难将家庭投资和私人投资进行区分，因此家庭储蓄率的测算面临着较为严重的测量误差问题。此外，其他解释变量如人均可支配收入的测算、通货膨胀率的测算也面临一定程度的测量误差问题。对此，我们采用 Kraay（2000）的做法通过对这

[①] 本书在实证研究之前也检验了通货膨胀率对中国家庭储蓄率的影响，与跨国面板模型得出的结果一样，我们发现，通货膨胀率在大多数情况下对中国家庭储蓄率的影响通不过显著性检验，而且符号有正有负，得不到一致的估计结果，因此，在后面的实证分析表格中没有将通货膨胀引入进来。

些变量在一个较长时间段上取平均值来克服测量误差问题。我们将 1990—2009 年分成 4 个 5 年区间，举例来说，在 1990—1994 年这个时间段里，被解释变量储蓄率取 5 年的平均值，解释变量中，除初始的人均实际收入和预期寿命选取 1990 年的初始值之外，实际收入增长率取 1990—1994 年的年均增长率，其余解释变量均选取 5 年期的平均值。[①] 所有数据的描述性统计见表 12 - 1。

表 12 - 1　　　　　　　　　变量的描述统计

变量	观察值	均值	标准差	最小值	最大值
SR（%）	121	21.411	6.763	7.138	37.318
Rinc（100 yuan RMB）	121	38.443	25.764	11.614	163.997
Growth（%）	120	8.132	3.219	-4.122	19.346
Uncertainty（100 yuan RMB）	119	1.831	5.818	-14.683	18.641
Food（%）	118	48.974	8.557	32.430	67.956
Dep（%）	121	44.373	8.586	25.670	63.881
Life（years）	122	70.481	4.012	59.600	80.230

注：重庆的数据 1997 年之后才有，因此缺少 1990—1994 年和 1995—1999 年这两个时间段的观察值，西藏的某些指标数据不全，故缺少。

本章与人口相关的变量数据均来自各年份《中国人口统计年鉴》，与宏观经济运行相关的变量的数据均来自各年份《中国统计年鉴》和各年份分省、直辖市、自治区统计年鉴。

第四节　实证结果及分析

表 12 - 2 给出了预期寿命影响中国家庭储蓄的实证结果。与 Bloom、Canning 和 Graham（2003）一样，模型（1）中仅包含人均预期寿命和人

---

① 到目前为止，我们在官方的统计年鉴中只能够收集 1990 年和 2000 年两年的分省人均预期寿命，2005 年的预期寿命根据 2005 年 1% 人口普查数据中的生命表计算得来。估计方法是 1995 年各省人均预期寿命是 1990 年和 2000 年的均值。

均实际收入增长率两个变量，可以看到，人均预期寿命对中国家庭储蓄率有显著的正向影响，与大多数跨国面板数据实证结果一致。收入增长率对中国家庭储蓄率产生正向影响，但是没有通过显著性检验。

模型（2）在模型（1）的基础上引入总人口抚养比变量，我们发现，人均预期寿命仍然对中国的家庭储蓄率有着显著的正向影响，而相对方程（12-1）而言，人均预期寿命前面的系数有所下降。实际收入增长率对家庭储蓄率的影响仍然没有通过显著性检验。总人口抚养比对中国的家庭储蓄率产生负向影响，但是没有通过显著性检验。

与 Li、Zhang 和 Zhang（2007）一样，模型（3）中仅包含人均预期寿命和总人口抚养比两个变量。可以看到，平均预期寿命前面的系数仍然为正，人口抚养比前面的系数仍然没有通过显著性检验。

模型（4）在模型（3）基础上进一步加入另外一个对储蓄率重要的决定因素——初始人均实际收入水平。在控制了初始人均收入水平对家庭储蓄率的影响之后，平均预期寿命对家庭储蓄率的影响仍然显著为正向，人口抚养比仍然没有通过显著性检验。初始人均收入水平对家庭储蓄率的影响为负且没有通过显著性检验，与凯恩斯理论模型的预测相悖，一个可能的原因是：初始人均实际收入水平与预期寿命高度相关，产生多重共线性。[①]

与 Kraay（2000）一样，模型（5）中的解释变量包含收入不确定性。我们发现，在引入收入不确定性这个变量之后，预期寿命对家庭储蓄率仍然有显著的正向影响，而收入不确定性对家庭储蓄率有显著的正向影响，与预防性储蓄理论是相符的。此外，我们发现，当引入收入不确定性这个解释变量之后，模型的解释力显著增加，达到了 62%，这说明用预期寿命、人口抚养比和收入不确定性三个变量可以在很大程度上解释中国的家庭储蓄行为。

模型（6）进一步引入食品支出占总消费支出比重，一方面为了验证食品支出份额对家庭储蓄率的影响，另一方面为了检验模型（5）回归结果的稳健性。[②] 可以看到，食品占总消费支出份额前面的系数为负，而且

---

① 我们发现，本书的样本中初始人均实际收入水平与预期寿命的相关系数达到 0.72。

② 我们还在模型（6）基础上引入了实际利息率和通货膨胀率变量，结果这些后引入的变量没有通过显著性检验，而且模型（6）中的解释变量也没有发生实质性改变。

通过显著性检验，与 Kraay（2000）的实证结果是一致的。[①] 此外，我们发现，平均预期寿命对家庭储蓄率仍然有着正向影响，但是，这一正向影响仍然没有通过显著性检验，而且估计系数明显下降。人口抚养比对家庭储蓄率的影响为正，仍然没有通过显著性检验。值得注意的是，收入不确定性对中国家庭储蓄率仍然保持显著的正向影响，支持了预防性储蓄理论对中国家庭储蓄行为的解释力。

虽然表 12 - 2 中收入增长率对中国的家庭储蓄率产生了正向影响，但是这一影响却没有通过显著性检验。人口抚养比也没有出现生命周期理论模型所预测的对家庭储蓄率产生显著的负向影响，甚至在一些模型中估计系数为正。持久收入假设理论和理性预期假设理论认为，影响当前储蓄（消费）行为的主要是预期未来的收入及其收入不确定性。而前面我们也提到过，收入增长率与家庭储蓄率之间有可能存在逆向因果关系问题，这就意味着模型中可能存在内生性问题，固定效应模型很显然无法完全消除解释变量的内生性问题。

表 12 - 2　　　基于固定效应模型估计的预期寿命对中国家庭储蓄率影响结果

	被解释变量：家庭储蓄率					
	(1) FE	(2) FE	(3) FE	(4) FE	(5) FE	(6) FE
Life	1.697 (7.60)***	1.598 (4.48)***	1.797 (4.90)***	1.657 (4.36)***	1.032 (2.69)***	0.478 - 1.05
Growth	0.059 - 0.45	0.022 - 0.4				
Dep	- 0.11 - 1.07	- 0.023 - 0.22	- 0.118 - 1.08	- 0.055 - 0.56	0.059 - 0.56	
Rinc				- 0.005 - 0.18		

[①] 根据一些作者的研究，当人们的收入水平仅能够维持（或者略高于）基本生存水平时，这部分人平均的储蓄率将会低于全社会的平均储蓄率（Gersovitz, 1983；Ogaki, Ostry and Reinhart, 1995；Atkeson and Ogaki, 1996）。Kraay（2000）引入食品支出占总支出的比重，验证该变量对家庭储蓄率的影响，得到与本书相同的结论。

续表

被解释变量：家庭储蓄率						
	(1) FE	(2) FE	(3) FE	(4) FE	(5) FE	(6) FE
Uncertainty					0.276 (3.06)***	0.232 (2.62)**
Food						−0.253 (2.33)**
样本观测量	120	119	120	119	119	118
横截面数量	31	31	31	31	31	31
R²	0.47	0.57	0.52	0.57	0.62	0.64

注：*、** 和 *** 分别表示在10%、5% 和1% 的显著性水平下显著。所有回归模型中均包含时期虚拟变量。括号中的数值是 t 统计值的绝对值。FE 表示固定效应。

在一个标准的向前看（Forward - looking）的消费和储蓄模型中，Carroll 和 Weil（1994）及 Carroll（1994）曾指出，预期更高的未来收入增长率将会降低（增加）当前储蓄（消费）；而更高的收入不确定性将会降低（增加）当前的消费（储蓄）。与 Kraay（2000）一样，我们将实证方程（12 - 1）转变成如下一种包含了理性预期的方程：

$$SR_{it} = \beta_0 + \beta_1 E_t[Grow_{it+1}] + \beta_2 E_t[Uncertainty_{it+1}] + \beta_3 X_{it} + f_i + v_t + \varepsilon_{it}$$
$$(12 - 2)$$

这里，$E_t[Grow_{it+1}]$ 是 i 省份在 t 时刻预期从 t 到 $t + 1$ 期间的人均收入增长率；$E_t[Uncertainty_{it+1}]$ 是 i 省份在 t 时刻预期的 $t + 1$ 时刻的收入不确定。ε_{it} 是干扰项；$t = 1$、2、3、4 代表本章中所能获得的样本的 4 个 5 年区间。β_1 反映的是期望未来的收入对家庭储蓄率的影响，在向前看的储蓄行为原假设下，β_1 的估计值应该为负。β_2 反映的是预期未来收入不确定性对家庭储蓄率的影响，根据预防性储蓄理论，β_2 的估计值应为正。

遵循 Kraay（2000）做法，我们采用两阶段最小二乘估计（2SLS）方法对方程（12 - 2）进行参数估计（估计结果见表12 - 3）。未来收入增长率的工具变量包含当期人均收入增长率和当期国有企业职工占总职工人数比重。未来收入不确定性的工具变量包含当期收入不确定性和当期国有企业职工占总职工人数比重。

表 12 - 3　　基于 2SLS 估计的预期寿命对中国家庭储蓄率影响结果

	(1)	(2)	(3)	(4)	(5)
被解释变量：家庭储蓄率					
	2SLS	2SLS	2SLS	2SLS	2SLS
Life	1. 282	1. 425	1. 012	1. 062	1. 450
	(3. 11) ***	(3. 42) ***	(3. 77) ***	(3. 96) ***	(2. 30) **
Egrowth	−2. 548	−2. 854			−1. 730
	(1. 51)	(1. 86) *			(1. 25)
Dep		0. 088	0. 099	0. 081	0. 156
		(0. 43)	(1. 44)	(1. 09)	(0. 97)
Euncertainty			−0. 116	−0. 148	−0. 270
			(0. 31)	(0. 41)	(0. 45)
Food				0. 065	−0. 024
				(0. 46)	(0. 12)
样本观测量	87	87	87	86	86
横截面数量	31	31	31	31	31
First Stage F statistic	11. 97	10. 46	32. 09	29. 78	26. 76
Ovrid test	0. 235	0. 822	0. 441	0. 432	0. 342

注：*、** 和 *** 分别表示在 10%、5% 和 1% 的显著性水平下显著。未来收入增长率和未来收入不确定性的工具变量包含当期收入增长率和国有企业职工占总职工人数比重。模型中的 *Egrowth* 是预期未来的收入增长率，*Euncertainty* 是预期未来的收入不确定性，因此进入回归时段没有包含 1990—1994 年的数据，而只是包含 1995—1999 年、2000—2004 年、2005—2009 年的数据，分别对应其他变量 1990—1994 年、1995—1999 年和 2000—2004 年的数据，预期寿命则仅包含 1990 年、1995 年和 2000 年的数据。所有回归模型中均包含时期虚拟变量。括号中的数值是 t 统计值的绝对值。

　　表 12 - 3 的最后两行提供了工具变量有效性的检验值，一类是衡量工具变量是否为弱工具的第一阶段 F 统计值，可以看到，F 统计值均大于 10，说明不存在弱工具变量问题。另一类是衡量工具变量过度识别的 Sargan 检验值，可以看到所有模型的过度识别检验值的伴随概率均大于 0.1。工具变量有效性的诊断检验结果表明，用这些工具变量来预测未来收入增长率和未来收入不确定性基本能够通过有效性检验。

　　从表 12 - 3 的估计结果可以看到，预期的收入增长率对当前的储蓄率有着微弱的负向影响，三个回归方程中仅有一个在 10% 的显著性水平下通过显著性检验。预期未来的收入不确定性虽然对当前的储蓄率产生正向影响，但是，这一影响均没能通过显著性检验。人口抚养比对家庭储蓄率的影响也没有通过显著性检验，而且符号为正，与生命周期理论模型的预测结果相反。

预期的收入增长率对中国家庭储蓄率的影响为负，预期的收入不确定性对中国家庭储蓄率的影响没有通过显著性检验，这一结果与 Kraay（2000）研究结果一致。值得注意的是，人口抚养比对中国家庭储蓄率的影响是正向的，虽然这一影响没有通过显著性检验。这与自 Modigliani（1970）以来许多跨国实证研究证据是不一致的，在跨国实证证据中，高人口抚养比一般导致低储蓄率。但 Kraay（2000）也得到了与本章类似的结论，他将这一现象解释成高抚养比也许是由少儿人口所占比重高而导致家庭有更大的馈赠动机所致。馈赠动机虽然是原因之一，但是，中国自1990年以来少儿抚养比是迅速下降的，而老年抚养比则是不断上升的，因此对少儿人口的馈赠动机并不足以解释中国的家庭储蓄率增加。我们认为，人口抚养比导致中国储蓄率升高的主要原因很可能是由预防性储蓄动机所决定的。这是因为，过去大部分中国家庭养老主要通过子女完成，然而，自1970年中国实行计划生育政策之后，很多家庭只有一个子女，在这种情况下完全指望子女养老似乎已不太现实；而中国的社会养老保障体系还非常不完善，依靠社会养老对于大部分人来说也不现实，在这种情况下只有通过预防性储蓄来实现将来的养老支出。

当我们控制了收入增长率、人口抚养比、收入不确定性和食物支出占消费支出的比重之后发现，预期寿命仍然对中国的家庭储蓄产生显著的正向影响，这一结论与跨国面板数据的研究结果是一致的。[1] 由于我们在实证模型中同时引入了时间固定效应和区域固定效应，因此本章研究结果是相当稳健的。

通过对表12-3的估计结果进行简单的计算可以得到预期寿命每增加1年将使中国的家庭储蓄率提高约1.2个百分点。[2] 样本期间内，中国的人口平均预期寿命从初始阶段的68.6岁上升至最后阶段的72.1岁，这意味着人口平均预期寿命的延长导致中国家庭储蓄率上升4.2个百分点。在

---

[1]　参看 Bloom、Canning 和 Graham（2003），Li、Zhang 和 Zhang（2007）。

[2]　通过对表12-3中模型（1）至模型（5）中 Life 前面的系数取简单平均值得到。

样本期间内，中国的家庭储蓄率从初始阶段的 15.2% 上升至最后阶段的 25.0%，增加了 9.8 个百分点。这意味着样本期间内，由预期寿命延长导致的中国家庭储蓄率的增加对中国家庭储蓄增长率的贡献率为 42.9%。

第五节　主要结论

本章主要从实证维度验证人口预期寿命延长对中国家庭储蓄率的影响。首先，在一个生命周期模型基础之上引入预期寿命，建立了本章实证模型。之后，收集中国 1990—2009 年 31 个省份的省级面板数据对理论模型推导结果进行实证检验。实证研究结果表明，人口预期寿命对中国家庭储蓄率产生了显著正向影响，样本期内，由人口平均预期寿命增加所导致的中国家庭储蓄率增加 4.2 个百分点，对中国家庭储蓄率增长的贡献率达到 42.9%。此外，本章实证研究结果还表明，预期未来的收入增长率对家庭储蓄率产生微弱的负面影响，而预期未来的收入不确定性以及人口抚养比对中国家庭储蓄率的影响没有通过显著性检验。

中国在未来 20 年内将面临越来越严重的人口老龄化问题。虽然生命周期理论认为，人口抚养比增加将会降低储蓄率，但是，这个过程并不是必然的，这是因为，人口老龄化在很大程度上是由预期寿命增加导致的。预期寿命增加意味着更长的退休期，为了在延长了的退休期间内仍然保持一定消费水平，人们就不得不在工作期内增加储蓄。此外，"养儿防老"是中国的传统，而长期的计划生育政策使得养儿防老已不太现实。最后，老年人更易生病，甚至失能，医疗和保健费用超过青壮年人。因此我们认为，短期内中国的储蓄率仍将维持较高的水平。

本书的政策含义较为明显，为了扩大内需，降低家庭储蓄，中国应积极加强健康型老年社会建设，以应对人口老龄化带来的身体状况的不确定性。此外，还应建立健全的社会养老保障体系，以应对退休期延长带来的收入不确定性。

第十三章　中国居民消费率持续降低的解释

本章将对造成中国居民消费需求不足的各种因素进行实证检验,希望找到导致中国居民消费需求不足的主要因素。通过利用中国1990—2013年28个省份的省级面板数据进行实证分析,结果表明:居民收入占GDP比重持续下降、计划生育导致的少儿抚养比持续下降、行政管理费用的不断攀升、房价上涨等是导致中国居民消费率下降的主要因素。

第一节　背景分析

经典的宏观经济学理论揭示了经济增长可通过所谓的"三驾马车",即投资、消费和出口来驱动。中国改革开放以来,一直实行出口导向型的经济政策,经济增长主要依靠投资和出口这"两驾马车"来驱动,而消费需求不足问题一直是经济增长的"软肋"。1998年,当亚洲危机爆发时,由于外贸环境恶化,中国出口贸易受到了较大冲击,于是人们就很快将目光转移到了国内消费需求上。在这一时期,启动内需曾一度成为国内经济发展关注的重点。2003—2007年,中国进入经济增长景气周期,在此期间,中国的实际年均经济增长率达到了11.3%。[①] 经济的高速增长暂时掩盖了消费需求不足的问题。2008年,国际金融危机爆发,当出口贸易再次受到打击之后,国内消费需求不足的问题也再次暴露在国人面前。2010年以后,中国经济发展明显进入转型阶段,经济增长下行压力较大,在这种情况下,通过刺激内需促进经济可持续增长就变得尤为迫切。图

---

① 资料来自《中国统计年鉴》(2009)。

13－1 显示出 1990—2013 年中国总消费支出和居民消费支出占 GDP 比重的发展趋势。

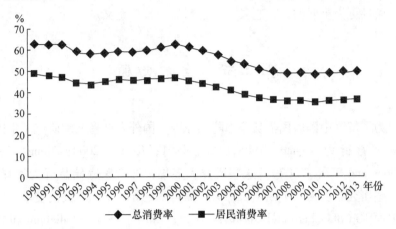

图 13－1　1990—2013 年中国总消费率和居民消费率变动趋势

资料来源:《中国统计年鉴》(2014)。

　　图 13－1 表明,1990—2008 年,中国的总消费率和居民消费率均呈下降趋势,进入 2000 年之后,下降趋势更为明显。2008 年,中国居民消费支出占 GDP 的比重仅为 35.6%[①],这一比重不仅远低于发达国家的美国和日本的居民消费率,后者分别为 70.5% 和 57.8%,而且远低于同为发展中国家的印度,后者为 53.9%。[②] 2008 年之后,中国的居民消费率虽然略有回升,但是,直到 2013 年,中国的居民消费率仍然很低,仅为 37.3%,仍然远远低于美国和日本的水平。由此可以看出,中国的有效需求不足主要来自居民消费需求不足。

　　2008 年,美国发生严重的次贷危机。危机很快波及欧洲和其他一些国家,转变成全球性金融危机,并对很多国家的实体经济产生严重影响。当这些国家的实体经济受损、消费市场不断萎缩时,作为对美国、欧洲等国家的出口大国,中国的出口贸易也受到严重打击。如果说美国次贷危机的根源在于经济增长过度地依赖负债和消费,那么中国的经济增长所面临的问题则在于过度地依赖投资和出口。消费需求不足在很长一段时间内将

---

① 一些研究认为,中国的居民消费率被低估了,比如说美国的居民消费中包含 10% 的房租,而中国没有将房租纳入进来,不过,即使中国的居民消费率加上 10%,其消费率仍然偏低。

② 资料来源于《国际统计年鉴》(2009),美国数据为最新修订数据。

是经济增长中所面临的问题。因此，找到导致消费需求不足的因素，并对其进行实证检验，不仅有利于更清楚地了解导致内需不足的一些深层次原因，而且更为重要的是，它具有非常明显的政策意义。

第二节　文献回顾

为了解释中国居民消费率下降的原因，国外有许多文献研究了中国家庭的储蓄行为（Qian，1988；Qin，1991；Kraay，2000；Meng，2003；Horioka and Wan，2007），这些研究大多集中在对家庭储蓄行为解释上。有一些研究者认为，不断增长的家庭储蓄率是导致中国居民消费率下降的主要原因（Blanchard and Giavazzi，2005；Kujis，2005；Modigliani 和 Cao，2004；Prasad and Rajan，2006）。对于家庭而言，当可支配收入一定时，储蓄率越高，则消费率越低。因此，研究中国家庭的储蓄行为也能够对研究消费行为有一定的参考意义。然而，Aziz 和 Li（2007）的研究表明，家庭储蓄率的上升只能解释居民消费率下降的很小一部分。很明显，中国居民消费率下降是由多方面原因造成的。

国内一些研究者从不同层面对中国居民的消费需求不足的原因进行了解释，这些解释包括：预防性储蓄，即当未来收入或支出不确定时，人们的边际消费倾向降低（臧旭恒等，2004；罗楚亮，2004；孙凤、王玉华，2001）；收入分配差距扩大导致消费率下降（臧旭恒，2005；李军，2003；朱国林等，2002；刘文斌，2000）；医疗、教育、养老成本拖累了中国的消费支出（世界银行，2009）。1994 年，中国实行分税制改革，一些学者认为，财政分权和分税制改革抑制了中国的消费需求（孙成浩、耿强，2009）；1998 年，中国实行住房的货币化改革，也有学者认为，住房制度改革促使居民在住房上的支出越来越高，因而挤占了其他消费支出（方福前，2009）。

从现有文献看，国内学者研究中国有效需求不足的原因得出的最多解释是它来自收入差距的扩大。魏杰和谭伟（2003）从五个方面分析了收入差距对有效需求的影响，他们的研究表明，无论是非法收入差距还是合法收入差距，对中国的有效需求都造成负面影响，而收入差距过大更是造成当前国内有效需求不足的原因。

前人已对中国内需不足的原因进行了有益的研究与探讨，并提出了合理解释。我们也赞同收入差距过大可能是国内有效需求不足的重要原因之一。然而，有效需求不足是由多方面原因造成的，对于这些原因不仅应当在理论上进行探讨，而且应该通过数据进行实证检验。因为只有通过实证分析，才能找到哪些因素是主要的，而哪些是次要的。到目前为止，人们在解释中国有效需求不足时往往集中在某一个或少数几个因素上，而全面考察各类因素的文献较少。此外，运用面板数据对中国消费不足的原因进行定量分析尚属少见。除此之外，国外运用人口结构研究中国居民储蓄行为的文献较多（Modigliani and Cao，2004；Kraay，2000），而运用人口结构研究中国居民消费行为的文献则较少。最后，本章与先前文献还有一个明显不同之处，就是：前文的被解释变量主要是消费水平的绝对量或增长率，本章的被解释变量是居民消费率，即居民消费支出占 GDP 比重。我们取居民消费率而不是取居民消费绝对量，是因为中国的内需不足并不是居民消费支出绝对数值降低，而是居民消费支出占 GDP 比重持续下降。本章尽可能收集导致中国居民消费率不足的各种因素的数据，运用省级面板数据模型对中国居民消费率下降的原因进行实证检验，以便找到导致中国有效需求不足的主要因素。

第三节　导致中国居民消费需求不足的原因分析

一　滞后一期消费率

早在 1952 年，布朗就发现了消费者惯性或滞后消费对于消费者行为的影响（Brown，1952），此后许多研究者也都发现消费行为具有滞后的影响（Zellner，1957；Mueller，1997；Dube et al.，2009）。消费行为具有滞后影响可以用两方面的原因来解释，一个解释是消费行为具有惯性，当一个人养成高消费习惯之后，短时间内很难改变这种习惯；另一个解释是本期的消费不仅受本期收入的影响，还受前期收入的影响，而前期的消费又受前期收入的影响，这就意味着本期消费与前期消费之间存在着一定的联系。我们采用滞后一期消费率作为解释变量。

二 居民可支配收入占国民财富的比重

居民消费支出最直接的决定因素是居民可支配收入，经济学理论通常认为，可支配收入增加时，居民的消费支出随之增加。1990—2013 年，中国城镇实际人均可支配收入从 697.9 元上升到 4215.7 元，年均增长率为 8.1%，中国实际农村人均纯收入从 317.1 元上升到 1495.6 元，年均增长率为 6.9%。[①] 虽然在 1990—2013 年中国居民的可支配收入增加了，但是，其增加速度远低于实际经济增长速度，图 13-2 显示出了 1990—2013 年全国居民可支配收入与人均 GDP 之比[②]，从图中可以看到，中国的居民收入占 GDP 份额呈逐年缩小的趋势。

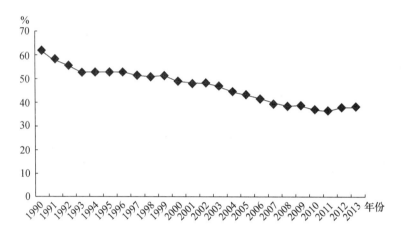

图 13-2 1990—2013 年人均可支配收入与人均 GDP 比值

由于居民收入的增长速度赶不上经济增长速度，居民在国民财富中所获得的份额逐步降低。居民收入的增长速度决定了居民消费的增长速度，这意味着当居民收入所占比重降低时，居民消费比重同样会随之降低。

三 居民收入分配差距

在过去 30 年间，中国 GDP 的增长率达到了近两位数，创造了所谓的"经济奇迹"。然而，在经济高速增长的同时，中国收入差距在不断扩大，

---

① 所有数据均为 1978 年的可比价格。

② 具体计算的公式是：收入 GDP 比 =（0.4×城镇人均可支配收入 + 0.6×农村人均可支配收入）/人均 GDP，之所以选择 0.4 和 0.6 作为权重是因为样本期间内平均来说农村人口占总人口的 60%。

这种差距的扩大既包括区域之间的收入差距，也包括城乡之间，还包括城市或农村内部的收入差距。总体来说，中国收入分配差距由一个世界上最为平均的国家之一变成世界上收入分配差距最大的国家之一仅用了二十几年时间。①

收入分配差距扩大不利于消费率提高有一定的理论支撑，一个经济体收入差距过大时，大量的低收入者由于受收入水平的限制而不能够进行正常的消费，少数暴富人群虽然消费量巨大，但由于受到自身生理极限的限制，相较于低收入者而言，他们所消费的部分占收入的比重偏低，这就是为什么中国的居民消费率低而储蓄率高的原因。目前来看，认为居民收入差距扩大导致中国内需不足是国内较为流行的观点。

四　人口结构

一些学者将人口红利归结为改革开放以来中国经济持续高速增长的主要原因之一。随着 1978 年中国改革开放后年轻一代人口进入劳动力大军，中国的劳动年龄人口在改革以来 30 多年所占比重逐年增加，导致劳动力呈无限供给的状态。劳动力的无限供给使得中国出口产品的低成本优势十分明显，除此之外，劳动力的无限供给还使得新古典经济学派预测的资本边际报酬递减的规律在短期内不会出现，于是经济在长时间内保持高速增长，这就是所谓的人口红利（蔡昉，2009；贺菊煌，2006）。

人口结构也可以在一定程度上解释中国内需不足的问题，这是因为，根据生命周期理论，一个人在年轻的时候获取收入，但为了预防老年后的消费，在年轻时进行储蓄，而在年老时进行消费。由于中国在改革开放的 30 年间，人口结构一直处于比较年轻的水平，这种人口结构很可能是导致储蓄率高而消费率低的重要原因之一。

五　行政管理费用

为了使普通居民扩大消费来驱动经济增长，前提之一就是要解除消费者扩大消费之后的后顾之忧，这就需要政府扩大社会保障支出，包括教育、医疗和住房等一些国计民生方面的社会保障支出。过去十几年间，中国财政收入大幅度增长，从 2000 年的 13395.23 亿元增加到 2013 年的

---

① 据估计，衡量中国居民收入差距的基尼系数在 1980 年约为 0.25，是一个典型的收入分配较为平均的国家，而到了 2008 年时已经达到 0.47，成为一个典型的收入差距较大的国家。

129209.6 亿元，在此期间，财政收入占 GDP 的比重从 13.5% 上升至 22.8%。中国已经初步具备了建立社会福利体系的基本条件。然而长期以来，中国财政支出结构并不合理，具体来说，就是行政管理费用占财政支出比重过高，而有关国计民生方面的科教文卫支出比重过低。1990 年，中国行政管理费用占财政支出的 9.83%，到 2013 年，这一比重达到 16.7%。[①]

　　行政管理费用的逐年攀升挤占了科教文卫支出，而公共财政在科教文卫方面的支出不足的直接后果就是普通居民在这几方面的成本逐年上升。由于教育、医疗等成本不断上升，居民的预防性储蓄不得不随之增加，用于消费的部分自然也就降低了。国内一些学者通过实证研究均发现，教育、医疗等成本的上升对居民消费支出造成负面影响（杭斌、申春兰，2005；杜海韬、邓翔，2005）。

六　经济增长率

　　到目前为止，国内研究者在论证中国低消费率的原因时主要从前四个方面进行论证。本章认为，还有一个可能的原因是中国保持了相当长一段时间经济的高速增长。这是因为，当人们对未来的经济增长预期比较乐观时，人们会相信储蓄和投资的收益要高于消费的收益。比如说，当下许多人压缩普通消费支出只是为了在大城市买一套住房，因为他们相信从长期看房价还会涨，而房价在长期看涨的一个根源就是预期未来经济的高速增长，老百姓购买力会随着经济的高速增长而进一步加强。如果今天的储蓄和投资能够导致将来更高的消费，那么人们很容易选择今天储蓄和投资以便增加未来的消费，在这种情况下，今天的消费率自然会较低，而只有在经济高速增长情况下人们才会相信今天的投资能够带来更高的未来收益。因此，我们认为，经济的高速增长有可能是导致消费率不断下降的原因之一。

七　住房制度改革

　　1998 年中国实行住房制度改革，此后房产可以作为商品在市场上买卖，而土地出售则成为地方政府最重要收入来源之一。地方政府为了扩大税收，自然有提高土地出售价格倾向，而土地的价格上涨最终会导致房价

---

　　① 原始数据源于《中国统计年鉴》（2014），2007—2013 年的行政管理费用包含一般公共服务和公共安全支出两项。

上涨。不断上涨的房价对普通居民的消费支出产生明显的挤出效应。因此，1998 年的住房制度改革也很可能是导致中国居民消费需求下降的重要原因之一。

第四节　实证模型及数据

为了论证前述几个方面因素对中国居民消费率的影响，本章收集中国 28 个省份 1990—2013 年的数据对如下动态面板数据模型进行参数估计[①]：

$$consume_{it} = \alpha_0 + consume_{i,t-1} + \alpha_1 income_{it} + \alpha_2 inequality_{it} + \alpha_3 pop_{it} + \alpha_4 public_{it} + \alpha_5 growth_{it} + \alpha_6 dummy + f_i + \varepsilon_{it} \qquad (13-1)$$

（13-1）式中，$consume$ 是消费率，用居民消费支出占 GDP 的比重表示。$income$ 是可支配收入比重，用人均可支配收入占人均 GDP 的比重表示。$inequality$ 是居民之间收入分配差距，一般情况下衡量居民收入差距最常用的指标是基尼系数，由于无法收集有关基尼系数的省级面板数据，因此只能够寻求一些替代性指标，这些指标不能全面衡量居民收入差距，但可以反映其中很大一部分收入差距来源。主要通过两类指标来衡量居民的收入差距：一个指标是垄断行业（以金融业为代表）从业人员平均工资与竞争行业（以制造业为代表）从业人员的平均工资之比表示（$sec\text{-}gap$）；作为稳健性检验，还引入城乡收入差距这个指标来检验收入差距（$urrugap$）对居民消费率的影响。pop 是人口结构指标，本章人口结构指标包含三类：第一类是少儿抚养比（$youdep$），用 15 岁以下人口占适龄劳动人口（即 15—64 岁人口）的比重来表示；第二类是老年抚养比（$olddep$），用 65 岁及以上人口与适龄劳动人口的比重来表示；第三类是社会抚养比（$socdep$），即少儿抚养比与老年抚养比之和。$public$ 是公共支出结构，用政府行政管理费用占政府支出的比重表示。$grgdp5$ 是长期经济增长率，用 5 年期年均实际经济增长率表示。[②] $dummy$ 是反映制度变化和不同区域的虚拟变量，与方福前（2009）的处理一样，引入虚拟变量的 1998 年（即 1998 年以后取数值 1，其余年份取数值 0）来检验住房制度改革对

---

①　由于西藏和海南的一些数据无法收集得到，因而本章不包含这两个省份，重庆的数据被合并到四川省中，因而本章中的数据仅包含中国大陆剩余的 28 个省、市、自治区。

②　凡是涉及用人民币为单位衡量的数据均为实际价格衡量，基础年份为 1978 = 100。

居民消费需求的影响。此外，为了反映不同地区消费率的差异状况，本章还将全国分为东部、中部、西部三大区域①，以中部地区为参照引入东部地区虚拟变量 $deast$ 和西部地区虚拟变量 $dwest$。f_i 是个体省份无法观察到的效应，ε_{it} 是残差项，将一些无法量化却有可能对居民消费产生影响的因素，比如消费习惯、地理气候等因素，归入残差项并假定 $\varepsilon_{it} \sim iid$（0，$\delta^2$）。

为了保持数据指标一致性，本章实证模型除人口结构数据之外所有数据均来源于《新中国六十年统计资料汇编》，人口结构数据来自各年份的《中国人口统计年鉴》。由于经济增长率是 5 年期的平均增长率，1990—1994 年的数据在回归中被自动地舍弃，本章有效样本区间是 1995—2013 年，有效样本数据的描述性统计如表 13-1 所示。

表 13-1　　　　　　　　　　样本数据的描述性统计

变量	观察值	均值	标准差	最小值	最大值
$consume$	532	0.412	0.081	0.252	0.733
$income$	532	0.529	0.164	0.237	1.086
$secgap$	532	1.779	0.464	1.045	4.164
$urrugap$	532	2.674	0.694	1.599	4.759
$olddep$	532	0.123	0.026	0.053	0.221
$youdep$	532	0.301	0.090	0.100	0.526
$socdep$	532	0.424	0.078	0.248	0.649
$public$	532	0.120	0.048	0.032	0.311
$grgdp5$	532	0.100	0.021	0.046	0.202

① 中国区域经济传统意义上对东部、中部、西部省市的划分为：东部省市：辽宁、河北、北京、天津、山东、江苏、浙江、上海、福建、广东、广西壮族自治区和海南；中部省份：黑龙江、吉林、内蒙古自治区、山西、河南、湖北、江西、安徽、湖南；西部省份：陕西、甘肃、青海、宁夏回族自治区、新疆维吾尔自治区、四川、重庆、云南、贵州和西藏自治区。由于在西部大开发战略实施后，广西壮族自治区和内蒙古自治区被划为西部大开发意义上的西部省份，本章将这两个自治区也归为西部省份。此外，由于西藏自治区和海南省数据大量缺失，故将其舍去；重庆的数据并入四川，因此本章数据样本仅涵盖中国大陆的 28 个省、市、自治区。

第五节　实证模型的参数估计

（13－1）式的解释变量中出现了被解释变量的滞后一期，意味着解释变量的内生性问题难以避免。面板数据模型最常用的估计方法是固定效应（fixed effect）模型和随机效应（random effect）模型，然而这两种方法都无法解决解释变量中的内生性问题。为了克服解释变量的内生性问题，本章采用系统广义矩阵估计方法对方程进行参数估计。系统矩阵（GMM）估计方法由 Arellano 和 Bover（1995）以及 Blundell 和 Bond（1998）提出。系统 GMM 的基本思路是：一方面用差分方程消除固定效应，并使用自变量的水平滞后项作为差分项的工具变量；另一方面使用差分项的滞后项作为水平项的工具变量，以此增加工具变量的个数，从而解决水平滞后项的弱工具变量问题。由于系统 GMM 估计方法综合利用了水平变化和差分变化的信息，其估计结果要比普通最小二乘法（OLS）和固定效应模型（FE）更为可信。

两步系统 GMM 估计在小样本时容易导致参数估计值的标准误差被严重低估（Windmeijer，2005），为了得到标准误差的无偏估计值，我们决定采用 Windmeijer（2005）提出的方法对标准误差的估计值进行修正。具体来说，就是用 Roodman（2006）开发的 STATA 程序进行两步 GMM 估计。[1]

由于系统 GMM 估计方法是典型的工具变量方法，工具变量选择十分重要。在（13－1）式解释变量中，人口结构变量由计划生育的国家政策决定，是一个典型的外生变量。因此，遵循 Loayza 等（2000）、Schrooten 和 Stephen（2005）的做法，我们将人口结构和政策、地区虚拟变量视为严格的外生变量，它们既是水平方程的工具变量，也是差分方程的工具变量。其余所有的解释变量均被认为是外生变量，而它们的滞后变量则被用来作为"内在的工具变量"，用 Bond（2002）提出的方法来进行工具变量的选择。[2]

---

① 本章所有参数估计均在 STATA10.0 中完成，主要用 Roodman（2006）开发的"xtabond2"程序来修正标准误差。

② 在 STATA 中"collapse"被用来选择工具变量。

表 13 - 2   实证模型的参数估计结果

模型	（1）	（2）	（3）	（4）
被解释变量/ 解释变量	consume	consume	consume	consume
L. consume	0.4421 （4.17）***	0.4517 （4.45）***	0.4982 （4.87）***	0.3817 （3.11）***
income	0.0862 （1.97）**	0.0881 （1.94）*	0.0917 （1.79）*	0.1241 （2.88）***
secgap	0.0054 （0.69）	0.0049 （0.67）	0.0066 （0.88）	
urrugap				- 0.0040 （0.67）
youdep	0.2008 （2.36）**	0.1912 （2.51）***		
olddep	0.1601 （1.01）	0.1719 （1.51）		
socdep			0.1821 （2.08）**	0.1448 （1.78）*
public	- 0.0976 （1.56）	- 0.0988 （1.73）*	- 0.1218 （1.89）*	- 0.1156 （1.64）
grgdp5	- 0.1751 （1.38）	- 0.1865 （1.37）	- 0.1506 （0.96）	- 0.1693 （0.89）
d1998	- 0.0129 （2.12）**	- 0.0131 （2.21）**	- 0.0117 （1.98）*	- 0.0116 （1.79）*
east	- 0.0012 （0.27）			
west	0.0011 （0.15）			
Constant	0.1032 （1.98）**	0.1049 （2.07）**	0.1010 （1.99）**	0.1548 （2.67）***
Hensen test	0.928	0.954	1.000	0.794
AR（1）test	0.022	0.024	0.019	0.024
AR（2）test	0.574	0501	0.502	0.487

续表

模型	(1)	(2)	(3)	(4)
差分方程的工具变量	L(1/.). (L. consume income secgap public grgdp5)	L(1/.). (L. consume income secgap public grgdp5)	L(1/.). (L. consume income secgap public grgdp5)	L(1/.). (L. onsume income secgap public grgdp5)
差分方程和水平方程共同的工具变量	youdep olddep d1998 east west	youdep olddep d1998 east west	socdep d1998 east west	socdep d1998 east west
水平方程的工具变量	D. L. (L. consume income secgap public grgdp5)	D. L. (L. consume income secgap public grgdp5)	D. L. (L. consume income secgap public grgdp5)	D. L. (L. consume income urrugap public grgdp5)

注：括号中的数值是 t 统计值的绝对值；***、** 和 * 分别表示在 1%、5% 和 10% 的显著性水平下通过显著性检验。L. 表示滞后项，D. 表示差分项，L (1/.). 表示滞后 1 阶以上。

表 13 - 2 下面给出了在进行系统 GMM 估计时所使用的工具变量以及工具变量的有效性检验。可以看到，在进行参数估计时，我们使用滞后一期消费率、收入 GDP 比值、收入差距、公共支出结构、经济增长率的滞后一期的水平量和差分量分别作为差分方程与水平方程的工具变量进行系统 GMM 估计。所使用的工具变量在 4 个模型中都通过了二阶序列相关性检验和过度约束识别检验，这就意味着工具变量有效。

第六节　结果分析

从表 13 - 2 可以看出，滞后一期消费率前面的系数为正，在 4 个模型中均能够通过显著性检验说明中国居民消费率表现出明显的惯性或者持久性。消费率前面的系数处于 0.38—0.50 之间，意味着其长期效应是短期效应的 1.61—2.00 倍，平均而言，长期效应是短期效应的 1.80 倍。实证研究表明，居民可支配收入 GDP 比值、少儿抚养比对消费率有显著的正向影响；行政管理费用占财政支出的比值和住房制度改革对消费率产生显著的负向影响；收入差距、人口老龄化和经济增长率对消费率的影响不明显。从现有的实证结构可以对中国消费率的持续下降做出部分解释。

一 居民收入占国民收入比重降低是居民消费率下降的直接原因

当前已经有很多经济学者对消费函数的相关模型假设进行了阐述,比较重要的假设包括凯恩斯的绝对收入假设、Duesenberry 的相对收入假设、Modigliani 的生命周期假设和弗里德曼的持久收入假设等。这些模型都将可支配收入列为消费模型中最重要的解释变量,当可支配收入作为解释变量与消费支出进行回归时,前面的系数被称为边际消费倾向。边际消费倾向保持不变时,可支配收入越高,消费支出越多。1990 年以来,中国居民在国民财富中所分得的份额越来越小,居民可支配收入占 GDP 的比重从 1990 年的 61.8% 下降到 2013 年的 41.6%。由于国民收入分配失衡,中国居民的收入增长速度长期赶不上 GDP 增长速度,居民收入占国民财富的比重越来越低,这一点成为中国居民消费率持续下降最为直接的原因(方福前,2009)。

根据表 13-2 的实证结果,当居民可支配收入与 GDP 占比下降 1 个百分点时,居民消费率下降约 0.10 个百分点。1990—2013 年,中国居民可支配收入占 GDP 的比重下降了 20.2 个百分点,这意味着 1990—2013 年,由居民的可支配收入占 GDP 的比重下降导致居民消费率下降约 2 个百分点。

二 人口结构变迁是导致中国居民消费率下降的又一个因素

根据生命周期理论,个人在年轻时期储蓄大于消费,而在幼年和老龄时消费大于储蓄。这意味着,消费率会随着社会抚养比的增加而提高。本章实证结构符合生命周期理论假设,社会抚养比、少儿抚养比和老年抚养比对消费率均能够产生正向影响,社会抚养比和少儿抚养比基本都能够通过显著性检验,而老年抚养比则没能通过显著性检验,说明少儿抚养比更能够解释中国的消费行为。1990—2013 年,中国的少儿抚养比和社会抚养比呈不断下降的趋势,而老年抚养比则呈不断上升的趋势,说明中国社会抚养比下降主要是由少儿抚养比下降造成的,而少儿抚养比下降主要是由计划生育政策造成的。

根据表 13-2 的实证结果,当少儿抚养比上升 1 个百分点时,居民消费率会上升 0.19 个百分点。1990 年,中国的少儿抚养比为 41%,2013 年下降至 22%,1990—2013 年,中国的少儿抚养比下降了 19 个百分点,意味着由少儿抚养比下降导致消费率下降 3.6 个百分点。

三　不断攀升的行政管理费对居民消费产生严重的挤出效应

Landau（1986）使用 1960—1980 年 65 个发展中国家的有关样本分析发现，政府支出，特别是政府消费与经济增长显著负相关。巴罗（1991）从 98 个发展中国家和发达国家 1965—1985 年的数据发现相同的结果。基于中国的数据，王晓鲁等（2009）、刘生龙等（2009）通过实证研究发现，政府支出，尤其是政府行政管理费用占 GDP 比重过高对中国的经济增长已经产生显著的负面影响。行政管理费用的逐年提高使得政府的消费支出逐年上升，1990—2008 年，政府的消费支出占总消费的比重从 21%上升到 27%，增加了 6 个百分点。由于行政管理费用占财政支出的比重过高使得其他一些方面的支出，比如教育、医疗和社会保障等，明显不足。最为明显的例子是教育经费占 GDP 的比重达到 4%的目标在 10 年时间都未达到。由于政府在教育等方面的投入不足，这些成本转化到居民身上，对居民的消费支出不可避免地产生挤出效应。最后，由于公共财政支出结构不合理，社保体系不完善，居民面临一个不确定的未来，这种收入或支出的不确定性会增加居民的预防性储蓄，进而降低当前的消费（Dardanoni and Valentino，1991；Carroll，1994；Kazarosian，1997；Guisio，Jappelli and Terlizzese，1994）。

实证研究的结果表明，行政管理费用占 GDP 的比重越高，居民消费率越低。行政管理费用占 GDP 的比重每上升 1 个百分点，居民消费率就下降 0.1 个百分点。1990—2013 年，中国行政管理费用占 GDP 的比重平均值由 2.7%上升至 3.9%，这就意味着由行政管理费用增加导致 1990—2013 年居民消费率下降 0.12 个百分点。

四　住房制度改革对居民消费率产生显著的负向影响

1998 年的住房制度改革加重了居民的住房成本，因为实行住房货币化制度改革之后，房价随市场节节攀升，加上政府对于社会保障房的建设严重不足，使得居民在住房上的预计支出逐年增加，不断增加的住房预期支出使得居民不断降低消费支出。实证研究结果表明，1998 年的住房制度改革使得居民消费率平均下降 1.2 个百分点。

五　居民之间的收入差距和经济增长率对居民消费率似乎没有影响

当前许多经济学者将中国居民消费率低归因于居民收入差距，持这种观点的人都相信收入的边际消费倾向递减。虽然用居民收入分配差距解释中国的低消费率有一定道理，却与当前的许多经验事实不符。首先，一些居民收入差距比中国更高的发展中国家并没有出现消费需求不足，如一些拉美国家。其次，那些高收入国家并没有出现较低的边际消费倾向，如美国。李军（2003）通过研究发现，居民收入分配差距扩大并不是中国居民消费不足的原因，本章的实证研究结果也没有发现居民之间的收入分配对居民消费有显著的影响。本章通过两种方式对居民收入差距进行衡量，当用行业之间的收入差距来代理居民收入差距时发现，收入差距扩大对消费率有正向影响，而当用城乡收入差距来代理居民收入差距时，又发现收入差距对消费率有负向影响，尽管不论是用行业差距还是用城乡差距都没能通过显著性检验。居民收入差距扩大没能成为解释中国居民消费率下降的有力证据，这和当前流行的观点显然不一致。一个可能原因是我们所采用的两类收入差距指标均不能够完全代表居民之间的收入分配差距。有关居民收入分配差距对中国消费率的影响需要进一步研究。

本章的研究并没有发现经济增长率和地区差异对居民消费率的影响，说明改革开放以来中国经济的高速增长并不成为居民消费率下降的原因，而居民消费率也不会随着区域位置不同而有所不同。

第七节　结论及政策含义

本章通过收集 1990—2013 年中国 28 省份的省级面板数据，验证居民消费率的滞后一期、居民收入占 GDP 的比重、居民之间的收入分配差距、人口结构、行政管理费、经济增长率和住房改革对居民消费率的影响，其目的是为了解释中国内需不足的原因。实证研究表明：（1）居民收入占 GDP 的比重持续下降、由计划生育导致的少儿抚养比持续下降、不断攀升的行政管理费用、住房制度改革是导致中国居民消费率下降的最主要因素。1990—2013 年由居民收入 GDP 比、人口结构变迁、行政管理费用和住房制度改革导致的居民消费率下降共计 6.9 个百分点。1990—2013 年，中国的居民消费率由 47.1% 下降为 35.3%，总共下降了 10.1 个百分点，由居民收入 GDP 比、人口结构、行政管理费用和住房制度改革这四类因素可以解释其中的 69%。（2）经济的高速增长和居民之间收入差距扩大导致中国有效需求不足的结论并没有得到验证，这两类因素是不是中国居民消费率下降的原因有待进一步检验。

　　中国是一个发展中大国，保持经济的高速增长是增强国家实力和提高国民福祉的重要因素。从目前的发展态势来看，我们有理由相信，中国在未来20年左右的时间很有可能一直保持适度的增长。但是，如何让更多的老百姓从经济增长中获得实惠是一个重要问题。从中国居民消费率不断下滑的趋势可以看出，居民消费并没有从过去国民经济的高速增长中获得相应的提高。显然，未来中国经济增长应当注重居民消费需求的提高。从实证结果来看，本章的政策意义十分明显：

　　首先，国民收入分配失衡是导致中国居民消费率下降的最主要因素。中国目前的状况是政府收入、企业利润太高，而居民收入过低。因此，目前来看，提升中国内需的一条最为重要的途径是提高居民收入占国民收入比重，真正做到藏富于民。

　　其次，降低行政管理费用，扩大教育、医疗和社会保障的投入是促进中国内需的又一条重要途径。

　　再次，控制房价，使房价收入比保持在一个比较合理的范围内也能够在很大程度上促进中国居民的消费需求。

　　最后，随着人口老龄化程度的加深，中国社会抚养比不断下降的局面正在转变，而社会抚养比提高已经被证明是有利于居民消费率提高的。这就意味着人口结构的变迁会自动促使中国居民消费率的提高。但是，由于老龄化的日益严重，老龄化迟早也会对中国的经济增长产生影响，因此，在解决中国内需不足的问题的同时，还应积极地应对中国未来的人口老龄化问题。

第十四章 中国高储蓄现象的系统解析

按照储蓄供给与储蓄需求理论，可以对中国改革开放后30多年的高储蓄现象进行系统性解析。总的来说，不断提高的储蓄供给与不断升高的储蓄需求共同促成中国高储蓄现象的形成。其中，以劳动力数量比重不断上升为主要特征的人口结构，是此期间中国出现高储蓄现象的内在、客观的因素。而随着中国人口结构转向人口老龄化，劳动力比重下降，国民储蓄率终将趋于下降，个人（家庭）储蓄率将趋向升高。未来以人口老龄化为主要特征的人口结构，将深刻影响储蓄供给主体与储蓄需求主体，进而成为影响储蓄的重要而又关键的因素。特别是从长期看，在人口老龄化背景下，未来经济中呈现的国民储蓄率下降而个人（家庭）储蓄率上升的彼此反向变动趋势，或是未来经济的一种系统性风险，对此须给予高度重视。

第一节 提高中国储蓄供给的因素分析

储蓄供给是影响储蓄实际水平的一个重要方面。由于消费者是储蓄供给主体，因此对影响储蓄供给的因素分析，实际上就是从消费方面探究影响储蓄的因素。总的来看，1978—2013年，中国储蓄供给水平不断提高，主要归因于收入水平提高、储蓄习惯、改革预期和收入差距扩大等多方面的因素。其中，收入水平提高是影响储蓄供给的最重要因素，其原因在于收入（产出）是储蓄的源头，收入增加是储蓄增加的重要基础。

一 收入因素分析

（一）收入影响储蓄供给的理论分析

理论与实践经验均表明，收入是影响消费最为重要的因素。在消费者方面，储蓄供给的表达式为：

$$S = Y - C \qquad (14-1)$$

在（14-1）式中，S 为储蓄，Y 为收入（或产出），C 为消费。可见，若收入 Y 一定，消费 C 越大，则储蓄 S 越小；消费 C 越小，则储蓄 S 越大。

这里主要考虑的不是收入 Y 不变的情况，而是重点考虑当收入 Y 处于变动时，储蓄 S 是如何随之变化的。由于 $S = Y - C$，因此，当收入 Y 变动时，不仅消费 C 随 Y 而变，$Y - C$ 整体也随 Y 而变。这时，储蓄 S 作为收入 Y 与消费 C 的差值，其结果如何变化并不是显而易见的。对此需要进行深入的数理分析。事实上，储蓄 S 是关于收入 Y 的函数，即有下面的表达式：

$$S(Y) = Y - C(Y) \qquad (14-2)$$

对（14-2）式求关于 Y 的导数，得：

$$\frac{\mathrm{d}S}{\mathrm{d}Y} = 1 - \frac{\mathrm{d}C}{\mathrm{d}Y} \qquad (14-3)$$

在（14-3）式中，$\dfrac{\mathrm{d}C}{\mathrm{d}Y}$ 的经济意义是明确的，即 $\dfrac{\mathrm{d}C}{\mathrm{d}Y}$ 是边际消费倾向。

经典的消费理论表明，边际消费倾向介于 0 和 1 之间，即有 $0 < \dfrac{\mathrm{d}C}{\mathrm{d}Y} < 1$ 成立。因此，根据（14-3）式，有 $0 < \dfrac{\mathrm{d}S}{\mathrm{d}Y} < 1$ 成立。而 $\dfrac{\mathrm{d}S}{\mathrm{d}Y} > 0$ 表明，储蓄 S 是关于收入 Y 的增函数，即收入 Y 增加，将导致储蓄供给的绝对水平 S 相应增加。

上述是关于储蓄供给绝对水平与收入的关系。下面分析储蓄率层面储蓄供给与收入的关系。设 s 为储蓄率，即 $s = \dfrac{S}{Y}$。于是，根据（14-2）式，有下面的关系式：

$$s = \frac{S}{Y} = 1 - \frac{C(Y)}{Y} \qquad (14-4)$$

对（14-4）式求收入 Y 的导数，得：

$$\frac{\mathrm{d}s}{\mathrm{d}Y} = -\frac{C'(Y)Y - C(Y)}{Y^2} = \frac{1}{Y}\left[\frac{C}{Y} - \frac{\mathrm{d}C}{\mathrm{d}Y}\right] \qquad (14-5)$$

（14-5）式表明，收入 Y 对储蓄率 s 的影响是正向还是负向，取决于 $\dfrac{C}{Y} - \dfrac{\mathrm{d}C}{\mathrm{d}Y}$ 的结果。注意：$\dfrac{C}{Y}$ 为平均消费倾向，因此，（14-5）式有明确的

经济学意义：平均消费倾向与边际消费倾向的差值，将决定收入对储蓄率影响的正负性。对此有下面两种情况：

（1）若边际消费倾向 $\dfrac{dC}{dY}$ 小于平均消费倾向 $\dfrac{C}{Y}$，即有 $\dfrac{C}{Y} - \dfrac{dC}{dY} > 0$，这时根据（14-5）式有 $\dfrac{ds}{dY} > 0$。这意味着在此情况下，储蓄率 s 是关于收入 Y 的增函数，即收入水平提高将产生提高储蓄率的效应。

（2）若边际消费倾向 $\dfrac{dC}{dY}$ 大于平均消费倾向 $\dfrac{C}{Y}$，即有 $\dfrac{C}{Y} - \dfrac{dC}{dY} < 0$，这时根据（14-5）式有 $\dfrac{ds}{dY} < 0$。这意味着在此情况下，储蓄率 s 是关于收入 Y 的减函数，即收入水平提高将产生降低储蓄率的效应。

可见，边际消费倾向 $\dfrac{dC}{dY}$ 与平均消费倾向 $\dfrac{C}{Y}$ 的大小比较，是判断收入 Y 对储蓄率 s 的影响是正向还是负向的关键所在。

实际上，不论是经济学理论还是统计数据经验都表明，经济中存在着"边际消费倾向递减"规律。从长期看，边际消费倾向将随收入提高而下降。如果不是基于长期而是对当期而言，边际消费倾向递减规律的另一种表现方式是：高收入者的边际消费倾向低于低收入者的边际消费倾向。而这种表述的另一面含义是：高收入者的储蓄倾向高于低收入者的储蓄倾向。

因此，根据上述的边际消费倾向递减规律，可以得到下面的推论：

（1）从长期看，当经济发展到一定阶段后，边际消费倾向的下降必然将进入到有 $\dfrac{dC}{dY} < \dfrac{C}{Y}$ 成立的阶段，即有 $\dfrac{ds}{dY} > 0$ 成立。对此的经济意义是：从长期看，储蓄率与收入水平提高是正向的关系，即收入水平提高对储蓄率水平的提高起正向作用。

（2）从当期看，一定经济的收入结构对储蓄率有重要影响，即高收入者与低收入者的收入差距越大，相应的储蓄率水平越高。这是因为，高收入者有相对高的储蓄倾向，而低收入者即使想多消费也没有足够的收入，从而不利于当期经济中的总消费增长。

事实上，收入变动对储蓄率的短期与长期的影响效应不尽一致。这是因为，在一定的短期内，边际消费倾向 $\dfrac{dC}{dY}$ 可能是不变的或相对变化较小。

而从长期看，边际消费倾向是递减的，即边际消费倾向 $\dfrac{dC}{dY}$ 将随 Y 增加而减小，又因为根据（14-5）式可知 $\dfrac{ds}{dY} = \dfrac{C}{Y^2} - \dfrac{1}{Y}\dfrac{dC}{dY}$，因此 $\dfrac{dC}{dY}$ 减小将导致 $\dfrac{ds}{dY}$ 减小。这一结果的意义是：随着收入 Y 水平的提高，$\dfrac{ds}{dY}$ 趋于减小，也就是收入 Y 对储蓄率的长期影响效应大于其短期影响效应。

上述从长期看储蓄率与收入增长是正向关系的推断，需要有实证分析结果的支持。因此，下面进行有关实证分析。

（二）中国收入水平提高对储蓄供给影响效应的实证分析

下面的实证分析分别从中国城镇居民收入、农村居民收入及国民收入三个方面进行。这三个方面实际上是两个层面的问题，城镇居民收入与农村居民收入是货币收入层面的问题，而国民收入是宏观经济中的国民经济核算层面的问题。下面分别从这三个方面分析收入水平提高对平均消费倾向与边际消费倾向的影响，由此判断收入对储蓄率的影响。因为根据前面的理论已经知道，若边际消费倾向小于平均消费倾向，则有收入提高对储蓄起正向作用这一结论，因此对边际消费倾向和平均消费倾向的计算是下面实证分析中的关键问题。

（1）城镇居民的收入增长、平均消费倾向及边际消费倾向。城镇居民以人均可支配收入作为收入变量 Y，以城镇居民人均生活消费支出（也称人均现金消费支出）作为消费变量 C。尽管这两个指标的口径可能不尽一致，即这里的居民生活消费支出不一定全部是出自其可支配收入之中，但是，可作为计算消费倾向的一种参考。

设 $C = a + bY$，则 $\dfrac{C}{Y}$ 为平均消费倾向，参数 b 为边际消费倾向。实际上，在第十一章的数据分析中，我们已经进行了城镇居民平均消费倾向 $\dfrac{C}{Y}$ 的计算，具体参见第十一章表 11-1 和图 11-14。结果表明，1978—2013 年，中国城镇居民的平均消费倾向的变动范围是从 93.5% 下降至 66.9%。

对于各年份的边际消费倾向的计算，可按 $b_t = \dfrac{\Delta C_t}{\Delta Y_t}$ 计算，其中，这里的 b_t 表示 t 年的边际消费倾向，$\Delta Y_t = Y_t - Y_{t-1}$，$\Delta C_t = C_t - C_{t-1}$。然而，比较某一年的边际消费倾向与平均消费倾向的结果意义不大，因为年度短期内存在着偶然性，因此主要是考察一个长时间内的结果。为此，对边际消费倾向 b 的计算，采用估计 $C = a + bY$ 方程的方法进行。采用该方法的好处在于，不仅可以得到边际消费倾向 b 的估计，而且可以得到自主消费水平（参数 a）的估计。利用公式 $b_t = \dfrac{\Delta C_t}{\Delta Y_t}$ 进行计算还存在的一个问题是，其结果容易被过高估计，因为这样的计算方式等同于默认消费 C 的变动全部是由收入 Y 变动而引发的。而实际上有一部分消费和收入变动没有关系，如自主消费部分。

采用 1980—2013 年的样本数据。由于边际消费倾向是有关消费变动与收入变动的一种比率，因此不必考虑价格对收入与消费的影响。为此，我们直接利用城镇居民人均可支配收入（变量 Y）和城镇居民人均生活消费支出（变量 C）的现价数据进行方程估计。方程估计的结果如下：

$$C = 406.9 + 0.681 \times Y$$

$$(6.02) \quad (103.9) \qquad R^2 = 0.997 \tag{14-6}$$

由（14-6）式可见，1980—2013 年，中国城镇居民的边际消费倾向为 0.681，而同期的平均消费倾向的年均值为 0.805。由此表明，在此期间，中国城镇居民的边际消费倾向明显小于平均消费倾向，因此得到 1980—2013 年中国城镇居民收入增长对其储蓄有正向作用的实证结论。

图 14-1 是 1980—2013 年中国城镇居民年度平均消费倾向曲线，由此可以直观看到城镇居民边际消费倾向与年度平均消费倾向以及同年度平均消费倾向均值水平的差距。数据显示，1980—2013 年，中国城镇居民的边际消费倾向低于平均消费倾向的年均值 12.4 个百分点。然而，图14-1 显示，随着收入的不断提高，平均消费倾向也在趋于下降。事实上，从长期看，经济中存在平均消费倾向趋向接近边际消费倾向的趋势。对此容易在数学上进行证明：

若 $C = a + bY$，则平均消费倾向 $\dfrac{C}{Y}$ 为：

$$\frac{C}{Y} = \frac{a}{Y} + b \tag{14-7}$$

根据（14-7）式，当 Y 趋向无穷大时有下面的结果：

$$\lim_{Y \to +\infty} \frac{C}{Y} = b \tag{14-8}$$

图 14 - 1　1980—2013 年中国城镇居民年度平均消费倾向、边际消费倾向

（14 - 8）式的含义是：当收入水平无限增大时，平均消费倾向$\dfrac{C}{Y}$无限接近边际消费倾向 b。而图 14 - 1 展现的情况说明，现阶段中国平均消费倾向已进入接近边际消费倾向的阶段。

（2）农村居民的收入增长、平均消费倾向及边际消费倾向。对中国农村居民的收入增长与储蓄关系的实证分析，在方法上与上面城镇居民的情况分析是相同的。具体来说，以农村居民家庭人均纯收入作为收入变量 Y，以农村居民人均消费支出作为消费变量 C。同样，设 $C = a + bY$，则$\dfrac{C}{Y}$为平均消费倾向，参数 b 为边际消费倾向。

在第十一章的数据分析中，实际上也已经进行了平均消费倾向$\dfrac{C}{Y}$的计算，具体结果由第十一章的表 11 - 2 和图 11 - 16 给出。计算结果表明，1978—2013 年，中国农村居民平均消费倾向的变动范围是从 89% 下降至 71.4%。

对农村居民的边际消费倾向 b 的计算，同样采用估计 $C = a + bY$ 方程的方法进行。利用 1980—2013 年的样本数据，得到该方程的估计结果如下：

$$C = 52.7 + 0.744 \times Y$$

$$(3.47)\quad(162.6)\qquad R^2 = 0.999 \qquad\qquad (14 - 9)$$

由（14 - 9）式可见，1980—2013 年，中国农村居民的边际消费倾

向为 0.744，而同期农村居民的平均消费倾向的年均值为 0.795。由此
表明，此期间农村居民的边际消费倾向明显小于其平均消费倾向，因此
得到 1980—2013 年中国农村居民收入增长对其储蓄有正向作用的实证
结论。

图 14 - 2 是 1980—2013 年中国农村居民年度平均消费倾向曲线，由
此可以直观地看到农村居民的边际消费倾向与年度平均消费倾向和同年度
平均消费倾向的均值水平的差距。数据显示，1980—2013 年，中国农村
居民的边际消费倾向低于平均消费倾向的年均值 5.1 个百分点。图14 - 2
显示，1989—1999 年，农村居民的年度平均消费倾向下降幅度明显，从
1989 年的 89% 下降至 1999 年的 71.4%。2000 年后农村居民的平均消费
倾向水平出现了回升。

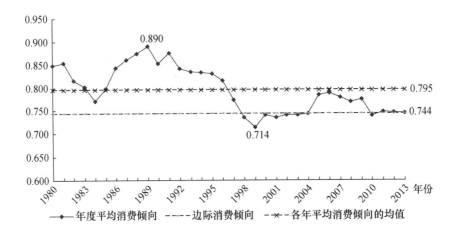

图 14 - 2　1980—2013 年中国农村居民年度平均消费倾向、边际消费倾向

（3）国民收入增长、平均消费倾向及边际消费倾向。在国民收入层
面，以国民生产总值 GNP 作为收入变量 Y，以最终消费作为消费变量 C。
同样，设 $C = a + bY$，则 $\dfrac{C}{Y}$ 为平均消费倾向。因此，可利用《中国统计年
鉴》中 GNP 及支出法 GDP 中的最终消费的数据，计算平均消费倾向 $\dfrac{C}{Y}$。
计算结果表明，1978—2013 年，中国在国民收入层面上的平均消费倾向
变动范围是从 69.7% 下降至 48.5%。

对国民收入层面的边际消费倾向 b 的计算，同样可采用估计 $C = a + bY$ 方程的方法。该方程的估计结果如下：

$$C = 4611.2 + 0.496 \times Y$$

$$(4.45) \quad (96.1) \quad R^2 = 0.996 \quad\quad\quad (14-10)$$

由（14 – 10）式可见，1980—2013 年，国民收入层面上的边际消费倾向为 0.496，而同期国民收入层面上的平均消费倾向的年均值为 0.602。由此表明，此期间在国民收入层面的边际消费倾向明显小于其平均消费倾向，因此得到 1980—2013 年中国在国民收入层面上的收入增长对国民储蓄有正向作用的实证结论。

图 14 – 3 是 1980—2013 年中国国民收入层面上的年度平均消费倾向曲线，由此可以直观地看到在国民收入层面的居民边际消费倾向与年度平均消费倾向以及同年度平均消费倾向的均值水平的差距。数据显示，1980—2013 年，中国国民收入层面上的边际消费倾向低于平均消费倾向的年均值 10.6 个百分点。图 14 – 3 显示，进入 2000 年后，国民收入层面的年度平均消费倾向呈现快速下降趋势，而 2010 年后有所回升。

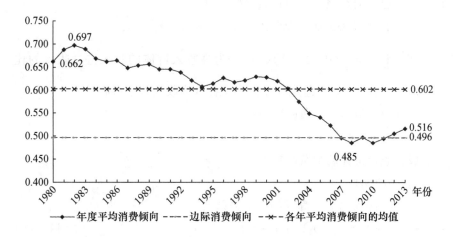

图 14 – 3　1980—2013 年中国国民收入层面的年度平均消费倾向、边际消费倾向

总之，上述三个方面的平均消费倾向与边际消费倾向的计算结果均表明，1980—2013 年，中国居民的收入增长对储蓄供给起明显正向作用，这一结论既有理论依据，也有实证分析结果为证。注意：上述的收入增长是指收入绝对水平的提高，而不是指收入增长率。

二　收入差距扩大因素分析

将边际消费倾向递减规律运用于收入结构方面，即意味着高收入群体有相对低的边际消费倾向，而低收入群体有相对高的边际消费倾向。这等同于说，高收入群体有相对高的储蓄率，低收入群体有相对低的储蓄率。按此推断，如果财富越来越多向高收入者集中，那么收入用于消费的比例将下降，因此经济中的储蓄率将趋于提升。也就是说，收入差距扩大将产生降低消费而提高储蓄率的效应。下面进行理论上的分析。

（一）收入差距对储蓄影响的理论分析

现将经济中的居民按某一收入标准线划分为高收入群体和低收入群体，即收入在标准线之上者属于高收入群体，收入在标准线之下者属于低收入群体。一些符号设定与条件假设如下：

（1）设高收入群体的总收入为 Y_h，其边际消费倾向为 $b_h(0 < b_h < 1)$；

（2）设低收入群体的总收入为 Y_l，其边际消费倾向为 $b_l(0 < b_l < 1)$；

（3）根据边际消费倾向递减规律，高收入群体边际消费倾向小于低收入群体边际消费倾向，即有 $b_h < b_l$ 成立；

（4）设该经济的居民总收入为 Y，则有 $Y = Y_h + Y_l$；

（5）设 $\beta = \dfrac{Y_h}{Y}(0 < \beta < 1)$，则 β 为高收入群体的收入占总收入的比重。β 的大小体现收入差距程度大小，称 β 为收入差距系数。

设高收入群体的消费函数为：

$$C_h = a_h + b_h Y_h$$

设低收入群体的消费函数为：

$$C_l = a_l + b_l Y_l$$

于是，得到总量消费 C 的一个关系式：

$$C = C_h + C_l = a_h + b_h Y_h + a_l + b_l Y_l \qquad (14-11)$$

由 $Y_l = Y - Y_h$ 及 $Y_h = \beta Y$，代入（14-11）式并整理，可得（14-11）式的另一个表达形式：

$$C = a_h + a_l + [(b_h - b_l)\beta + b_l]Y \qquad (14-12)$$

由于 $b_h < b_l$ 成立，因此 $b_h - b_l < 0$，即（14-12）式中 β 前的系数为负号。这表明总消费 C 是关于收入结构系数 β 的减函数。于是，在收入 Y

一定的情况下，消费 C 随 β 的增大而减小，随 β 的减小而增大。

β 的值越大，代表高收入群体收入所占比重越大，也就是高收入群体与低收入群体收入差距越大。根据（14-12）式可知，β 的值越大，相应的消费总量水平越小，与此对应的是储蓄水平越高。此情况可由下面的关系式直接体现：

$$S = Y - C = Y - \{a_h + a_l + [(b_h - b_l)\beta + b_l]Y\}$$

即：

$$S = -(a_h + a_l) + [1 + (b_l - b_h)\beta - b_l]Y \qquad (14-13)$$

在（14-13）式中，$b_l - b_h > 0$，因此表明储蓄 S 是关于 β 的增函数，即 β 越大，储蓄 S 越大。

上述分析实际上是从理论上证明了这样的结果：收入差距扩大起降低总消费水平的负向作用，而对储蓄起正向作用。

（二）中国收入差距对储蓄供给影响效应的实证分析

以下通过中国有关统计数据，对上述收入差距与储蓄的关系进行实证分析。然而，在现行中国统计数据中，关于收入差距的数据不理想，因此这种实证分析是较困难的。特别是存在着数据指标口径不一致、时间序列短等多方面的问题。

（1）城镇居民的收入差距。根据可利用的数据情况，我们首先采用《中国统计年鉴》（2014）中按收入五等份分组的中国城镇居民人均可支配收入数据，该数据样本的时间范围是 2000—2013 年。按收入五等份分组的含义是：将被调查户按收入由高到低排序，排位在最前 20% 的为高收入户，依次第二个 20% 调查户为中等偏上户，依次第三个 20% 调查户为中等收入户，依次第四个 20% 调查户为中等偏下户，最后 20% 调查户为低收入户。

　度量收入差距的方法是，以低收入户的收入水平为 1，考察其他不同等级收入户收入同低收入户收入比值。如 2000 年五等份分组的人均可支配收入由高到低依次是：高收入户为 11299.0 元，中等偏上户为 7487.4 元，中等收入户为 5897.9 元，中等偏下户为 4623.5 元，低收入户为 3132.0 元。于是，高收入户、中等偏上户、中等收入户、中等偏下户分别与低收入户的收入之比为 3.61、2.39、1.88、1.48，由此形成表 14-1 中与 2000 年相对应的数据。具体计算结果由表 14-1 给出。图 14-4 是根据表 14-1 的数据绘制的图示。

表 14 – 1   2000—2013 年按收入五等份分组的中国城镇
居民人均可支配收入比例数据

年份	低收入户	中等偏下户	中等收入户	中等偏上户	高收入户
2000	1	1.48	1.88	2.39	3.61
2001	1	1.49	1.92	2.46	3.81
2002	1	1.63	2.20	2.93	5.10
2003	1	1.63	2.21	2.96	5.30
2004	1	1.65	2.24	3.03	5.52
2005	1	1.67	2.29	3.14	5.70
2006	1	1.65	2.25	3.08	5.56
2007	1	1.66	2.24	3.05	5.50
2008	1	1.68	2.30	3.17	5.71
2009	1	1.67	2.29	3.13	5.57
2010	1	1.67	2.26	3.05	5.41
2011	1	1.65	2.22	3.01	5.35
2012	1	1.62	2.17	2.88	4.97
2013	1	1.62	2.14	2.84	4.93
差值	—	0.14	0.26	0.45	1.32
年均增速	7.8	8.6	8.9	9.3	10.5

注：以低收入户收入水平为 1，根据《中国统计年鉴》（2014）表 6 – 7 数据计算。差值是指
2013 年与 2000 年同指标的差值。年均增速是指同一收入户 2000—2013 年的年均增长率，可比价
计算，即以 CPI 指数减缩了价格上涨因素。

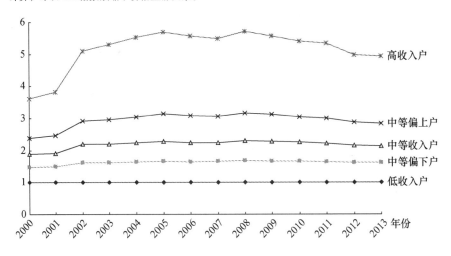

图 14 – 4   2000—2013 年按收入五等份分组的中国城镇居民
人均可支配收入比例关系（以低收入户收入水平为 1）

资料来源：同表 14 – 1。

　　表 14－1 数据及图 14－4 显示，2000—2013 年，城镇居民人均可支配收入在不同收入群体间呈现收入差别明显扩大的情况。如以低收入户的收入水平为 1，2000 年高收入户的收入水平是低收入户的 3.61 倍，2008 年扩大至 5.71 倍，2013 年有所回落但仍为 4.93 倍。值得注意的现象是，收入户的等级越高，相对于低收入户的收入扩大倍数越高。如 2013 年同 2000 年相比，中等偏下户比低收入户的收入倍数提高 0.14 倍，中等收入户提高 0.26 倍，中等偏上户提高 0.44 倍，而高收入户则提高 1.32 倍。这意味着收入越高者，其收入的增速也越快。具体情况是，2000—2013 年，城镇居民中低收入户的可支配收入年均增长 7.8%，中等偏下户年均增长 8.6%，中等收入户年均增长 8.9%，中等偏上户年均增长 9.3%，高收入户年均增长 10.5%，可见依次递增。

　　图 14－5 是 2000—2013 年中国城镇居民高收入户收入占总收入中比重的数据。由于五等份分组的各组调查户数相同，因此高收入户的人均收入与五组人均收入之和的比率，体现了高收入户的收入占总收入的比重，这便是图 14－5 体现的意义。换句话说，图 14－5 体现了收入最高前 20% 的城镇居民收入所占总体城镇居民收入的比重。图 14－5 显示，在 2013 年城镇居民可支配收入中，最高收入前 20% 的人占有总收入的 39.4%，2000 年该数据为 34.8%，即 2013 年比 2000 年提高了 4.6 个百分点。这从另一角度说明，2000—2013 年中国城镇居民的收入差距在不断扩大。

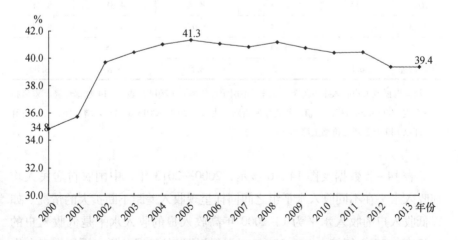

图 14－5　2000—2013 年中国城镇居民高收入户收入占总收入中比重

（2）农村居民收入差距。根据可利用数据度量农村居民收入差距，采用《中国统计年鉴》（2014）中按收入五等份分组的农村居民人均纯收入数据，时间范围是 2000—2013 年。度量农村居民收入差距的方法同上面城镇居民一样。具体计算结果由表 14 - 2 给出。图 14 - 6 是根据表 14 - 2 数据绘制的。

表 14 - 2 　　　　 2000—2013 年按收入五等份分组的中国农村居民
人均纯收入比例关系数据

年份	低收入户	中等偏下户	中等收入户	中等偏上户	高收入户
2000	1	1.80	2.50	3.45	6.47
2001	1	1.82	2.54	3.53	6.77
2002	1	1.81	2.53	3.54	6.89
2003	1	1.86	2.63	3.70	7.33
2004	1	1.83	2.56	3.58	6.88
2005	1	1.89	2.67	3.75	7.26
2006	1	1.88	2.66	3.76	7.17
2007	1	1.92	2.72	3.81	7.27
2008	1	1.96	2.80	3.95	7.53
2009	1	2.01	2.91	4.17	7.95
2010	1	1.94	2.79	3.98	7.51
2011	1	2.13	3.10	4.45	8.39
2012	1	2.08	3.04	4.38	8.21
2013	1	2.14	3.07	4.40	8.23
差值		0.34	0.57	0.95	1.76
年均增速	6.8	8.2	8.5	8.8	8.8

注：以低收入户收入水平为 1，根据《中国统计年鉴》（2014）表 6 - 14 数据计算。差值指 2013 年与 2000 年同指标的差值。年均增速指同一收入户 2000—2013 年的年均增长率，可比价计算，即以 CPI 指数减缩价格上涨因素。

表 14 - 2 数据及图 14 - 6 显示，2000—2013 年，中国农村居民人均纯收入水平在不同收入水平组之间同样呈现收入差距不断扩大的情况。如以低收入户的收入水平为 1，2000 年高收入户的收入水平是低收入户的 6.47 倍，2013 年扩大至 8.23 倍。同城镇居民的情况一样，同样表现出收

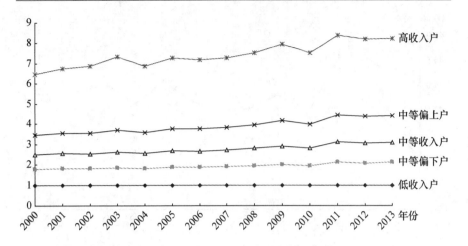

**图 14-6 2000—2013 年按收入五等份分组的中国农村居民
人均纯收入比例（以低收入户收入水平为1）**

资料来源：同表 14-2。

入户的等级越高，收入提高速度越快。如 2013 年同 2000 年相比，中等偏下户比低收入户的收入倍数提高 0.34 倍，中等收入户提高 0.58 倍，中等偏上户提高 0.95 倍，高收入户提高 1.76 倍。2000—2013 年，农村居民中低收入户的人均纯收入年均增长 6.8%，中等偏下户年均增长 8.2%，中等收入户年均增长 8.5%，中等偏上户年均增长 8.8%，高收入户年均增长 8.8%，即同样呈现递增趋势。可见，同城镇居民收入增长情况一样，农村高收入者的收入增速更高。

图 14-7 是 2000—2013 年中国农村居民高收入户收入占总收入中比重数据。同样，图 14-7 体现了收入最高的前 20% 的农村居民收入所占总体农村居民收入比重。图 14-7 显示，2013 年农村居民中收入最高的 20% 的人占有近 43.7% 的总收入，而且比 2000 年提高 1.2 个百分点，说明农村居民收入差距也呈现不断扩大趋势。

（3）收入差距系数与国民储蓄率的相关性分析。由于现行统计数据没有与上述五等份分组的城镇居民和农村居民消费支出数据，因此无法进行不同收入组收入与消费关系分析，从而无法利用上述数据进行收入差距同储蓄的关系的实证分析。

现采用一种替代方法。由于改革开放以来，中国城乡差距在扩大，即城镇居民收入增长快于农村居民收入增长。于是，可以用城镇居民人均可

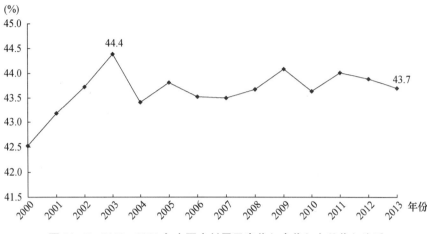

图 14 - 7 2000—2013 年中国农村居民高收入户收入占总收入比重

支配收入同农村居民人均纯收入的比率，作为体现收入差距变化的一种近似度量。也就是用城乡居民收入差距的扩大，来体现中国居民收入差距的扩大。此比率可视为另一种形式的收入差距系数。

按上述方法计算出的收入差距系数，经数据标准化处理后，由图14 - 8 绘出。同时，图 14 - 8 也给出了国民储蓄率经数据标准化处理后的图示。图 14 - 8 显示，两条曲线有一定的相似性。经计算，两序列数据相关系数为 0.877。由此可见两者的相关性明显。

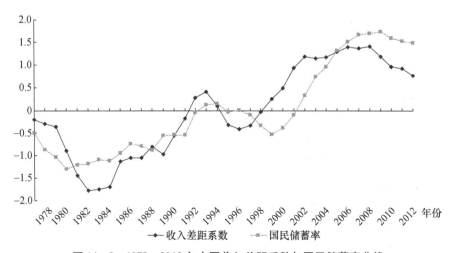

图 14 - 8 1978—2013 年中国收入差距系数与国民储蓄率曲线
（经数据标准化处理）

　　尽管上述实证分析结果是一种近似的，但可以在一定程度说明收入差距的扩大，与国民储蓄率的变动趋势，在数据经验上有一定的相关性。

三　消费者预期寿命延长效应

　　随着经济社会的发展，中国人口平均预期寿命在不断提高。预期寿命延长，意味着个人要在工作期多储蓄，以保证其在延长的退休期中的生活水平不下降，由此需要提高储蓄率。而工作期的储蓄率提高，在总体经济层面就是增加储蓄供给。因此，人口预期寿命的延长对储蓄供给有重要的影响。

　　图 14-9 展现了改革开放以来中国人口平均预期寿命的情况。2010 年第六次全国人口普查数据显示，2010 年，中国人口平均预期寿命为 74.83岁，比 2000 年的 71.40 岁提高 3.43 岁，比 1990 年提高 6.28 岁，比 1981 年提高 7.06 岁。可见，1981—2010 年，中国人口平均预期寿命延长十分显著。

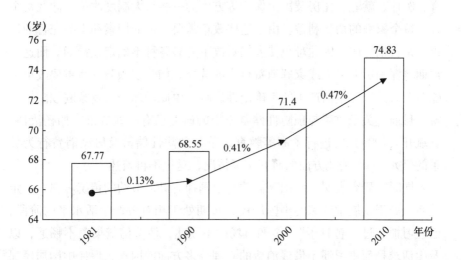

图 14-9　1981—2010 年中国人口平均预期寿命

资料来源：根据 2010 年第六次全国人口普查数据计算。

　　图 14-9 的数据显示，20 世纪 80 年代后，中国人口平均预期寿命呈现快速提高态势。中国人口平均预期寿命，1981—1990 年，年均提高0.13%；1990—2000 年，年均提高 0.41%；2000—2010 年，年均提高0.47%，即中国人口平均预期寿命提高是不断加速的。

2010 年，世界人口的平均预期寿命为 69.6 岁，其中，高收入国家及地区为 79.8 岁，中等收入国家及地区为 69.1 岁。可见，中国人口平均预期寿命不仅明显高于中等收入国家及地区，也远高于世界平均水平，但比高收入国家及地区平均水平低 5 岁左右。[①] 因此，随着中国经济社会发展，特别是医疗健康水平的提高，中国人口平均预期寿命延长仍有较大空间。而预期寿命延长的经济意义之一，就是提高家庭储蓄率与增加储蓄供给。

关于预期寿命与储蓄率关系的中国实证分析结果，本书第十二章有深入分析，这里不再赘述。其研究结果表明，中国预期寿命提高对家庭储蓄率有较显著的正向影响。

四 其他因素：改革预期与储蓄习惯等

中国正处于从传统的计划经济体制向社会主义市场经济体制转变的过程中，改革预期成为影响消费行为决策的重要因素。例如，在养老、教育、医疗、就业、住房及民生保障等方面的一些重大制度改革，涉及每个人、每个家庭的切身利益。由于这些改革需要一定的探索和不断完善的过程，是长期性的，因此难免使人们对改革充满各种不确定性预期。而这些预期将深刻影响个人或家庭消费行为的选择。如为了预防一些重要改革可能对个人及家庭生活产生的不确定性影响，由此增加个人及家庭预防性储蓄。目前，关于改革与预防性储蓄方面的研究已有一些成果，如杨汝岱、陈斌开（2009）曾进行了高等教育改革与预防性储蓄及居民消费行为关系的研究。[②] 有关此方面的研究文献情况，这里不再赘述。

同时有研究表明，中国高储蓄与中国拥有勤俭节约的传统习惯有一定关系。处于发展中国家的中国居民，长期处于相对较低生活水平的阶段，已经习惯于过"苦日子"。金融市场的不发达，消费信贷渠道不畅通，以及生活求稳而不习惯于借钱消费的心理等多方面的因素，促使中国居民保持较强的习惯性储蓄。而习惯性储蓄在经济计量分析中，通常以储蓄惯性变量体现，即通常是用储蓄变量的滞后期来解释其下期储蓄。然而，美国尼尔森公司（The Nielsen Company，2010）的一份研究报告认为，"将中

---

① 此段数据来自国家统计局网站：《我国人口平均预期寿命达到 74.83 岁》，国务院第六次全国人口普查领导小组办公室，2012 年 9 月 12 日。

② 杨汝岱、陈斌开：《高等教育改革、预防性储蓄与居民消费行为》，《经济研究》2009 年第 8 期。

国高储蓄率归结于勤俭节约的传统价值是有失偏颇的",该报告认为,"人口、各个生活阶段花费的高成本,预防性储蓄动机和存在的贷款,以及信贷环境相较于节俭理论在储蓄率上起更大的作用"。[①]

本书第十二章的研究结果在家庭储蓄层面显示了储蓄惯性对中国家庭储蓄有重要的正向影响。而本章第五节从国民收入层面验证了储蓄惯性对中国的国民储蓄同样有显著的正向影响。

五　影响消费的综合因素效应:居民消费占 GDP 比重明显下降

在上述已论述和还没有论述到的各种因素综合影响下,1978—2013年,中国居民消费增长处于相对缓慢状态,结果是导致中国居民消费占GDP 的比重显著下降。具体情况可见图 14 - 10。

图 14 - 10　1978—2013 年中国居民消费占 GDP 比重

资料来源:根据《中国统计年鉴》(2014)表 3 - 19 数据计算。

图 14 - 10 是 1978—2013 年中国居民消费占 GDP 比重的数据。可以看到,居民消费在中国经济增长中的作用是明显下降的。图 14 - 10 显示,1981 年中国居民消费占 GDP 的比重为 52.5%,此时为历史最高值。然而,到 2010 年该比重下降至 34.9%,是 1978—2013 年的最低值,2013 年回升至 36.2%,但仍处于低水平状态。2013 年同 1978 年相比,中国居民消费占GDP 的比重下降了 12.6 个百分点。按居民消费价格指数(CPI)扣除价格

---

①　美国尼尔森公司(The Nielsen Company):《中国高储蓄率成因剖析》,2010 年 12 月。

上涨因素，1978—2013 年中国居民消费年均增长 9%，而同期按同口径（支出法计算）的中国 GDP 年均增长率为 9.9%。即：在 1978—2013 年间，居民消费年均实际增长率比同期经济年均实际增长率低 0.9 个百分点，其长期累计的结果必然是居民消费占 GDP 比重的显著下降。

第二节　提高中国储蓄需求的因素分析

由于生产者是储蓄需求的主体，因此探究影响储蓄需求因素，也就是从生产方面分析影响储蓄的因素。在生产方面，资本与劳动是两大类生产要素。资本积累导致投资需求增加，劳动力数量增加导致相应的资本配置数量增加，因此资本与劳动是影响储蓄需求的两类重要因素。下面的实证分析结果表明，1978—2013 年，中国的国民储蓄率提升，与资本扩张和劳动力数量增长两方面因素均有较高相关性。

一　资本因素分析

根据前面的讨论可知，资本积累源于投资，而投资与生产要素变动的关系由下面的关系式决定：

$$I = K\Big[\frac{\mathrm{d}(\ln k)}{\mathrm{d}t} + \frac{\mathrm{d}(\ln L)}{\mathrm{d}t} + \delta\Big] \tag{14-14}$$

在 (14-14) 式中，I 表示生产者的投资需求，$\frac{\mathrm{d}(\ln k)}{\mathrm{d}t}$ 为劳动力人均资本增长率，$\frac{\mathrm{d}(\ln L)}{\mathrm{d}t}$ 为劳动力数量增长率，δ 为折旧率。(14-14) 式的意义是：投资需求来自劳动力人均资本增长、劳动力数量增长以及资本折旧三方面需求。这是关于生产要素变动对投资需求影响的理论关系，下面基于中国统计数据进行实证分析。

（一）劳动力人均资本水平显著增长

始于 1978 年的改革开放，确立了以经济建设为中心的中国经济发展新阶段。实现快速经济增长，成为此后中国发展的一个核心目标。然而，改革开放初期的中国经济处于起步阶段，总体生产能力低下成为制约经济增长的主要因素。而要在短期内有效提高生产能力，一种重要的手段是扩大资本积累。资本积累源于投资，投资源于储蓄。因此，对扩大资本积累的需求，最终反映为经济对储蓄需求越来越强烈。

　　下面以"中国劳动力人均资本水平"变化体现资本积累增长的情况。采用"劳动力人均"指标而不是"资本积累总量"指标反映资本积累变化的情况，主要是因为"人均"指标比"总量"指标能更好地反映生产能力水平的真实变化。因为在总量层面，只要投资额超过折旧所需，资本积累的总量规模就在扩大，然而，这种资本积累总量的增长不一定是产出能力的真正提高。如果资本积累的增速不及劳动力数量的增速，虽然资本积累总量水平仍在提高，但是，劳动力人均资本水平下降，也就是人均产出能力下降。劳动力人均资本水平的不断提高，是经济对储蓄需求不断提升的一种重要体现。

　　根据目前中国可利用的有关统计数据，我们以中国 GDP 支出法中的资本形成额作为资本积累水平的一种度量。从理论上讲，劳动力人均资本是指劳动力人均资本积累的存量。但是，由于中国资本积累存量目前还没有官方正式公布的数据，主要由学者自行测算。为了尽可能采用官方正式公布的数据进行测算，因此采用以资本形成额作为资本积累水平的替代性度量。经济活动人口的数量作为劳动力数量的度量。这里的经济活动人口是指 16 周岁及以上有劳动能力参加或要求参加社会经济活动的人口，包括就业和失业人员。没有采用就业人员作为劳动力的体现，主要是考虑到经济活动人口的数量相对来说能更准确地反映劳动力资源的数量情况，而就业人员的数量变化通常与实时的经济运行状况有关。

　　资本形成额与经济活动人口数量的比率，称为中国劳动力人均资本形成额，即作为度量中国劳动力人均资本水平指标。图 14 - 11 是中国劳动力人均资本形成额计算结果的曲线图。从图 14 - 11 可以看到，按可比价计算，1978—2013 年，中国劳动力人均资本形成额在总体上呈现出明显的上升趋势，特别是自 2000 年后上升趋势更为显著。按 2010 年价格计算，1978 年中国劳动力人均资本形成额为 1812 元/人，2000 年上升至7034 元/人，即 2000 年大约是 1978 年的 3.9 倍。2013 年中国劳动力人均资本形成额上升至 31614 元/人，即 2013 年大约是 2000 年的 4.5 倍，是1978 年的 17.4 倍。

　　计算结果显示，1978—2013 年，中国劳动力人均资本形成额年均增长率为 8.5%。从分时期的增长速度看，1978—2000 年中国劳动力人均资本形成额年均增长率为 6.4%，而 2000—2013 年的年均增长率为 12.3%，是 1978—2000 年的 1.9 倍。这说明在 2000 年后的 10 余年里，中国资本积

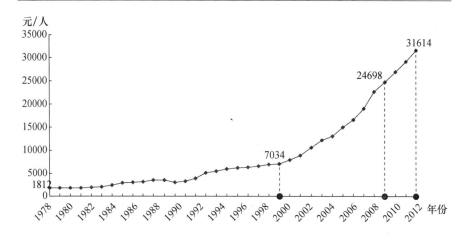

图14 - 11 中国劳动力人均资本形成额

注：本图中的中国劳动力人均资本形成额＝中国 GDP 支出法中的资本形成额/中国经济活动人口数量。其中，资本形成额和经济活动人口的原始数据分别来自《中国统计年鉴》（2014）表 3 - 18 和表 4 - 3，这里资本形成额按 GDP 价格指数进行了价格因素剔除，以 2010 年价格为 1。

累扩张的速度是很高的，这暗示着此期间的储蓄需求水平必然有显著提高。而中国劳动力人均资本水平的显著提高，是影响中国储蓄需求水平的重要因素。

图 14 - 12 是经过数据标准化处理后的 1978—2013 年中国的国民储蓄率与劳动力人均资本水平曲线。由图 14 - 12 可以看到，经过数据标准化处理后的国民储蓄率曲线与劳动力人均资本水平曲线，两者相似性较高。通过计算可知，两变量序列的相关系数为 0.915，表现出很强的相关性。图 14 - 12 实际展现了 1978—2013 年国民储蓄率与劳动力人均资本水平之间的一种数据经验。

（二）固定资产折旧因素

固定资产在使用过程中存在着损耗，为及时补偿这些损耗以保障生产能力不下降，新增投资中应包含必要的补偿固定资产折旧部分。因此，为补偿固定资产折旧而进行的投资同样是影响储蓄需求的重要因素。事实上，随着当今社会科学技术发展的步伐不断加快，固定资产折旧成为越来越重要的不断推升储蓄需求水平的影响因素。

现代科学技术发展日新月异，客观上加快了固定资产折旧的频率及其规模。为及时采用最强大的高新科技成果，以提高生产效率，提高竞争力，加快资本折旧甚至直接淘汰旧的落后资本设备，成为市场竞争中的一

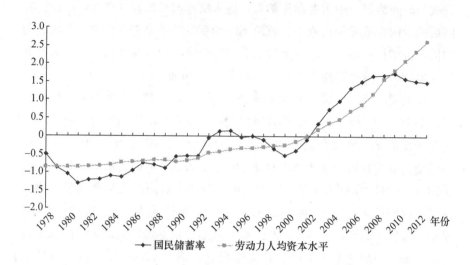

图14 – 12 1978—2013年中国国民储蓄率与劳动力人均资本水平曲线
（经数据标准化处理）

种越来越重要的手段。这预示着，随着现代科学技术的快速发展，固定资产折旧速度相应加快，由此固定资产折旧因素对储蓄需求的影响势必不断增强。

　　然而遗憾的是，在目前中国统计数据中，缺少全面而系统的有关固定资产折旧的统计数据，因此难以估计中国固定资产折旧对投资乃至对储蓄的定量影响。如果从动态角度看，现实经济中的资本折旧率主要表现为一定程度的上升趋势，而非下降趋势。其中的一个重要原因是，当今时代的科技进步加快了资本设备更新频率，而资本设备更新时间相对缩短，相应地需要提高资本折旧率。例如，一台设备使用25年，其折旧率为4%，如果使用期限缩短到20年，则其折旧率为5%，如果使用期限缩短到10年，则其折旧率将提高到10%。在现实经济中的客观事实是，经常见到资本设备使用期越来越短，而非越来越长。如果资本折旧率在未来主要表现为上升趋势这一判断是正确的，那么就意味着折旧对提高储蓄率的影响效应将不断增大。

　　二　劳动力因素分析

　　20世纪60年代，中国出现了生育高峰期。而在此生育高峰期出生的人，恰好于1978年改革开放后陆续进入成年阶段。也就是说，中国改革开放的时间恰好与中国劳动年龄人口进入快速增长阶段相吻合。因此，在随后的中国经济发展过程中，源源不断的新生劳动力进入劳动力市场，为中国经济增长提供了充足而廉价的劳动力资源，形成对经济增长十分有利的人口结构。这就是所谓的"人口红利"的局面。

如前面所述，中国劳动力资源的数量可以用经济活动人员的数量体现。图 14－13 显示自 1982 年后历次人口普查年份的中国经济活动人员数量与增长情况。可以看到，1982 年、1990 年、2000 年及 2010 年中国经济活动人员的数量分别为 4.6 亿人、6.5 亿人、7.4 亿人及 7.8 亿人，即 2010 年是 1982 年的 1.7 倍。这表明中国劳动力资源的人员数量呈现出不断增加的态势。其中，1982—1990 年中国经济活动人员年均增长 4.6%，是增速最快的时期。进入 20 世纪 90 年代后，虽然经济活动人员的总量仍不断增加，但增速趋于下降。具体情况是，1990—2000 年中国经济活动人员年均增长 1.3%，增速比 1982—1990 年降低 3.3 个百分点；2000—2010 年年均增长 0.6%，比 1990—2000 年降低 0.7 个百分点；2010—2013 年增长 0.4%，比 2000—2010 年降低 0.2 个百分点。而在 1978—2013 年中国经济活动人员数量年均增长 1.93%，表明此期间中国劳动力资源数量持续增加。

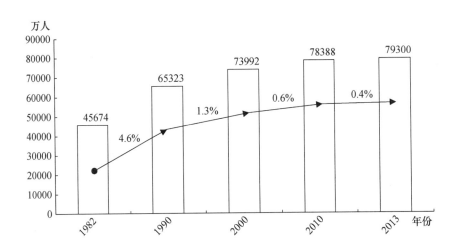

图 14－13　中国经济活动人员数量与增长情况

对新增加的经济活动人员需要额外增加资本配置。因此，经济活动人员总量的显著增长，即意味着因劳动力数量增长而提高了经济对投资的需求水平。可见，经济活动人员数量增加是提升储蓄需求水平的又一重要影响因素。

图14－14是经过数据标准化处理后的1978—2013年中国的国民储蓄率与经济活动人口数量的曲线。由图14－14可以看到，经过数据标准化处理后的两条曲线有一定的趋同性。通过计算可知，两变量序列的相关系数为0.816，表现出较强的相关性。图14－14实际展现了1978—2013年国民储蓄率与劳动力资源数量之间的一种数据经验。

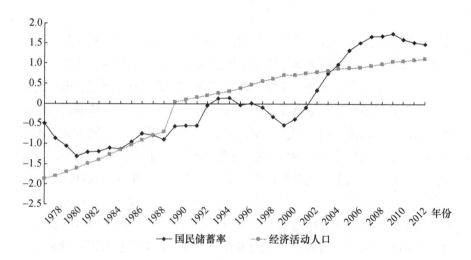

图14－14　1978—2013年中国国民储蓄率与经济活动
人口数量曲线（经数据标准化处理）

三　经济增长方式的需要

1978年开始的改革开放，确立了中国共产党的工作重心从以阶级斗争为纲转向以经济建设为中心，由此极大地增强了中国对实现快速经济增长的要求。然而，当时的中国经济基础薄弱、资本与技术不足，难以通过生产高技术附加值产品的方式实现经济增长。因此，许多地方经济主要是依靠当地的资源优势起步的，如利用当地的矿产资源、水资源、林业资源等发展经济。而这种发展模式需要以大量投资为基础，因此粗放式的发展模式客观上极大地提升了储蓄需求水平。

事实上，传统的主要依靠固定资产投资和低劳动力成本为比较优势的出口驱动的经济增长方式，与中国劳动力资源及人口结构状况紧密相关。在劳动力资源近似于无限供给，而资本稀缺、技术不足背景下，经济增长与投资增长高度相关。而粗放式的经济增长方式，又进一步加剧了投资需求，即加剧了对高储蓄的需求。因此，中国经济对资本积累的极大需求，与粗放式经济增长方式有密切的关系。

第三节　调节因素：价格、利率和政策对储蓄的影响

在储蓄供给与储蓄需求的储蓄理论分析框架中，价格、利率及政策因素并不能简单地被归结为属于储蓄供给方面的因素，还是属于储蓄需求方面的因素。实际上，价格、利率及政策因素主要是调节性因素，即它们是影响和调节储蓄供给与储蓄需求关系的因素。也就是说，这些因素对储蓄供给与储蓄需求两方面均产生作用。然而，在不同层面、不同领域或不同市场，这些因素的作用及效应可能不同。例如，价格是产品市场中调节储蓄供给与储蓄需求关系的重要因素，利率是资金市场中调节储蓄供给与储蓄需求关系的重要因素。政策的影响效应与所采用的政策工具有关，如财政政策可以在税收方面影响储蓄供给与储蓄需求，货币政策可以在货币方面影响储蓄供给与储蓄需求。总的来看，价格、利率及政策因素对储蓄供给与储蓄需求两方面的影响是复杂的，是影响实际储蓄率水平的重要因素。关于这些因素与储蓄的理论关系，本书前面有关章节已进行过分析与论述。下面主要从数据经验方面展开有关分析。

一　价格与储蓄：国民储蓄率与 GDP 价格指数的数据经验关系

数据经验表明，1978—2013 年，在中国国民储蓄率与通货膨胀率之间有很强的相关性。图 14 – 15 是经数据标准化处理后的 1978—2013 年中国的国民储蓄率与 GDP 价格指数曲线。经过数据标准化处理后，数据序列的均值为 0，标准差为 1，但是，两数据序列的相关性不变。这样，数据处理的目的在于比较两变量的曲线形状，以增强两变量之间相关性的直观性。

由图 14 –15 可以看出，经过数据标准化处理后的国民储蓄率曲线与 GDP 价格指数曲线，两者相似性较高。通过计算可知，两变量序列的相

关系数为 0.932，说明有很强的相关性。由于 GDP 价格指数体现全部最终产品的价格变动情况，因此，GDP 价格指数是实际度量全面通货膨胀情况的适宜指标。因此，图 14-15 实际展现了 1978—2013 年国民储蓄率与通货膨胀之间的一种数据经验。

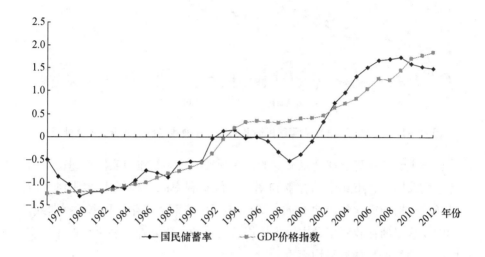

图 14-15　1978—2013 年中国国民储蓄率与 GDP 价格
指数曲线（经过数据标准化处理）

图 14-16 是经过数据标准化处理后的 1978—2013 年中国的国民储蓄率与 CPI（居民消费价格指数）曲线。从图 14-16 可以看到，国民储蓄率曲线与 CPI 曲线同样显示出较强的相似性。经计算可知，两变量序列的相关系数为 0.883。即国民储蓄率与 CPI 的相关性，略低于国民储蓄率与 GDP 价格指数的相关性。这表明，比较而言，GDP 价格指数比 CPI 更能解释国民储蓄率。这一结果似乎是符合逻辑的，因为 CPI 是局部性的价格指数，即度量消费者的消费品价格的情况，而 GDP 价格指数是度量全部最终产品的价格情况。如前所述，国民储蓄率的影响因素不只限于消费因素，生产因素同样是重要的影响储蓄的因素。因此，国民储蓄率与 GDP 价格指数的相关性高于国民储蓄率与 CPI 的相关性，这一结果的数据经验与基本的逻辑关系相符。

二　利率与储蓄：国民储蓄率与银行存款利率的数据经验关系

本书前面所述的利率本质上是指实体经济中储蓄的回报率。然而，这

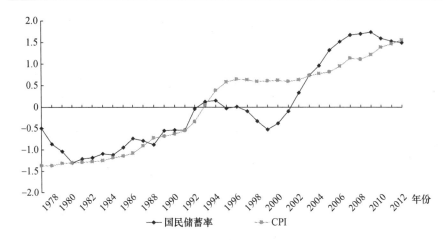

图 14－16　1978—2013 年中国国民储蓄率与 CPI 曲线（经过数据标准化处理）

一利率主要是经济学理论意义上的，在现实经济中是难以实际测量的。为此，可采用资金市场中的存款利率作为储蓄利率的一种替代。图 14－17 是经过数据标准化处理的 1990—2013 年国民储蓄率与存款利率数据曲线。其中，这里的存款利率是中国人民银行发布的一年期存款利率，按年度实际执行的月份数加权平均而得。

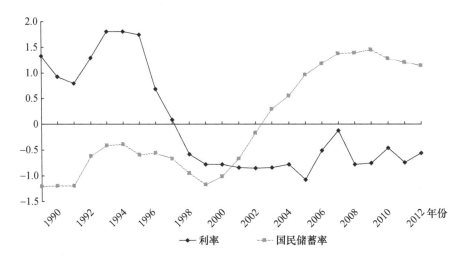

图 14－17　1990—2013 年国民储蓄率与存款利率数据曲线（经过数据标准化处理）

注：本图中的存款利率为中国人民银行公布的一年期存款利率加权计算而得，原始数据来源于各年份《中国统计年鉴》。例如，某年 3 月之前一年期存款利率为 2%，3 月调整至 2.5%，9 月调整至 3%，则加权计算的方法是：$2\% \times \dfrac{2}{12} + 2.5\% \times \dfrac{6}{12} + 3\% \times \dfrac{4}{12} = 2.58333$。

从图 14 - 17 的曲线形态可以看到,国民储蓄率与存款利率之间的相关性,显然不如国民储蓄率与 GDP 价格指数之间的相关性强,但是,两条曲线在波动趋势上仍有一定的相关性。计算结果表明,图 14 - 17 中的国民储蓄率与存款利率的相关系数为 0.488。这一结果表明,国民储蓄率与存款利率之间并不是毫无相关性的。

三　政策与储蓄:政府消费支出的数据经验

这里的政策主要是指政府实施的有关经济政策,如有关的财政政策与货币政策等。事实上,政府的政策是多方面的,并且难以进行定量的计量,这使实际分析政策与储蓄的关系变得十分困难。一般而言,政府政策的重要作用,一方面,影响消费者的消费行为选择;另一方面,也可以通过有关手段直接或间接地调节消费与储蓄的关系。下面通过政府消费支出变化,反映中国政府在增加消费方面所进行的努力,以此间接地体现政府政策对储蓄的影响。

1978—2013 年,中国政府在扩大消费方面付出了很大的努力。然而,居民消费的增长并未达到理想状态,而政府消费的增长是明显的。如 1978—2013 年政府消费年均增长 10%,而同期居民消费年均增长 9%。即在过去的 30 多年间,政府消费年均增长率高于居民消费年均增长率 1 个百分点。政府消费快速增长的一个结果是,导致政府消费同居民消费的比率显著提高。

图 14 - 18 是 1978—2013 年政府消费与居民消费之比率的曲线图。从图 14 - 18 可以看到,1978 年政府消费与居民消费的比率为 27.3%,2013

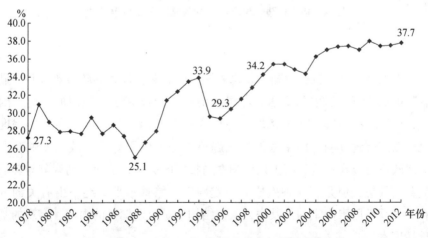

图 14 - 18　1978—2013 年政府消费与居民消费比率

资料来源:根据《中国统计年鉴》(2014) 表 3 - 19 数据计算。

年上升至 37.7%，提高了 10.4 个百分点。特别是在 20 世纪 90 年代中期以来，该比率呈现显著上升态势。

　　然而，政府消费的总量毕竟较小，政府消费的快速增长并没有显著改变最终消费占 GDP 比重下降的局面。图 14 - 19 是 1978—2013 年中国政府消费占 GDP 的比重曲线。可以看到，在 1978—2013 年政府消费占 GDP 的比重并没有出现太大的变化，变动幅度在 12.8%（1988 年）—16%（2001 年）的范围内。1978 年，该比重为 13.3%，2013 年该比重为 13.6%，仅提高了 0.3 个百分点。

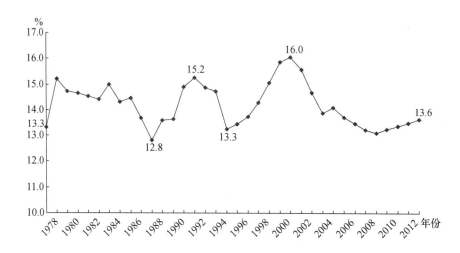

图 14 - 19　1978—2013 年中国政府消费占 GDP 比重

　　以上有关消费数据分析的结果表明，政府刺激消费的政策效应并不显著。虽然政府消费增长显著，但最终消费增长没有达到预期的目标，因此，1978—2013 年中国经济增长主要靠投资与出口拉动。这在一定程度上可以间接地证明，储蓄率的变化趋势不是可以用有关的政策能够改变的。政策可以在一定程度上调节消费与投资的关系，从而起到调节与影响储蓄的效应，但是，这种效应有一定限度。储蓄水平最终是由有关的内在、客观性因素决定的。其中，人口结构就是决定储蓄的内在、客观的基础性因素。

第四节　人口结构（人口老龄化）和储蓄率关系的理论与实证分析

在宏观经济层面，人口结构是影响储蓄的至关重要因素。由于人口结构在短期内是客观的，是无法改变的，因此，人口结构对储蓄的影响是无法消除的，是内在系统性的影响。这里的人口结构主要是指一定经济中的劳动力数量和非劳动力数量的比例。该比例决定了一定经济中的生产者数量与消费者数量之间的比例，因此，对储蓄需求与储蓄供给两方面均有重要影响。

一　人口结构与储蓄率关系的理论分析

第九章实际上已经对人口结构与储蓄率的关系进行了分析。为了便于理解将进行实证分析，这里首先简述有关的数理分析内容：

经济中的人口由劳动力与非劳动力构成。以 L 表示劳动力数量，R 表示非劳动力数量；设 Y 为产出（总收入），C 为消费，S 为储蓄，$\bar{c}_L$ 为劳动力人均消费水平，$\bar{c}_R$ 为非劳动力人均消费水平。于是，消费 C 可以写成下面的表达式：

$$C = \bar{c}_L L + \bar{c}_R R$$

设 s 为宏观经济的储蓄率，则有：

$$s = \frac{S}{Y} = \frac{Y - C}{Y} = 1 - \bar{c}_L \frac{L}{Y} - \bar{c}_R \frac{R}{Y} \qquad (14-15)$$

（14-15）式清楚地表明了非劳动力数量 R 对储蓄率 s 的影响。由于在（14-15）式中产出 Y 不受非劳动力数量 R 的影响，因此非劳动力数量 R 增大，只意味着储蓄率 s 下降。也就是说，如果经济中的老年人口数量增加，将产生降低宏观储蓄率（国民储蓄率）的效应。这也就是人口老龄化对国民储蓄率的影响效应。

值得注意的是，虽然在（14-15）式中劳动力数量 L 前的符号为负，但不能由此简单地推断劳动力数量 L 与储蓄率 s 为负向关系。这是因为，若产出与劳动力数量有关，则劳动力数量变动将导致产出变动，这时劳动力变动对储蓄率的影响就不是可以简单判别的。对此有关的详细讨论请见第九章第三节。

设 α 为非劳动力数量占总人口的比重，即 $\alpha = \dfrac{R}{N}$，其中 N 为总人口数量。于是有 $R = \alpha N$ 及 $L = (1 - \alpha)N$，因此有下面的关系式：

$$s = 1 - \bar{c}_L \frac{(1 - \alpha)N}{Y} - \bar{c}_R \frac{\alpha N}{Y}$$

即：

$$s = 1 - \frac{\bar{c}_L N}{Y} + (\bar{c}_L - \bar{c}_R)\frac{\alpha N}{Y} \qquad (14 - 16)（第九章 9 - 23 式）$$

（14 - 16）式体现了非劳动力数量的比重与储蓄率之间的数理关系，这是直接体现人口结构与储蓄率关系的一种表达式。（14 - 16）式表明，在其他条件不变的情况下，若劳动力人均消费水平低于非劳动力人均消费水平，则非劳动力数量比重与储蓄率为负向关系；若劳动力人均消费水平高于非劳动力人均消费水平，则非劳动力数量比重与储蓄率为正向关系。

在中国现实经济中，非劳动力数量与储蓄率的关系，以及非劳动力数量比重与储蓄率的关系是正向还是负向，对此需要进行有关的实证分析。这便是下面所要进行的内容。这里的非劳动力主要包括老年人和未成年人。由于未来人口结构主要以人口老龄化为主要特征，因此这里的非劳动力数量的比重与储蓄率的关系，实际主要体现人口老龄化与储蓄率的关系。

二 人口结构与宏观储蓄率的中国数据经验

由于人口结构是宏观问题，因此这里所说的储蓄率是指宏观经济的储蓄率，如国民储蓄率。下面通过对有关中国统计数据的分析，实际考察1978—2013 年中国非劳动力数量占总人口的比重同国民储蓄率关系的数据经验。具体来说，劳动力的数量以经济活动人口的数量体现，将总人口数量与经济活动人口数量的差值视为非劳动力的数量。由此可以计算出非劳动力的数量占总人口的比重，该比重即相当于（14 - 16）式中的 α。有关计算结果由表 14 - 3 给出。

表 14 - 3 是关于 1978—2013 年中国的国民储蓄率与非劳动力比率的数据。为了更直观地展现这两个序列数据的变动趋势，图 14 - 20 根据表 14 - 3 的数据绘制为国民储蓄率与非劳动力比率的数据曲线。可以看到，1978—2013 年，中国的国民储蓄率与非劳动力比率呈现一定的反向变动趋势。即从长期来看，国民储蓄率总体趋于上升，而非劳动力比率总体趋于下降。1978 年非劳动力比率为 57.7%，1990 年下降至 42.9%，下降约

14.8 个百分点。1990—2013 年，非劳动力比率从最高的 43.2% （1995 年），下降至 41.5% （2010 年）。可见，1990—2013 年中国的非劳动力比率进入了比较长时间的较低水平阶段，为此期间中国经济实现快速增长提供了有利条件。

表 14 – 3　　　1978—2013 年中国国民储蓄率与非劳动力比率数据

单位:%

年份	国民储蓄率（变量 s）	非劳动力比率（变量 α）	年份	国民储蓄率（变量 s）	非劳动力比率（变量 α）
1978	37.9	57.7	1996	40.8	43.0
1979	35.6	57.4	1997	41.0	42.7
1980	34.5	56.5	1998	40.4	42.2
1981	32.9	55.9	1999	38.9	42.1
1982	33.5	55.1	2000	37.7	41.6
1983	33.6	54.7	2001	38.6	42.1
1984	34.2	53.6	2002	40.4	42.0
1985	34.0	52.7	2003	43.1	42.0
1986	35.1	52.1	2004	45.6	42.1
1987	36.4	51.5	2005	47.0	41.8
1988	36.1	50.8	2006	49.2	41.9
1989	35.5	50.6	2007	50.4	42.1
1990	37.5	42.9	2008	51.4	42.0
1991	37.6	42.9	2009	51.5	41.9
1992	37.6	43.0	2010	51.8	41.5
1993	40.7	43.1	2011	50.9	41.7
1994	41.8	43.1	2012	50.5	41.7
1995	41.9	43.2	2013	50.2	41.7

注：表中非劳动力比率 =（总人口 – 经济活动人口）/总人口，根据《中国统计年鉴》（2014）表 2 – 1 及表 4 – 3 数据计算。

利用表 14 – 3 的数据对国民储蓄率与非劳动力比率的关系进行估计，得到如下估计方程：

$$\ln s = 2.989 - 0.915\ln\alpha$$

$$(27.18)\quad(-6.56)\quad R^2 = 0.558 \tag{14-17}$$

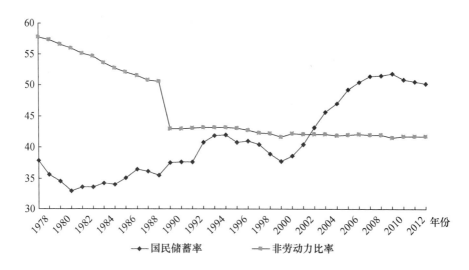

图14-20 1978—2013年中国国民储蓄率与非劳动力比率数据曲线

估计（14-17）式表明，1978—2013年中国的国民储蓄率用非劳动力比率作解释变量是显著的，且两变量之间为负向关系。判定系数为0.558，表明可以认定两变量之间的负向相关关系是存在的。事实上，估计方程的判定系数值不是很高，具有一定的合理性。这是因为，非劳动力比率不能代表国民储蓄率的全部解释因素。这实际上是为添加其他解释变量提供了空间。如果直接考察国民储蓄率与非劳动力比率的数据相关性，两者的相关系数为-0.75，表明两者的负向关系是明显存在的。

总之，1978—2013年的中国统计数据经验证明，非劳动力数量比率与国民储蓄率为负向关系。从另一个角度看，这是中国劳动力人均消费水平低于非劳动力人均消费水平的一种间接数据经验证明。这符合（14-16）式体现的"若劳动力人均消费水平低于非劳动力人均消费水平，则非劳动力数量比重与储蓄率为负向关系"的情况。

对非劳动力的绝对数量与储蓄率关系的考察结果显示，两者之间几乎没有相关性，具体来说，两者之间的相关系数几乎为零。然而，不论是劳动力的绝对数量，还是劳动力占总人口的比率，它们与储蓄率的相关性都是显著的。如利用国民储蓄率与劳动力绝对数量的数据进行两者关系的估计，得到如下估计方程：

$$\ln s = 15.669 + 3.9 \times 10^{-4} \ln R$$

$$\quad (5.00) \quad (8.24) \qquad R^2 = 0.666 \qquad\qquad (14-18)$$

在（14－18）式中，R 表示劳动力绝对数量（即经济活动人口数量）。估计方程（14－18）表明，1978—2013 年国民储蓄率用劳动力的绝对数量作解释变量是显著的，两变量之间为正向关系。判定系数为 0.666，可以认定两变量之间的正相关关系存在。

如利用国民储蓄率与劳动力占总人口的比率进行两者关系的估计，得到如下估计方程：

$$\ln s = 4.292 + 0.942 \ln \mu$$

$$\quad (44.63) \quad (6.23) \qquad R^2 = 0.534 \qquad\qquad (14-19)$$

在（14－19）式中，μ 表示劳动力比率（即经济活动人口与总人口的比率）。估计方程（14－19）表明，1978—2013 年国民储蓄率用劳动力比率作解释变量是显著的，两变量之间为正向关系。判定系数为 0.534，可以认定两变量之间的正相关关系是存在的。

上述实证分析结果表明，不论是劳动力的绝对数量还是劳动力占总人口的比率，劳动力都是解释国民储蓄率不断升高的重要因素。因此，基于理论与实证分析的结果可以得到一个基本结论：1978—2013 年的中国数据经验表明，以劳动力比重不断升高为主要特征的人口结构，与此期间中国高储蓄现象有重要关系；此期间中国的国民储蓄率与非劳动力比率之间的负向关系是明显存在的。

三　中国居民储蓄率的一种估计及居民储蓄与人口结构的关系

上述是在国民储蓄层面分析储蓄率与人口结构的关系。下面分析居民储蓄率与人口结构的关系。在前面的讨论中，我们推导出个人（家庭）追求一生消费平稳决策模式下的个人储蓄率决定公式：

$$s = \frac{1}{\dfrac{T_1}{T_2} B + 1} \qquad\qquad (14-20)$$

（14－20）式表明，个人工作期时长 T_1 与其退休期时长 T_2 两者的比率，是决定个人储蓄率 s 的一个关键性因素。根据（14－20）式可知，若其他条件不变，导致 T_1/T_2 减小的因素，将产生提高个人储蓄率 s 的效应。如果实际利率为零，则有 $B=1$，这时（14－20）式变为：

$$s = \frac{1}{\dfrac{T_1}{T_2} + 1} \qquad\qquad (14-21)$$

例如，如果一个人 20 岁参加工作，到 60 岁退休，即工作期时长为 40 年。若此人退休期生活 20 年，则意味着对（14 - 21）式而言，$T_1 = 40$，$T_2 = 20$。假定除劳动收入以外，此人其他收益正负相抵的净值为零，即实际利率为零，这时按（14 - 21）式决定的个人储蓄率 $s = \frac{1}{3} \approx$ 33.3%。若此人预期寿命延长 5 年，即 $T_2 = 25$，则由（14 - 21）式决定的个人储蓄率 $s \approx 38.5\%$，即其个人储蓄率约提高 5 个百分点。

然而，宏观经济是由每个具体的微观个体组成的，因此个人储蓄是构成宏观储蓄的微观基础。个人工作期时长与退休期时长的比率变化，放到宏观经济层面，实际上也是人口结构的一种变化，即在宏观层面上就是人口老龄化。个人预期寿命延长导致个人工作期时长与退休期时长的比率变化，在现实经济中与此对应的是：由个人预期寿命延长导致总人口中老年人口数量及其比重提高。

现在的问题是，可否利用（14 - 21）式对中国现实情况进行测算？个人预期寿命延长，即退休期时长 T_2 增加，如果工作期时长不变，则由此导致 T_1/T_2 减小，因此由（14 - 21）式表明个人储蓄率 s 提高。可见，（14 - 21）式实际上是体现宏观层面的人口老龄化影响居民储蓄率的一种微观机制。假定经济中的消费者都遵循一生消费水平稳定的原则，并且这是一种接近事实的合理假设，那么（14 - 21）式也在一个方面反映了宏观总体居民储蓄率的决定机制。

利用（14 - 21）式对宏观总体居民储蓄率进行估算，需要结合实际数据。通过中国第六次人口普查资料可以得到 2010 年中国按年龄和性别分类的人口数据。该数据由表 14 - 4 显示。由于目前中国退休年龄主要是男性 60 岁，女性 55 岁，因此表 14 - 4 是关于 15—59 岁的人口数据，而没有列出其他年龄段人口的数据。下面结合表 14 - 4 的数据，提出利用（14 - 21）式实际估算中国总体居民储蓄率的一种方法。

利用表 14 - 4 的数据估算中国总体居民储蓄率的基本思路是：将 15—59 岁的劳动年龄人口视为一个人，即"劳动力整体"，如果能够估算出这个"劳动力整体"的平均工作期时长及平均退休期时长，那么就可以利用（14 - 21）式计算出这个"劳动力整体"的储蓄率，而这个储蓄率可认为是总体居民的储蓄率。

表 14 - 4　　　　　　　　　2010 年中国按年龄和性别分人口数

年龄	人口数（人）	男	女
15—19	99889114	51904830	47984284
20—24	127412518	64008573	63403945
25—29	101013852	50837038	50176814
30—34	97138203	49521822	47616381
35—39	118025959	60391104	57634855
40—44	124753964	63608678	61145286
45—49	105594553	53776418	51818135
50—54	78753171	40363234	38389937
55—59	81312474	41082938	40229536

资料来源：《中国 2010 年人口普查资料》第一部分表 3 - 1。

"劳动力整体"的平均工作期时长，应当是该经济中所有劳动年龄人口的人均工作期时长。具体计算公式如下：

$$\text{"劳动力整体"平均工作期时长} = \frac{\text{经济中所有劳动年龄人口的工作期时长的总和}}{\text{劳动年龄人口总和}}$$

即"劳动力整体"平均工作期时长为经济中所有劳动年龄人口的工作期时长的总和同劳动年龄人口总和的比率。注意：这里的"劳动力整体"是一种始终处于动态变化状态的整体，即不断有新的劳动年龄人口进入，同时不断有超龄人口退出。于是，存在着这个"劳动力整体"的平均年龄问题。假设该经济中的劳动年龄人口数量为 N，其中，第 i 人的年龄为 $A_i(1 \leq i \leq N)$，则该经济的"劳动力整体"平均年龄 $\overline{A}$ 为：

$$\overline{A} = \frac{1}{N} \sum_{i=1}^{N} A_i$$

假定在某时该经济中的"劳动力整体"需要决策其储蓄率水平。这时，需要计算"劳动力整体"工作期时长及其退休期时长。"劳动力整体"的工作期时长，应当是"劳动力整体"的平均退休年龄与"劳动力整体"的平均年龄之差。由于退休年龄是由制度规定的，如果暂不考虑男女退休年龄的差异，设退休年龄统一为 Y，则"劳动力整体"的工作期时长 T_1 为：

$$T_1 = Y - \overline{A} = Y - \frac{1}{N} \sum_{i=1}^{N} A_i$$

"劳动力整体"的退休期时长为"劳动力整体"的预期寿命与退休年龄之差。设预期寿命为 X，则退休期时长 T_2 为：

$$T_2 = X - Y$$

因此，根据（14－21）式，可计算出"劳动力整体"的储蓄率 s 为：

$$s = \frac{T_2}{T_1 + T_2} = \frac{X - Y}{X - \frac{1}{N} \sum_{i=1}^{N} A_i} \qquad (14 - 22)$$

然而，在现实经济中男女退休年龄不一致，同时男女预期寿命也不一致，因此（14－22）式需要进一步改善。设男性退休年龄为 Y_M，女性退休年龄为 Y_F；男性预期寿命为 X_M，女性预期寿命为 X_F；男性劳动年龄人口数量为 N_M，女性劳动年龄人口数量为 N_F，其中，第 i 个男性年龄为 M_i（$1 \leqslant i \leqslant N_M$），第 i 个女性年龄为 F_i（$1 \leqslant i \leqslant N_F$）。这时，该经济的"劳动力整体"平均年龄为 $\frac{1}{N} \left(\sum_{i=1}^{N_M} M_i + \sum_{i=1}^{N_F} F_i \right)$，其中，男性平均年龄为 $\frac{1}{N_M} \sum_{i=1}^{N_M} M_i$，女性平均年龄为 $\frac{1}{N_F} \sum_{i=1}^{N_F} F_i$。于是，"劳动力整体"中的男性工作期时长 T_{1M} 为：

$$T_{1M} = X_M - \frac{1}{N_M} \sum_{i=1}^{N_M} M_i$$

"劳动力整体"中的女性工作期时长 T_{1F} 为：

$$T_{1F} = X_F - \frac{1}{N_F} \sum_{i=1}^{N_F} F_i$$

于是，"劳动力整体"的工作期时长 T_1 为：

$$T_1 = \frac{1}{N} (N_M T_{1M} + N_F T_{1F})$$

男性退休期时长为 $X_M - Y_M$，女性退休期时长为 $X_F - Y_F$，于是，"劳动力整体"退休期时长 T_2 为：

$$T_2 = \frac{1}{N} \left[N_M (X_M - Y_M) + N_F (X_F - Y_F) \right]$$

因此，

$$s = \frac{T_2}{T_1 + T_2} = \frac{1}{1 + \dfrac{N_M T_{1M} + N_F T_{1F}}{N_M(X_M - Y_M) + N_F(X_F - Y_F)}}$$

按上述方法可计算 2010 年中国总体居民储蓄率。具体过程如下：分别计算男性年龄总和与女性年龄总和，原始数据来自表 14 - 4。每个年龄组的年龄取该年龄组平均值，如 15—19 岁年龄组的平均年龄为 17.5 岁。于是，15—19 岁年龄组的男性年龄总和为 51904830 × 17.5 = 908334525（岁），其他以此类推，由此得到表 14 - 5。由于女性退休年龄为 55 岁，因此女性 55—59 岁人口不计入劳动年龄人口，即表 14 - 5 中出现的空格。

表 14 - 5　　　　　　　　2010 年中国劳动年龄人口年龄总和　　　　　　单位：岁

年龄组	平均年龄	男性年龄之和	女性年龄之和	总和
15—19	17.5	908334525	839724970	1748059495
20—24	22.5	1440192893	1426588763	2866781655
25—29	27.5	1398018545	1379862385	2777880930
30—34	32.5	1609459215	1547532383	3156991598
35—39	37.5	2264666400	2161307063	4425973463
40—44	42.5	2703368815	2598674655	5302043470
45—49	47.5	2554379855	2461361413	5015741268
50—54	52.5	2119069785	2015471693	4134541478
55—59	57.5	2362268935		2362268935
合计		17359758968	14430523323	31790282290

表 14 - 6 是关于 2010 年中国劳动年龄人口的平均工作期时长、退休期时长及居民储蓄率计算表。为了更好地理解表 14 - 6 中的各计算结果，进行如下说明：

表 14 - 6 中按男性、女性及男女合计的劳动年龄人口数量总和，分别对应表 14 - 4 中按男性、女性及男女合计的各年龄组人数之和。由于 55—59 岁女性不在劳动年龄范围内，因此女性劳动年龄人口数量总和的结果不含有女性 55—59 岁年龄组的人数。表 14 - 6 中劳动年龄人口平均年龄等于表 14 - 5 中对应的劳动年龄人口的年龄总和同对应的劳动年龄人口数，如：

表 14 – 6　　　　　**2010 年中国劳动年龄人口平均工作期时长、**

退休期时长及居民储蓄率

	男性	女性	合计
劳动年龄人口 数量总和（人）	475494635（占 53.2%）	418169637（占 46.8%）	893664272
劳动年龄人口 平均年龄（岁）	36.5	34.5	35.6
15—59 岁人口的 年龄总和（岁）	475494635（占 50.9%）	458399173（占 49.1%）	933893808
预期寿命（岁）	72.38	77.37	
退休年龄（岁）	60.0	55.0	
T_1（岁）	23.5	20.5	22.1
T_2（岁）	12.38	22.37	17.28
居民储蓄率（%）	34.5	52.2	43.9

男性劳动年龄人口平均年龄 = 17359758968/475494635 ≈ 36.5（岁）

女性劳动年龄人口平均年龄 = 14430523323/418169637 ≈ 34.5（岁）

总劳动年龄人口平均年龄 = 31790282290/893664272 ≈ 35.6（岁）

表 14 – 6 中的预期寿命数据来自人口普查资料，退休年龄是制度规定。男性工作期时长为男性退休年龄与男性劳动年龄人口平均年龄之差，即：

$$T_{1M} = 60 - 36.5 = 23.5（年）$$

女性工作期时长为女性退休年龄与女性劳动年龄人口平均年龄之差，即：

$$T_{1F} = 55 - 34.5 = 20.5（年）$$

男女合计的最终"劳动力整体"的平均工作期时长 T_1 为男性和女性的工作期时长的加权和，即：

$$T_1 = 23.5 \times 0.532 + 20.5 \times 0.468 \approx 22.1（年）$$

男性退休期时长为男性预期寿命与男性退休年龄之差，即：

$$T_{2M} = 72.38 - 60 = 12.38（年）$$

女性退休期时长为女性预期寿命与男性退休年龄之差，即：

$$T_{2F} = 77.37 - 55 = 22.37（年）$$

男女合计的退休期时长 T_2 为男性和女性退休期时长的加权和，即：

$$T_2 = 12.38 \times 0.509 + 22.37 \times 0.49 \approx 17.3 (\text{年})$$

至此，根据上述计算，结合（14 - 21）式，容易计算出 2010 年中国总体居民储蓄率。根据表 14 - 6 显示的结果，2010 年中国总体居民储蓄率约为 43.9%。

为了比较中国居民储蓄率变化，并根据可利用的历史统计数据，按上述方法计算了 1995 年中国总体居民储蓄率。与表 14 - 4 相对应是表 14 - 7，为 1995 年中国按年龄和性别分类的人口数据，来自 1995 年 1% 人口抽样调查。表 14 - 8 是 1995 年中国劳动年龄人口年龄总和计算表，与表 14 - 5 相对应。表 14 - 9 是 1995 年中国劳动年龄人口的平均工作期时长、退休期时长与居民储蓄率计算表，与表 14 - 6 相对应。

表 14 - 7　1995 年中国按年龄和性别分人口数（抽样调查样本数据）

年龄（岁）	人口数（人）	男	女
15—19	99889114	51904830	47984284
20—24	127412518	64008573	63403945
25—29	101013852	50837038	50176814
30—34	97138203	49521822	47616381
35—39	118025959	60391104	57634855
40—44	124753964	63608678	61145286
45—49	105594553	53776418	51818135
50—54	78753171	40363234	38389937
55—59	81312474	41082938	40229536

注：1995 年 1% 人口抽样调查数据，抽样比为 1.04%。《中国统计年鉴》（1996）表 3 - 5。

表 14 - 8　　　　　1995 年中国劳动年龄人口年龄总和　　　　单位：岁

年龄组	平均年龄	男性年龄总和	女性年龄总和	总和
15—19	17.5	925367975	877677412	1803045388
20—24	22.5	1078599735	1049296680	2127896415
25—29	27.5	1656345845	1577716443	3234062288
30—34	32.5	2124214820	2013499865	4137714685
35—39	37.5	2105302163	1987721400	4093023563
40—44	42.5	1795335448	1657489715	3452825163
45—49	47.5	2087131143	1975118495	4062249638
50—54	52.5	1722216563	1601253938	3323470500
55—59	57.5	1383536595		1383536595
合计		14878050285	12739773948	27617824233

表 14-9 1995 年中国劳动年龄人口的平均工作期时长与退休期时长及居民储蓄率

	男性	女性	合计
劳动年龄人口 数量总和（人）	425596962（占 52.8%）	380200931（占 47.2%）	805797893
劳动年龄人口 平均年龄（岁）	35.0	33.5	34.3
15—59 岁人口的 年龄总和（岁）	425596962（占 51.4%）	402509800（占 48.6%）	828106762
预期寿命（岁）	68.24	71.9	
退休年龄（岁）	60	55	
T_1（岁）	25.0	21.5	23.4
T_2（岁）	8.2	16.9	12.4
居民储蓄率（%）	24.7	44.0	34.8

注：本表中的预期寿命是按 2000 年及 1990 年人口普查数据平均值计算。

表 14-9 显示，1995 年中国总体居民储蓄率为 34.8%。这意味着，按上述方法估计出的中国居民储蓄率 2010 年比 1995 年提高 9.1 个百分点，可见此期间居民储蓄率提高幅度较大。

模拟测算表明，1995—2010 年中国居民储蓄率的显著提高，与预期寿命的提高有很大的关系。模拟测算的方法是：假设 2010 年的预期寿命与 1995 年一致，除此之外，2010 年的其他数据不变而进行居民储蓄率的计算，结果显示，2010 年的储蓄率只有 36.1%。这意味着如果预期寿命保持不变，2010 年的中国居民储蓄只提高 1.3 个百分点。而这 1.3 个百分点的居民储蓄率提高，是由于劳动年龄人口平均年龄提高的效应。由此表明，在 1995—2010 年中国居民储蓄率提高 9.1 个百分点当中，有 7.8 个百分点是由于预期寿命提高的结果，即预期寿命提高对居民储蓄率提高的贡献占 85.7%。

注意：上述居民储蓄率不是实体经济意义上的国民储蓄率，而是指家庭收入层面的储蓄率。而这一测算结果表明，人口老龄化对提高家庭储率的效应是显著的。

表 14-9 和表 14-6 还显示，1995 年，中国 15—59 岁的劳动年龄人口平均年龄为 34.3 岁，2010 年上升为 35.6 岁，即提高 1.3 岁。这表明中

国劳动力队伍的平均年龄趋向提高，这一结果与人口老龄化的效应是一致的。

总体居民储蓄率的变化实际上也与人口结构有密切的关系。因为 T_1 与 T_2 的比率，实际上也受人口结构的影响。为此可进行下面的分析：由于 $T_1 = Y - \dfrac{1}{N}\sum_{i=1}^{N} A_i$，而"劳动力整体"的退休期时长为"劳动力整体"的预期寿命与退休年龄之差。设预期寿命为 X，则退休期时长 $T_2 = X - Y$。设经济中的劳动年龄人口分 m 个年龄段，第 j 个年龄段的平均年龄为 $a_j(1 \leqslant j \leqslant m)$，第 j 个年龄段的劳动年龄人口数为 $N_j(1 \leqslant j \leqslant m)$，则经济中所有劳动年龄人口的年龄总和 $\sum_{i=1}^{N} A_i = \sum_{j=1}^{m} a_j N_j$，于是有：

$$\frac{T_1}{T_2} = \frac{Y - \dfrac{1}{N}\sum_{i=1}^{N} A_i}{X - Y} = \frac{Y}{X-Y} - \frac{1}{(X-Y)}\sum_{j=1}^{m} a_j \frac{N_j}{N} \qquad (14-23)$$

在 （14-23） 式中，$\dfrac{N_j}{N}$ 表示第 j 个年龄段的劳动年龄人口数占总人口的比重 $(1 \leqslant j \leqslant m)$，即体现的是人口结构。因此 （14-23） 式表明，T_1 与 T_2 的比率与人口结构有关，也就是总体居民储蓄率与人口结构有关。

本书第十二章通过收集中国 1990—2009 年 31 个省份省级面板数据，对预期寿命与储蓄关系进行了实证研究。该实证分析结果表明，人均预期寿命对中国家庭储蓄率有显著的正向影响，与大多数跨国面板数据实证结果一致，但是，收入增长率对中国家庭储蓄率的正向影响没有通过显著性检验。由于退休期延长与预期寿命延长是同效的，因此第十二章的研究结果或许间接地验证了第七章的研究结论：在个人基于生命周期消费稳定的决策模式下，个人的工作期时长与退休期时长的比率是影响个人储蓄率的主导性因素；虽然收入增长率、名义利率及通货膨胀率等是影响储蓄的重要因素，但是，这些因素的影响不起主导性作用。注意：这里涉及的是收入增长率，而不是指收入的绝对水平。

第五节　均衡储蓄率的决定机制及中国实证分析

储蓄供给与储蓄需求两方面因素决定均衡储蓄水平。尽管均衡储蓄主要是理论上的概念，但是，它对理解现实经济中的储蓄变动具有重要意义。这是因为，均衡储蓄决定实际储蓄的变动方向，即现实经济中处于非均衡状态的储蓄有向均衡储蓄方向变动的驱动力。

一　均衡储蓄率决定机制的理论分析

（一）储蓄供给方面

首先，分析储蓄供给方面因素对储蓄的影响。实际上，消费品价格对消费有重要影响。在消费者方面，若其他条件不变，如果价格上升，则消费下降；如果价格下降，则消费上升。设 P 表示价格，则对于体现收入 Y 与价格 P 同消费 C 关系的消费函数，可设为下面的形式：

$$C = C(Y, P) \tag{14-24}$$

于是，与（14-24）式相对应的储蓄 S 表达式如下：

$$S = Y - C = Y - C(Y, P) \tag{14-25}$$

将（14-25）式简记为：

$$S = S(Y, P) \tag{14-26}$$

（14-26）式表明，在储蓄供给方面，储蓄 S 可以表示为收入 Y 和价格 P 的函数。其中，如前面所述，在一般情况下，储蓄供给 S 与收入 Y 和价格 P 均为正向关系。

（二）储蓄需求方面

其次，分析储蓄需求方面因素对储蓄的影响。对此，我们曾得到过下面关于投资需求与生产要素的关系式：

$$I = K\left[\frac{\mathrm{d}(\ln k)}{\mathrm{d}t} + \frac{\mathrm{d}(\ln L)}{\mathrm{d}t} + \delta\right] \qquad [\text{参见}(14-14)\text{式}]$$

上述关系式表明，储蓄需求与劳动力人均资本增长率、劳动力数量增长率及资本折旧率等因素有关。事实上，投资品的价格也是影响生产者投资需求的重要因素。投资品价格上升，投资成本上升，投资意愿下降。假设投资品价格与消费品价格不进行区分，即都用 P 表示价格水平，于是结合（14-14）式，生产者的投资需求函数可以表示为：

$$I = I(k, L, \delta, P) \tag{14-27}$$

（14-27）式表明，在储蓄需求方面，储蓄需求（投资需求）I 可以表示为劳动力人均资本 k、劳动力数量 L、资本折旧率 δ 和价格 P 的函数。其中，I 与变量 k、L、δ 为正向关系，而与 P 为负向关系。

实际上，生产者的投资意愿受综合性因素影响。生产者根据有关因素对其拟计划的投资营利性进行判断，并确定其投资规模。而在数量分析时，生产者的投资意愿可体现为生产者愿意拥有的资本 K 的规模。由于 $K = kL$，因此也可以说，生产者的投资意愿与劳动力人均资本水平 k 及劳动力数量 L 的变动情况有关。即生产者的投资意愿，可以通过生产者所愿意拥有的劳动力人均资本 k 的水平来体现。

（三）储蓄供给与储蓄需求的均衡

由前面的分析可知，储蓄供给由 $S = S(Y, P)$ 决定，而储蓄需求则由 $I = I(k, L, \delta, P)$ 决定，储蓄供给与储蓄需求达到均衡状态需满足 $S = I$。因此，储蓄均衡水平由下面三个联立方程决定：

$$\begin{cases} S = S(Y, P) \\ I = I(k, L, \delta, P) \\ S = I \end{cases}$$

当 $S = I$ 成立时，即 $S(Y, P) = I(k, L, \delta, P)$ 成立。由此可以确定储蓄达到均衡状态时的均衡价格水平为 P^*。P^* 也就是方程 $S(Y, P) = I(k, L, \delta, P)$ 关于 P 为未知变量的解，记该解为 $P^* = P^*(Y, k, L, \delta)$。这表明均衡价格 P^* 是关于变量 Y、k、L 及 δ 的函数。

将 $P^* = P^*(Y, k, L, \delta)$ 代入 $S = S(Y, P)$ 中，可以得到均衡储蓄水平 S^*，即 $S^* = S(Y, P^*)$。于是，均衡储蓄率 s^* 为下面的表达式：

$$s^* = \frac{S[Y, P^*(Y, k, L, \delta)]}{Y} \tag{14-28}$$

（14-28）式表明，s^* 仍是关于 Y、k、L 及 δ 的函数，因此可记 s^* 为下面的表达式：

$$s^* = s^*(Y, k, L, \delta) \tag{14-29}$$

（14-29）式表明，均衡储蓄率 s^* 是关于收入 Y、劳动力人均资本 k、劳动力数量 L 及资本折旧率 δ 的函数。

（四）s^* 与 Y、k、L 及 δ 为正向关系的理论说明

在理论上可以证明，s^* 与 Y、k、L 及 δ 为正向关系。对此可通过图 14-21 及图 14-22 进行说明。

在图 14-21 中，横轴表示价格，纵轴表示储蓄，$S(P)$ 表示储蓄供给线，$I(P)$ 表示储蓄需求线。图 14-21 体现的是实体经济（产品经济）中的储蓄供给线与储蓄需求线。其中，$S(P)$ 线与 $I(P)$ 线的交点对应的价格 P_0 与储蓄 S_0，分别为初始状态下的均衡价格与均衡储蓄。现在考察

当储蓄需求不变而储蓄供给方面的收入变量 Y 变动对储蓄均衡水平的影响效应。

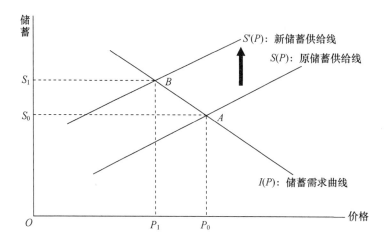

图 14 - 21　储蓄均衡状态下收入 Y 提高的效应

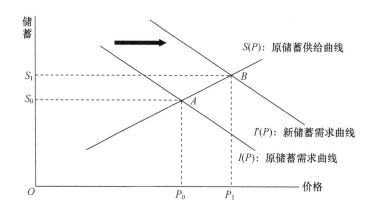

图 14 - 22　生产性因素 k、L、δ 增加对储蓄均衡状态的影响

　　由于在 $S = S(Y,P)$ 中 S 与 Y 为正向关系，这意味着对于同一价格 P，Y 提高将对应着更高水平的储蓄，即图 14 - 21 中的 $S(P)$ 线将向上移动。如图 14 - 21 所示，原储蓄供给线 $S(P)$ 向上移至新供给线 $S'(P)$ 的位置。这时，图 14 - 21 中原储蓄均衡点 A 移至新的均衡点 B，相应的储蓄均衡水平从原来的 S_0 上升至 S_1。即在其他因素不变情况下，储蓄供给方面的收入水平提高将导致均衡储蓄水平提高。

　　图 14 – 22 展现了生产性因素 k、L、δ 增加对储蓄均衡状态的影响。在生产方面，生产者的投资需求为 $I = I(k, L, \delta, P)$。由于 I 与变量 k、L、δ 为正向关系，与 P 为负向关系，因此对同一价格水平 P，变量 k、L、δ 中的任一变量值增大，都将导致有相对更高水平的投资需求相对应。这意味着图 14 – 22 中原储蓄需求曲线 $I(P)$ 将向右移动，即从 $I(P)$ 移至 $I'(P)$ 的位置。这时，图 14 – 22 中的原储蓄均衡点 A 移至新的均衡点 B，相应的，储蓄均衡水平从原来的 S_0 上升至 S_1。即在其他因素不变情况下，储蓄需求方面的 k、L、δ 的变量值增加将导致均衡储蓄水平提高。

　　综上所述，均衡储蓄率 s^* 是关于收入 Y、劳动力人均资本 k、劳动力数量 L 及资本折旧率 δ 的函数，因此可简记为：

$$s^* = s^*(Y, k, L, \delta) \tag{14 – 30}$$

　　在（14 – 30）式中，储蓄率 s^* 与解释变量 k、L、δ 在理论上均为正向关系。

二　1978—2013 年中国国民储蓄率决定因素的实证分析

　　以上理论模型分析表明，综合储蓄供给与储蓄需求两方面的因素，收入增长（经济增长）、资本积累和劳动力数量增长是影响均衡储蓄率水平的重要因素。下面通过 1978 年以来有关中国人口与资本的数据，实际检验这些因素与国民储蓄率的关系。表 14 – 10 给出了 1978—2013 年中国国民储蓄率、实际资本形成额、经济活动人口及实际 GDP 的数据。从中可以看到，此期间这些变量的实际数据值总体处于上升趋势。

表 14 – 10　1978—2013 年中国国民储蓄率、资本积累与劳动力数量有关数据

年份	国民储蓄率（%）变量名：save	实际资本形成额（2000 = 100）变量名：kc	经济活动人口（万人）变量名：lab	实际 GDP（2000 = 100）变量名：gdpe
1978	37.9	4935	40682	12914
1979	35.6	5112	41592	14148
1980	34.5	5330	42903	15303
1981	32.9	5312	44165	16321
1982	33.5	5826	45674	18254
1983	33.6	6589	46707	20089
1984	34.2	7744	48433	22670
1985	34.0	9657	50112	25352

年份	国民储蓄率（%）变量名：save	实际资本形成额（2000 = 100）变量名：kc	经济活动人口（万人）变量名：lab	实际 GDP（2000 = 100）变量名：gdpe
1986	35.1	10516	51546	28033
1987	36.4	11317	53060	31141
1988	36.1	12897	54630	34818
1989	35.5	13200	55707	36084
1990	37.5	13293	65323	38118
1991	37.6	14505	66091	41622
1992	37.6	17185	66782	46966
1993	40.7	23255	67468	54652
1994	41.8	24949	68135	61594
1995	41.9	27473	68855	68189
1996	40.8	29174	69765	75166
1997	41.0	29920	70800	81526
1998	40.4	31544	72087	87166
1999	38.9	33621	72791	92977
2000	37.7	34843	73992	98749
2001	38.6	38970	73884	106835
2002	40.4	44382	74492	117348
2003	43.1	53135	74911	129710
2004	45.6	61418	75290	142922
2005	47.0	66525	76120	160145
2006	49.2	76512	76315	183319
2007	50.4	84840	76531	203872
2008	51.4	98158	77046	224222
2009	51.5	117418	77510	249008
2010	51.8	129618	78388	269687
2011	50.9	141809	78579	293512
2012	50.5	153910	78894	322343
2013	50.2	167846	79300	351234

资料来源：国民储蓄率数据来自表 1 - 1；实际 GDP 为支出法 GDP，经 GDP 价格指数减缩后而得，原始数据来自《中国统计年鉴》（2014）表 3 - 18；支出法 GDP 中的资本形成额经 GDP 价格指数减缩得到实际资本形成额，原始数据来自《中国统计年鉴》（2014）表 3 - 18 中资本形成额。经济活动人口数据来自《中国统计年鉴》（2014）表 4 - 3。

基于（14 - 30）式表明的理论关系式及表 14 - 10 的数据建立一个计量经济模型，以检验收入增长（经济增长）、资本积累和劳动力数量增长等因素对中国国民储蓄率的影响。该计量经济模型如下：

$$\ln save = \alpha + \beta \times \ln gdpe + \gamma \times \ln pk + \delta \times \ln labe \qquad (A)$$

方程式（A）中，$\ln save$ 是国民储蓄率的对数；$\ln gdpe$ 是实际 GDP 增长指数的对数，体现实际 GDP 增长率，其中，$gdpe = gdp/gdp_{-1}$，gdp_{-1} 表示实际 GDP 的一阶滞后项；$\ln pk$ 是劳动力人均实际资本形成额的对数，其中，$pk = kc/labe$；$\ln labe$ 是经济活动人口增长指数的对数，体现经济活动人口增长率，其中，$labe = lab/lab_{-1}$，lab_{-1} 表示经济活动人口变量 lab 的一阶滞后项。各变量名的意义，请参见表 14 - 10。

为了检验方程式（A）的稳健性，我们设计了增加其他有关解释变量的计量经济模型，首先是在方程式（A）基础上增加 $\ln save$ 的一阶滞后项 $\ln save_{-1}$，记为模型（B）；在模型（B）基础上增加时间虚拟变量 D1984，记为模型（C）；在模型（C）基础上增加时间虚拟变量 D2000，记为模型（D）；在模型（D）的基础上增加时间虚拟变量 D2010，记为模型（E）。该计量经济模型一般形式如下：

$$\ln save = \alpha + \beta \times \ln gdpe + \gamma \times \ln pk + \delta \times \ln labe + \theta \times \ln save_{-1} + \sum_{j} \eta_{j} D_{j}$$

上述表达式中的 D_{j} 为时间虚拟变量，包括 D1984、D2000 和 D2010。

D1984 的含义是体现中国 1984 年开始的城镇经济改革效应。1978 年中国改革开放首先始于农村，在总结农村改革成功经验基础上，1984 年开始城镇经济改革。D1984 的取值情况是：1984 年以后取值为 1，其余年份取值为 0；D2000 的含义是体现 2000 年前后中国经济进入快速增长阶段的效应，其取值情况是：2000 年以后取值为 1，其余取值为 0；D2010 的含义是 2010 年前后中国经济进入转型阶段的效应，其取值情况是：2010 年以后取值为 1，其余取值为 0。

按照上述设定的模型不同情景分别估计方程，其结果如表 14 - 11 所示。其中，模型（A）只包含最核心的三个解释变量，即总收入（以变量 $gdpe$ 体现）、劳动力人均资本水平（以变量 pk 体现）和劳动力数量（以变量 $labe$ 体现）。可以看到，三个核心解释变量对国民储蓄率的影响均显著为正，这与前面理论证明结果一致。

表 14-11　国民储蓄率与收入增长、资本积累与劳动力数量关系估计结果

被解释变量	lnsave：国民储蓄率的对数				
模型	（A）	（B）	（C）	（D）	（E）
lngdpe	0.792	0.821	0.812	0.809	0.763
	(3.24)***	(5.04)***	(4.95)***	(4.46)***	(4.19)***
lnpk	0.167	0.064	0.061	0.045	0.074
	(19.90)***	(6.49)***	(4.22)***	(1.98)**	(2.83)***
lnlabe	0.446	0.518	0.507	0.501	0.562
	(2.62)**	(4.67)***	(4.35)***	(4.32)***	(5.34)***
lnsave$_{-1}$		0.669	0.681	0.727	0.671
		(11.05)***	(9.96)***	(9.13)***	(8.60)***
D1984			0.005	0.013	-0.006
			(0.43)	(0.84)	(-0.33)
D2000				0.015	-0.001
				(0.84)	(-0.03)
D2010					-0.034
					(-2.15)**
常数项	2.228	0.607	0.586	0.538	0.532
	(28.35)***	(3.93)***	(3.68)***	(3.44)***	(3.73)***
判定系数 R^2	0.94	0.98	0.98	0.98	0.99
样本数	35	35	35	35	35

注：括号中的数值是 t 统计值；*、**、***分别表示10%、5%和1%的显著性水平。

模型（B）在模型（A）基础上引入滞后一期对数储蓄率。由于已有的研究表明，我国的储蓄和消费具有很强的惯性，即前期的储蓄和消费对后期的储蓄和消费会产生明显的影响。当引入滞后一期对数国民总和储蓄之后发现，滞后储蓄率前面的系数显著为正，说明我国的国民储蓄率也存在很强的储蓄惯性。在控制储蓄惯性后发现，收入增长（GDP增长率）、劳动力人均资本水平和劳动力数量增长率对国民储蓄率仍然有显著正向影响。

为了控制有关宏观经济政策和经济发展阶段对我国国民总和储蓄率的影响，在模型（C）至模型（E）中还分别引入一系列年份虚拟变量。这一方面是考察这些因素对国民储蓄率的影响程度，另一方面也可以检验收入增长（经济增长）、资本积累和劳动力数量增长这三个因素对解释国民储蓄率的稳健性。即：在增加一些解释变量后，收入增长（经济增长）、资本积累和劳动力数量增长这三个解释变量的显著性及前面的回归系数均不出现较大变化，则可以证明此三个解释变量的解释力是稳健的。

模型（C）中引入 D1984 主要是为了控制中国 1984 年的城市改革带来的对国民储蓄率的影响，结果并没有发现城市改革因素变量对国民储蓄率有显著的影响。模型（D）在模型（C）的基础之上引入 D2000 主要是为了控制 2000 年前后中国经济增长开始提速，包括西部大开发和 2001 年中国加入世界贸易组织等因素的影响，结果也没有发现这些因素对国民储蓄率有显著的影响。模型（E）在模型（D）的基础之上引入 D2010，这是为了控制自 2008 年世界金融危机之后中国经济进入转型阶段因素的影响。结果发现，D2010 变量前面的系数显著为负，说明中国经济进入转型降速之后，中国国民储蓄率有所下降。

在控制了反映宏观经济环境和政策变动的一些年份虚拟变量之后发现，储蓄惯性仍然显著，而收入增长（GDP 增长率）、劳动力人均资本水平和劳动力数量增长率仍然表现出对国民储蓄率有显著正向影响，再次证实用这三个变量解释中国国民储蓄率的合理性。

模型（E）由于包含所有的解释变量，而且模型的解释力达到了99%，说明模型（E）所引入的解释变量较好地解释了中国的国民储蓄率。从模型（E）可以看到，GDP 增长率每增加 1 个百分点对应对数储蓄率增加 0.76 个百分点，这个结果与模型（A）相比并没有太大变化。劳动力人均资本每增加 1% 对应对数储蓄率增加 0.074%，与模型（A）相比明显降低，这是因为，在模型（E）的解释变量中引入了储蓄率的滞后项，储蓄率滞后项会吸收部分资本对总和储蓄的影响，但即使引入该滞后项后，劳动力人均资本前面的系数仍然为正，再次证明了资本扩张提升储蓄需求有正向作用。劳动力增长率每增加 1 个百分点对应对数储蓄率增加 0.56 个百分点，相比模型（A）来说，劳动力增长率的影响略有上升。

总体而言，由于中国经济增长率、资本扩张速度以及劳动力增速都在缓慢下降，未来国民储蓄率也会随之下降，但是，由于储蓄惯性的存在，在未来一段时间里中国仍然会保持较高的国民储蓄率。从长期看，随着以人口老龄化为主要特征的人口结构变化成为不可逆转的趋势，中国的国民储蓄率终将趋于下降。

第六节 人口老龄化对储蓄的影响

人口老龄化是宏观总体性概念，即指在一定人口中老年人口比重超过一定限度的人口结构状况。老年人口比重越高，人口老龄化程度越高。然而，微观是宏观的基础，人口老龄化的微观基础，是个人预期寿命延长。或者说，微观个人预期寿命延长的宏观效应就是人口老龄化，体现为老年人口占总人口比重提高。因此，人口老龄化对储蓄的影响，既有对宏观储蓄的影响效应，也有对微观个人储蓄的影响效应。

根据前面研究结果可知，人口老龄化对不同层面储蓄的影响效应不尽一致。基本结论是：随着人口老龄化程度的不断提高，宏观的国民储蓄率将趋于下降，微观的个人储蓄率将趋于上升，即两个层面的储蓄率是彼此相反的变动趋势。

一 人口老龄化的微观效应：提高个人（家庭）储蓄率

对个人而言，如果个人的退休期生活消费完全依靠个人工作期的劳动收入，那么退休期的延长（预期寿命提高），只意味着个人必须在工作期时多储蓄。这便是人口老龄化对个人储蓄产生的微观效应，即预期寿命延长将导致个人储蓄率提高。

本书第七章通过建立个人基于生命周期内消费稳定的储蓄模型，分析了个人储蓄率的决定机制。设 s 为个人储蓄率，T_1 为工作期时长，T_2 为退休期时长，v 为收入增长率，r 为名义利率，p 为通货膨胀率，则该模型的表达式如下：

$$s = \frac{1}{\dfrac{T_1}{T_2}B + 1} \qquad [参见第七章(7-16)式]$$

其中：

$$B = \frac{v\left[(1+v)^{T_1} - (1+r-p)^{T_1}\right]}{\left[(1+v)^{T_1} - 1\right]} \frac{1+r-p}{v-(r-p)} \qquad [参见第七章(7-15)式]$$

（7-16）式表明，个人工作期时长与退休期时长的比率 $\dfrac{T_1}{T_2}$，是决定个人储蓄率 s 的关键因素。通过（7-16）式可以看到，退休期时长 T_2 增加（预期寿命延长）将导致个人储蓄率s提高，这就是人口老龄化对个人储蓄率的影响效应。进一步的模拟测算与实证分析结果表明，收入增长率（注意：不是指收入的绝对水平）等因素不是影响中国储蓄率的显著因素。

二　人口老龄化的宏观效应：降低国民储蓄率

根据第九章的研究结论，宏观经济层面的储蓄总量与储蓄率均是关于老年人口的减函数。其逻辑关系容易理解：在其他条件不变情况下，老年人口数量增多，老年人消费总量必然增多，因此，在产出既定情况下，产出的剩余即储蓄必然相应减少。

设宏观经济的储蓄率为s，储蓄总量为S，总产出为Y，总消费为C，经济中的劳动力数量为L，非劳动力数量为R，$\bar{c}_L$为劳动力人均消费水平，$\bar{c}_R$为非劳动力人均消费水平，于是有下面的关系式：

$$s = \frac{S}{Y} = \frac{Y-C}{Y} = 1 - \bar{c}_L \frac{L}{Y} - \bar{c}_R \frac{R}{Y} \qquad [参见第九章(9-17)式]$$

（9-17）式清楚地展现了非劳动力数量R对储蓄率s的影响关系。在（9-17）式中，由于产出Y不受非劳动力数量R的影响，因此，当非劳动力数量R增大时，根据（9-17）式可知，储蓄率s将下降。因此，人口老龄化对应着老年人口数量增加（非劳动力的增加），由此将产生降低宏观储蓄率（国民储蓄率）效应。这便是人口老龄化对宏观储蓄率影响效应，即国民储蓄率将趋于降低。

劳动力对储蓄的影响与老年人对储蓄的影响效应是截然不同的。这是因为，劳动力既为消费者也为生产者，因此，劳动力数量变动不仅影响消费，而且也影响产出。而老年人数量的变动则只影响消费。即退休的老年人数量增加，只意味着增加消费。而劳动力数量的增加，在增加消费的同时，更具有增加产出能力的效应。如果劳动力数量增加导致产出增长，则劳动力数量增长便具有提高储蓄的效应。对此，第九章在理论上证明了当劳动力人均产量处于上升阶段时，宏观储蓄总量供给是关于劳动力数量的增函数。其基本原理是：当劳动力人均产量处于上升阶段时，劳动力边际产出大于其平均收入，同时也大于其平均消费，从而导致储蓄随劳动力数量增加而提高。中国实证分析结果显示，改革开放以来，中国的劳动力人均产出始终处于不断上升状态。这表明中国经济是满足劳动力的边际产出大于平均收入的，否则经济中就不会出现劳动力人均产出水平不断上升的情况。

总之，人口老龄化对应的是经济中老年人口比重上升、劳动力数量比重下降的局面。因此，在宏观经济层面，人口老龄化将导致国民储蓄率下降，消费率上升。然而，在微观经济层面，人口老龄化意味着预期寿命不断延长，由此对应着个人（家庭）储蓄率不断上升。

第七节 主要结论

对中国改革开放 30 多年来的高储蓄现象，可以从储蓄供给与储蓄需求两方面进行系统性解释。总的来说，不断提高的储蓄供给与不断提升的储蓄需求共同促成了中国出现高储蓄现象，而以劳动力比重持续升高为主要特征的人口结构是重要基础。改革开放 30 多年来，恰逢中国劳动力数量处于持续增长期，不仅为经济增长提供了十分有利的人力资源条件，而且为不断提升储蓄供给与储蓄需求的水平提供了良好的基础。在储蓄供给方面，劳动力比重相对高的人口结构，意味着劳动力抚养负担相对较低，从而经济中的消费比重相对较低而由此可以提供相对多的资源用于投资，因此有利于提高储蓄供给。在储蓄需求方面，劳动力比重相对高的人口结构，意味着劳动力数量不断增长，为保持劳动力人均资本水平不下降甚至实现适度快速增长，则必然提高储蓄需求的水平。而高储蓄供给与高储蓄需求的作用结果，必然是高储蓄现象的出现。

一 中国储蓄供给不断提高的主要影响因素

首先，收入（产出）实现快速增长是 1978—2013 年中国储蓄供给水平不断提高的主要原因。收入（产出）是储蓄的源头。储蓄来自经济成果的不断增加，来自收入（产出）的增长。因此，收入（产出）增长是储蓄供给增加的重要基础。如果没有收入（产出）的增长而仅靠"节衣缩食"，储蓄是无法现实持久增加的。

1978—2013 年，中国经济实现了快速增长，为中国储蓄供给水平不断提高创造了非常有利的基础。按可比价计算，1978—2013 年，中国人均国民收入年均增长 8.7%，城镇居民可支配收入年均增长 7.4%，农村居民人均纯收入年均增长 7.6%。这表明不论是在国民收入层面，还是在居民收入层面，均实现了快速增长。

本书在理论与实证两方面的研究结果表明：收入（产出）对储蓄是正向影响关系。其中，实证分析结果表明：在中国国民储蓄层面，总收入水平及其增长率（GDP增长率）对国民储蓄率有显著而稳健的正向影响；而在个人（家庭）储蓄层面，居民收入的绝对水平与个人（家庭）储蓄率呈稳定的正向关系，但是，收入增长率则没有显现与个人（家庭）的储蓄率有显著相关性。也就是说，中国的实证分析的经验表明，"居民收入绝对水平越高，其储蓄率越高"这一结论是成立的，但是，没有验证"居民收入增长率越高，其储蓄率越高"这一结论。这意味着在个人（家庭）储蓄层面，收入对个人储蓄率的影响有"绝对水平效应"，而没有"增长率效应"。对此，一种通俗的解释是：可以确定的是高收入者有较高的储蓄率，但是低收入者的收入快速增长，并不一定导致低收入者有较高的储蓄率。换句话说，判断一个人的储蓄率高低，应主要看其收入绝对水平的高低，而不是看其收入增长率的高低。

其次，消费增长滞后于收入增长是1978—2013年中国储蓄供给水平不断提高的另一主要原因。在储蓄供给方面，储蓄是收入与消费的差额。因此，消费增长滞后于收入增长的结果，必然是收入与消费的差额加大，即导致储蓄供给增加。按可比价计算，1978—2013年中国GDP年均增长9.9%（支出法口径），同口径居民消费年均增长9%，即居民消费年均增长率低于GDP年均增长率0.9个百分点。这一结果必然导致居民消费占GDP的比重不断下降。数据显示，1978年中国居民消费占GDP的比重为48.8%，到2013年该比重已下降至36.2%，即降低了12.6个百分点。

在中国经济高速增长过程中，为什么消费没有实现相应的快速增长？这一问题是在储蓄供给方面解释中国出现高储蓄现象的实质性问题。总的来说，导致中国消费没有实现相应快速增长的原因是多方面而复杂的，归纳起来，主要有以下原因：

第一，中国消费者有很强的储蓄习惯。许多已有研究成果均表明，中国的高储蓄与储蓄习惯有很强的关系。储蓄习惯在计量经济模型分析中，通常以储蓄惯性变量来体现，即以滞后期储蓄作为当期储蓄的解释变量。在我们的实证分析中发现，储蓄惯性对中国的国民储蓄率与个人（家庭）的储蓄率均有显著而稳健的影响。中国消费者有很强的储蓄习惯，可能与中国历史上拥有勤俭节约的文化传统有关。同时，中国市场经济体系尚不完善，金融市场不发达，消费信贷渠道不畅通，也是增强消费者储蓄习惯的重要因素。"借贷"消费还远不被中国消费者接受。

第二，消费者对一些改革的预期抑制了消费快速增长。中国正处于从传统的计划经济体制向社会主义市场经济体制转变过程中，对改革的预期成为影响消费者进行消费行为选择的重要因素。例如，在养老、教育、医疗、就业、住房及民生保障等方面的一些重大制度改革，涉及每个人、每个家庭的切身利益。由于这些改革需要一定的探索和不断完善的过程，是长期性的，难以在短期内完全到位，因此难免使消费者对各种改革充满不确定性的预期。这些预期可能影响个人或家庭消费行为的选择。如为了预防一些改革可能对个人及家庭生活产生的不确定性影响，由此增加个人及家庭预防性储蓄。

第三，预期寿命延长提升了个人（家庭）乃至全社会的储蓄倾向。预期寿命的延长，老年人口数量的增多，意味着个人、企业、政府及全社会都要提高养老的储蓄。第六次人口普查数据显示，2010 年中国人口平均预期寿命为 74.83 岁，比 2000 年的 71.40 岁提高 3.43 岁，比 1990 年提高 6.28 岁，比 1981 年提高 7.06 岁。因此，中国人口平均预期寿命的延长是十分显著的。随着经济社会的发展，中国人口平均预期寿命将不断提高。利用我们建立的基于个人生命周期储蓄模型的模拟测算结果显示，预期寿命的延长对个人（家庭）储蓄率有决定性影响。因此，为养老而增强储蓄是抑制消费的一个重要原因。

第四，收入差距不断扩大是抑制消费增长的不利因素。理论研究结果表明，高收入群体有相对低的边际消费倾向，而低收入群体有相对高的边际消费倾向。在中国经济快速增长过程中，收入分配出现了高收入者的收入增速越来越快于低收入者的局面。如按可比价计算，2000—2013 年中国城镇居民可支配收入，低收入户年均增长 7.8%，中等偏下户年均增长 8.6%，中等收入户年均增长 8.9%，中等偏上户年均增长 9.3%，高收入户年均增长 10.5%，即呈现了收入户等级越高其收入增幅越大的现象。此种情况在农村是同样存在的。收入差距扩大不利于消费增长效应。但是，实证分析的结果表明，收入差距扩大虽然是影响消费增长的负面因素，但还不是影响储蓄的主要因素。然而这一实证结果的得出，可能与缺少可利用的体现收入差距的数据及度量收入差距的方法有关。

当然，还存在着许多其他影响消费的因素，这里不可能一一列出。总之，在储蓄供给方面，高的收入增长与低的消费增长的综合结果，必然是储蓄供给增加。而在高收入增长与低消费增长背后，人口结构是一重要而关键的因素。这是因为，收入增长源于经济增长，消费则是人的消费，而人口结构与中国经济增长和消费均有内在的密切关系，从而人口结构是影响储蓄供给的一种内在基础性因素。

二　中国储蓄需求不断提高的主要影响因素

生产者是储蓄的最终使用者，是储蓄的需求主体。因此，对影响储蓄需求因素的分析，主要是围绕生产者行为及其有关影响因素而展开。在宏观经济层面，国民储蓄不仅受消费因素的影响，同时受生产因素的影响。本书的理论研究结果表明：劳动力人均资本水平提高、劳动力数量增长及资本折旧补偿，是三个基本的生产性投资需求，由此对储蓄需求有重要的内在影响。同时，中国经济发展特定阶段中的经济增长方式，客观上也需要有高储蓄支持。本书的实证分析结果表明：1978—2013 年，中国资本积累与劳动力数量增长这两个因素对国民储蓄率的影响是显著而稳健的正向关系。

第一，中国经济对扩大资本积累的需求提升了宏观储蓄需求水平。中国改革开放初期，总体生产能力低下，迅速扩大资本积累成为短期内促进经济增长的一种重要手段。同时，劳动力人均资本水平快速提高。如按可比价计算，1978—2013 年中国劳动力人均资本形成额年均增长 8.5%，呈现持续快速增长态势。我们的实证分析结果表明，1978—2013 年，中国劳动力人均资本水平对国民储蓄率有显著而稳健的正向影响。

第二，中国劳动力数量持续增长提升了宏观储蓄需求水平。20 世纪 60 年代，中国出现生育高峰期。而在此生育高峰期出生的人，恰好于 1978 年前后开始进入成年阶段。因此，在 1978 年改革开放后的中国经济发展过程中，源源不断的新生劳动力进入劳动力市场，为中国经济增长提供了充足而廉价的劳动力资源，从而形成了对经济增长十分有利的人口结构，即所谓"人口红利"的局面。进入经济的劳动力数量不断增加，导致对劳动力进行资本配置的需求水平不断提高，由此成为不断提升储蓄需求水平的又一重要因素。现以经济活动人员数量作为中国劳动力资源规模的度量，数据显示，1982 年、1990 年、2000 年及 2010 年中国经济活动人员的数量分别为 4.6 亿人、6.5 亿人、7.4 亿人及 7.8 亿人，即劳动力数量增长十分显著。到 2010 年，中国经济活动人员的数量已经比 1982 年增加了 3.2 亿人。我们的实证分析结果表明：1978—2013 年，中国劳动力数量增长率对国民储蓄率有显著而稳健的正向影响。

第三，科学技术进步加快了资本折旧速度，提升储蓄需求水平。固定资产在使用过程中存在损耗，为及时补偿损耗以保障生产能力不下降而进行的投资，是影响储蓄需求的又一种重要因素。随着科学技术发展不断加快，资本折旧正成为越来越重要的提升储蓄需求水平的影响因素。在现代科学技术发展日新月异的时代背景下，为提高竞争力，提高生产效率，及时采用最强大的高新科技成果，甚至直接淘汰旧的落后资本设备，成为市场竞争中的一种越来越重要的手段。这在客观上加快了有关资本折旧的频率及规模，由此资本折旧对储蓄需求的影响不断增强。然而遗憾的是，此方面的有关统计数据缺乏，目前难以进行中国资本折旧对投资乃至对储蓄的定量估计。

第四，中国经济增长方式提升了储蓄需求水平。1978 年开始的改革开放，确立了中国共产党的工作重心从以阶级斗争为纲转向以经济建设为中心，由此极大地增强了中国对实现快速经济增长的要求。然而，当时的中国经济基础薄弱，资本与技术不足，难以通过生产高技术附加值的产品实行经济增长。因此，许多地方经济主要是依靠当地的资源优势起步的，如利用当地的矿产资源、水资源、林业资源等发展经济。而这种发展模式需要以大量投资为基础，因此粗放式的发展模式客观上极大地增强了对储蓄需求的作用。同时，传统的主要依靠固定资产投资和低劳动力成本比较优势的出口驱动的经济增长方式，与中国劳动力资源及人口结构状况紧密相关。在劳动力资源近乎无限供给而资本稀缺、技术不足的背景下，经济增长与投资增长高度相关。而粗放式的经济增长方式又加剧了投资需求，进一步加剧了对高储蓄的需求。

三　经济政策的作用

理论分析结果表明，经济政策对储蓄有重要的调节作用。在现实经济中，虽然消费者与生产者分别是储蓄供给主体与储蓄需求主体，然而这并不表明，只有消费者与生产者本身才能够影响储蓄。这是因为，有关的经济政策可以深刻影响消费者行为与生产者行为，从而对储蓄产生重要影响。

财政政策可以通过税收、发债及改变支出等方式影响生产者与消费者行为。如财政税收既影响居民收入，也影响企业生产。而政府的投资性发债行为，可以直接改变储蓄需求与储蓄供给关系。货币政策是通过货币市场而影响储蓄的。在现实经济中，不论是在产品层面还是在储蓄层面，消费者与生产者之间进行的交易通常不是面对面的直接交易，而是通过一定的资本市场（货币市场）实现的。生产者产生投资需求，并不是由生产者直接面向消费者进行融资，而是通过相关金融机构的操作实现的，如通过对生产者的借贷行为，可以帮助生产者实现其投资计划。相应的，资本市场中的利率变动可以影响生产者的借贷行为，也可以影响消费者的储蓄行为。因此，货币政策可通过对资本市场的影响而对储蓄产生作用。

事实上，政府对追求经济增长的目标、增长方式与发展路径的选择而采取的有关经济政策，都可以直接或间接地影响储蓄。如政府采用的有关经济政策旨在刺激经济增长，然而这一目标的实现客观上提高了国民收入与个人收入的增长，从而间接地提高了储蓄供给水平。而政府采取有关鼓励投资的政策，则具有提升储蓄需求水平的效应。

自1978年改革开放以来，中国政府对推动经济增长起到了无可替代的作用。在中国国情下，由于受长期传统计划经济体制的影响，即使是在改革开放后向市场经济转变的30多年时间里，政府及企业行为实际主导着中国经济发展的强度与方向。因此可以说，中国经济增长是政府主导型的。中国政府出台的有关投资、消费等方面的经济政策，实际上对中国储蓄率的决定都有直接或间接的影响。然而，这种经济政策的影响目前尚难以定量测度。

四　人口结构对储蓄的作用

人口兼有消费者与生产者的双重属性，由此决定人口不仅与储蓄供给有关，而且与储蓄需求有关。一方面，人人都是消费者，因为没有人可以不消费而生存。因此，人口数量即等同于消费者数量，人口结构也是一种消费者结构，人口相关因素的变动必然对储蓄供给产生影响。另一方面，劳动力是任何生产活动都离不开的生产要素。一定数量的劳动力需要与一定数量的资本相结合，这是从事一切生产活动的基础。由此决定人口变动对应劳动力资源的变动，影响资本积累与投资需求变化，因此，人口与储蓄需求有密切的内在关系。

在宏观储蓄方面，劳动力与非劳动力的数量比例关系，实际决定着经济产出用于投资与消费的比例划分。劳动力对储蓄的影响，同老年人对储蓄的影响有质的不同。这是因为，劳动力在作为消费者的同时，也是生产者。劳动力数量变动不仅影响消费，而且影响产出，而产出（收入）又是储蓄的源头。一般意义上的老年人是纯粹的消费者,老年人的数量增加只意味着增加消费。因此,以老年人口比重上升为主要特征的人口老龄化,其效应将是提高消费率,降低国民储蓄率。实证分析的结果显示,劳动力人均资本因素以及劳动力数量增长因素均对国民储蓄率有显著的正影响,这一结果实际上与中国的人口结构有关。

在微观个人(家庭)方面,人口结构反映为由预期寿命延长而引发的老年抚养比提高。养老的本质实际是一种代际交易,即上代人(老年人)与下代人(年轻人)进行的一种交易。这种交易与养老制度无关,即不论是哪种养老保障制度,养老的实现必须是由年轻人提供产品或服务给老年人。这种交易存在于两个市场,一个是产品市场,另一个是资本市场。在产品市场,劳动力提供产品或服务给老年人,因此劳动力是产品市场中的供给方,老年人是产品市场的需求方。在资本市场上,养老储蓄是一种重要的资金来源,老年人是储蓄资金供给方,劳动力是资金需求方。而在宏观经济层面,就是涉及实体经济与资本经济的关系。

从长期来看,人口老龄化一方面对应着实体经济中"消费型"人口扩大、消费率上升、国民储蓄率下降;另一方面对应着资本经济中个人与家庭储蓄率提高、金融性养老资产增加、资本市场中资金规模不断增大。个人预期寿命延长意味着个人与家庭要为相对延长的退休期的生活而提高储蓄率,因此人口老龄化有提升个人(家庭)资金层面储蓄率的内在动力机制。因此,以人口老龄化为主要特征的人口结构变化趋势,意味着长期的实体经济的宏观储蓄率将趋于下降,而长期的资本经济的微观个人(家庭)储蓄率将趋于上升。基于我们建立的个人生命周期储蓄模型的理论与实证分析均表明,预期寿命的延长对提升个人(家庭)储蓄率有决定性的影响。两个经济体系中的储蓄率的反向变化趋势,或许是深刻影响未来经济稳定性的一种系统性风险,为此需要高度重视,要加强对此问题的研究以防患于未然。

以劳动力数量持续增长为主要特征的人口结构,实际也决定了高储蓄是中国经济发展模式所需的一种必然性。在资本与技术缺乏而劳动力资源丰富背景下,中国经济选择依靠投资与出口拉动经济增长的模式有一定必然性,而这种选择结果与人口结构有关。因此,中国经济发展的模式以及高储蓄现象的形成,同人口结构有千丝万缕的关系,也就具有由人口结构特征决定的必然性。

　　未来中国储蓄率变化的趋势很大程度是由人口特征决定的。劳动力人均资本增长率、劳动力增长率及折旧率的变动是影响国民储蓄率的三个重要因素。由于劳动力人均资本水平是体现经济增长潜力的重要因素，因此，从保持未来中国经济长期稳定增长需要看，劳动力人均资本水平应主要呈现上升趋势，而不是下降趋势。资本折旧率下降的可能性也不是很大，这主要是因为，随着未来科学技术的加速发展，资本折旧率主要是提高的趋势。因此可以预见，未来能够导致储蓄率下降的可能因素，主要是劳动力增长率。而劳动力增长率的变化与人口年龄结构有直接的关系，因此，中国人口年龄结构是影响未来国民储蓄率变化的至关重要的因素。而未来的人口结构将以人口老龄化为主要特征，因此，人口老龄化将成为深刻影响储蓄供给的主体与储蓄需求的主体，进而影响储蓄实际水平的重要因素。

　　由于人口结构因素是客观的，是无法在短期内改变的，因此人口结构是影响储蓄的内在和客观的基础因素。从长远来看，中国改革开放 30 多年来出现的高储蓄现象是中国经济发展过程中的阶段性现象，有一定的必然性。随着中国人口老龄化进程加快，中国将呈现以劳动力数量比重下降、老年人口比重上升为特征的人口结构转型，中国经济将呈现国民储蓄率下降而家庭储蓄率上升的长期趋势。即在未来，中国曾经长期特有的高储蓄现象将不复存在。然而，中国的国民储蓄率何时出现由升转降的"拐点"，这是需要进一步深入研究的另一个问题。

参考文献

1. Abel, A. , "Birth, Death and Taxes", *Journal of Public Economics*, 1989, 39, pp. 1 – 15.

2. Ando, A. and Franco Modigliani, "The 'Life – Cycle' Hypothesis of Saving: Aggregate Implications and Tests", *The American Economic Review*, 1963, 53 (1), pp. 55 – 84.

3. Ang, James, "Household Saving Behavior in an Extended Life Cycle Model: A Comparative Study of China and India", *Journal of Development Studies*, 2009, 45 (8), pp. 1344 – 1359.

4. Arellano, M. and Bover, O. , Another Look at the Instrumental Variables Estimation of Error component models, *Journal of Econometrics*, 1995, (68), pp. 29 – 51.

5. Atkeson, Andrew and Masao Ogaki, "Wealth – Varying Intertemporal Elasticities of Substitution: Evidence from Panel and Aggregate Data", *Journal of Monetary Economics*, 1996, 39 (3), pp. 507 – 534.

6. Aziz, J. and Li, C. , Explaining China's Low Consumption: The Neglected Role of Household Income, IMF Working Paper, 2007, WP/07/181.

7. Barro, R . J. , Economic Growth in a Cross Section of Countries, *The Quarterly Journal of Economics*, 1991, 106 (2), pp. 407 – 443.

8. Bailey, Martin J. , "The Welfare Cost of Inflationary Finance", *Journal of Political Economy*, 1956, 54 (2), pp. 93 – 110.

9. Blanchard, Olivier J. and Francesco Giavazzi, "Rebalancing Growth in China: A Three – Handed Approach", *China & World Economy*, 2006, 14 (4), pp. 1 – 20.

10. Blanchard, O. and Giavazzi, F. , Rebalancing in China: A Three

Handed Approach, CEPR Discussion Paper, 2005.

11. Bloom, David E. , David Canning and Bryan Graham, "Longevity and Life – Cycle Savings", *Scandinavian Journal of Economics*, 2003, 105 (3), pp. 319 – 338.

12. Blundell, R. and Bond, S. , Initial Conditions and Moment Restrictions in Dynamic Panel Data Models, *Journal of Econometrics*, 1998, (87), pp. 115 – 143.

13. Bosworth, B. P. , Saving and Investment in a Global Economy, Washington D. C. : Brookings Institution, 1993.

14. Bond, S. , Dynamic Panel Data Models: A Guide to Micro Data Methods and Practice, Department of Economics, Institute for Fiscal Studies, London, CEMMAP Working Paper CWP09/02, 2002.

15. Brown, T. M. , Habit Persistence and Lags in Consumer Behavior, *Econometrica*, 1952, 20 (3), pp. 355 – 371.

16. Carroll, C. D. , How Does Future Income Affect Current Consumption, *The Quarterly Journal of Economics*, 1994, 109 (1), pp. 111 – 147.

17. Carroll, Christopher D. and David N. Weil, "Saving and Growth: A Reinterpretation", Carnegie – Rochester Conference Series on Public Policy, 1994, 40, pp. 133 – 192.

18. Chamon, Macos D. and Prasad, Eswar S. , "why are saving rates of urban households in China rising?", *American Economic Journal – Macroeconomics*, 2010, 2, pp. 93 – 130.

19. Chow, G. C. , "Capital Formation and Economic Growth in China", *Q. J. E. August*, 1993, pp. 809 – 842

20. Dardanoni and Valentino, Precautionary Saving Under Income Uncertainty: A Cross – Sectional Analysis, *Applied Economics*, 1991, (23), pp. 153 – 160.

21. Deaton, Angus, *Understanding Consumption*, Oxford: Clarendon Press 1992.

22. Dube, J. – P. , Hitsch, G. J. and Rossi, P. E. , State Dependence and Alternative Explanations for Consumer Inertia, NBER Working Paper, No. W14912.

23. Gersovitz, Mark, "Saving and Nutrition at Low Incomes", *Journal of*

Political Economy, 1983, 91 (5), pp. 841 – 855.

24. Giles, John and Kyeongwon Yoo, "Precautionary Behavior, Migrants Networks and Household Consumption Decisions: An Empirical Analysis Using Household Panel Data from Rural China", Forthcomig in The Review of Economics and Statistics.

25. Guiso, L., Jappelli, T. and Terlizzese, D., Hausing Finance Arrangements, Intergenerational Transfers and Consumption, *Economic Modelling*, 1994, 11 (2), pp. 145 – 155.

26. He, Xinhua and Yongfu Cao, "Understanding High Saving Rates in China", *China & World Economy*, 2007, 15 (1), pp. 1 – 13.

27. Horioka, C. Y. and Wan, J. M., The Determinants of Household Saving in China: A Dynamic Panel Analysis of Provincial Data, *Journal of Money, Credit and Banking*, 2007, 39 (8), pp. 2077 – 2096.

28. Kazarosian, M., Precautionary Saving—A Panel Analysis, *Review of Economic Studies and Statistics*, 1997, (79), pp. 241 – 247.

29. Kraay, A., Household Saving in China, *World Bank Economic Review*, 2000, (14), pp. 545 – 570.

30. Kuijs, L., 2005, Investment and Savings in China, Policy Research Working Paper No. 3633 (Washington: World Bank).

31. Landau, D., Government and Economic Growth in the Less Development Countries: An Empirical Study for 1960 – 1980, *Economic Development and Cultural Change*, 1986, 35 (1), pp. 35 – 75.

32. Lee, R. D., Mason, A. and Miller, T., Saving, Wealth and Population, University of California at Berkeley, Processed, 1998.

33. Leland, Hayne E., "Saving and Uncertainty: The Precautionary Demand for Saving", *Quarterly Journal of Economics*, 1968, 82 (3), pp. 465 – 473.

34. Li Hongbin, Jie Zhang and Junsen Zhang, "Effects of Longevity and Dependency Rates on Saving and Growth: Evidence from a Panel of Cross Countries", *Journal of Development Economics*, 2007, 84 (1), pp. 138 – 154.

35. Loayza, Norman, Klaus Schmidt – Hebbel and Luis Servén, 1998, "What Drive Saving across the World?", Policy Research Working Paper 2309. World Bank, Development Research Group, Washington D. C., Pro-

cessed.

36. Loayza, Norman, Klaus Schmidt – Hebbel and Luis Servén, "Saving in Developing Countries: An Overview", *The World Bank Economic Review*, 2000, 14 (3), pp. 393 – 414.

37. Loayza, N., Schmidt – Heebbel, K. and Serven, L., What Drives Private Saving Across the World, *Review of Economics and Statistics*, 2000, (82), pp. 165 – 181.

38. Meng, X., Private Sector Development and Labor Market Reform, In: Garnaut, Ross, Song, Ligang (Eds.), *China's Third Economics Transformation*, Routledge, London, 2003.

39. Mankiw, 1994, *Macroeconomics*, Worth Publishers.

40. Mankiw, N. Gregory, David Romer and David N. Weil, "A Contibution to the Empirics of Economic Growth", *Quarterly Journal of Economics*, 1992, 107 (2), pp. 407 – 437.

41. Meng, Xin, "Unemployment, Consumption Smoothing, and Precautionary Saving in Urban China", *Journal of Comparative Economics*, 2003, 31, pp. 465 – 485.

42. Modigliani, Franco, 1970, "The Life – Cycle Hypothesis of Saving and Intercountry Differences in the Saving Ratio", In W. A. Eltis, M. F. G. Scott and J. N. Wolfe, eds., *Induction, Trade and Growth: Essays in Honor of Sir Roy Harrod*, Oxford: Clarendon Press.

43. Modigliani, F. and Brumberg, R., 1954, "Utility Analysis and the Consumption Function: An Interpretation of Cross2 Section Data", in *Post Keynesian Economics*, Rutgers University Press.

44. Mundell, Robert, "Inflation and Real Interest", *Journal of Political Economy*, 1963, 71 (3), pp. 280 – 283.

45. Modigliani, F. and Cao, S. L., The Chinese Saving Puzzle and the Life – Cycle Hypothesis, *Journal of Economic Literature*, 2004, (42), pp. 145 – 170.

46. Mueller, D. C., First – Mover Advances and Path Dependence, *International Journal of Industrial Organization*, 1997, 15 (6), pp. 827 – 850.

47. Ogaki, Masao, Jonathan Ostry and Carmen Reinhart, 1995, "Saving

Behavior in Low – and Middle – Income Developing Countries：A Comparison"，IMF Working Paper 95/3. International Monetary Fund，Washington D. C.，Processed.

48. Prasad，E. and Rajan，R.，2006，Modernizing China's Growth Paradigm，IMF Policy Discussion Paper No. 06/3.

49. Qian，Y. Y.，1988，Urban and Rural House Saving in China，International Monetary Fund Working Paper No. WP/88/25.

50. Qi，Li and Penelope B. Prime，"Market Reforms and Consumption Puzzles in China"，*China Economic Review*，200920，pp. 388 – 401.

51. Qin，D.，Aggregate Consumption and Income in China：an Econometric Study，*Journal of Comparative Economics*，1991，15（1），pp. 132 – 141.

52. Robert J. Shiller，2006，"Thrifty China，Spendthrift America"（节俭的中国，挥霍的美国），Project Syndicate.

53. Roodman，D.，2006，How to Do xtabond2：An Introduction to "Difference" and "System" GMM in stata，Working Paper 103，Center for Global Development，Washington.

54. Schrooten，Mechthild and Sabine. Stephan，"Private Savings and Transition：Dynamic Panel Data Evidence from Accession Countries"，*Economics of Transition*，2005，13，pp. 287 – 309.

55. Wei，Shang – Jin and Xiaobo Zhang，2009，"The Competitive Saving Motive：Evidence from Rising Sex Ratios and Saving Rates in China"，NBER Working Paper，No. 15093.

56. Windmeijer，F.，A Finite Sample Correction for the Variance of Linear Efficient Two – Step GMM Estimators，*Journal of Econometrics*，2005，（126），pp. 25 – 51.

57. Schrooten，M. and Stephan，S.，Private Savings and Transition：Dynamic Panel Evidence from Accession Countries，*Economics of Transitoin*，2005，（13），pp. 287 – 309.

58. Yaari，M. E.，"Uncertain Lifetime，Life Insurance，and the Theory of the Consumer"，*Review of Economics Studies*，1965，32，pp. 137 – 150.

59. Zhang Jie，Zhang Junsen and Lee Ronald，"Rising Longevity，Education，Savings and Growth"，*Journal of Development Economics*，2003，70

（1），pp. 83 – 101.

60. Zellner, A., The Short – Run Consumption Function, *Econometrica*, 1957, 25（4），pp. 552 – 567.

61. 蔡昉：《未来的人口红利——中国经济增长源泉的开拓》，《中国人口科学》2009 年第 1 期。

62. 戴维·罗默：《高级宏观经济学》，商务印书馆 1999 年版。

63. 杜海韬、邓翔：《流动性约束和不确定性状态下的预防性储蓄研究》，《经济学》（季刊）2005 年第 2 期。

64. 方福前：《中国居民消费需求不足原因研究》，《中国社会科学》2009 年第 2 期。

65. 杭斌、申春兰：《中国农户预防性储蓄行为的实证研究》，《中国农村经济》2005 年第 3 期。

66. 贺菊煌：《人口红利有多大》，《数量经济技术经济研究》2006 年第 7 期。

67. 贺菊煌：《经济增长模型中的储蓄率内生化问题》，《经济研究》2005 年第 8 期。

68. 江春、翁强：《经济增长·人口结构·金融市场对中国储蓄率影响分析——基于修正的生命周期模型的实证分析》，《区域金融研究》2009 年第 4 期。

69. 李军：《收入差距对消费需求影响的定量分析》，《数量经济技术经济研究》2003 年第 9 期。

70. 李扬、殷剑峰、陈洪波：《高储蓄率是人口结构变化的必然结果》，《中国证券报》2006 年 4 月 14 日。

71. 李扬、殷剑峰：《劳动力转移过程中的高储蓄、高投资和中国经济增长》，《经济研究》2005 年第 2 期。

72. 刘生龙、王亚华、胡鞍钢：《西部大开发成效与中国区域经济收敛》，《经济研究》2009 年第 9 期。

73. 刘兆博、马树才：《基于微观面板数据的中国农民预防性储蓄研究》，《世界经济》2007 年第 2 期。

74. 刘煜辉：《中国高储蓄辨伪》，《第一财经日报》2009 年 7 月 15 日。

75. 美国尼尔森公司：《中国高储蓄率成因剖析》，2010 年 12 月。

76. 刘文斌：《收入差距对消费需求的制约》，《经济研究》2000 年第 9 期。

77. 罗楚亮：《经济转轨、不确定性与城镇居民消费行为》，《经济研究》2004 年第 4 期。

78. 权衡：《收入分配差距的增长效应分析：转型期中国经验》，《管理世界》2002 年第 3 期。

79. 单豪杰：《中国资本存量 K 的再估算：1952—2006 年》，《数量经济技术经济研究》2008 年第 10 期。

80. 孙成浩、耿强：《是谁拖累了中国的居民消费？—— 来自财政分权的视角》，经济学院工作论文，南京大学，2009 年。

81. 孙凤、王玉华：《中国居民消费行为研究》，《统计研究》2001 年第 4 期。

82. 唐志红：《中国平均利润率的估计》，《经济研究》1999 年第 5 期。

83. 孙涛、黄少安：《非正规制度影响下中国居民储蓄、消费和代际支持的实证研究——兼论儒家文化背景下养老制度安排的选择》，《经济研究》2010 年增刊。

84. 王小鲁、樊纲：《中国经济增长的可持续性——跨世纪的回顾与展望》，经济科学出版社 2000 年版。

85. 王晓鲁、樊纲、刘鹏：《中国经济增长方式转换和增长可持续性》，《经济研究》2009 年第 1 期。

86. 汪伟：《计划生育政策的储蓄与增长效应：理论与中国的经验分析》，《经济研究》2010 年第 10 期。

87. 杨汝岱、陈斌开：《高等教育改革、预防性储蓄与居民消费行为》，《经济研究》2009 年第 8 期。

88. 余永定、李军：《中国居民消费函数的理论与验证》，《中国社会科学》2000 年第 1 期。

89. 臧旭恒、裴春霞：《预防性储蓄·流动性约束与中国居民消费计量分析》，《经济学动态》2004 年第 12 期。

90. 张军、章元：《对中国资本存量 K 的再估计》，《经济研究》2003 年第 7 期。

91. 张军、高远、傅勇、张弘：《中国为什么拥有了良好的基础设施?》,《经济研究》2007 年第 3 期。

92. 朱国林、范建勇、严燕:《中国的消费不振与收入分配:理论和数据》,《经济研究》2002 年第 5 期。

93. 李军等:《人口老龄化与经济可持续发展研究》,华龄出版社2014 年版。

94. 李军:《人口老龄化影响经济增长的作用机制分析》,《老龄科学研究》2013 年第 6 期。

95. 李军:《老龄经济学的宏观经济内涵及学科价值分析》,《老龄科学研究》2014 年第 3 期。

96. 李军、张丹萍:《国民储蓄率的决定机制与中国储蓄之谜分析》,《数量经济技术经济研究》2012 年第 8 期。

97. 汪伟、郭新强:《收入不平等与中国高储蓄率——基于目标性消费视角的理论与实证研究》,《管理世界》2011 年第 9 期。

98. 李军:《人口老龄化经济效应分析》,社会科学文献出版社 2005年版。

后 记

　　本书是中国社会科学院数量经济与技术经济研究所创新工程项目"人口老龄化经济增长效应理论与实证研究",以及教育部哲学社会科学研究重大课题攻关项目"老龄化对中国经济发展的影响及应对策略研究"(13JZD005)子项目"中国人口老龄化与宏观经济持续发展研究"的成果之一。

　　本书由中国社会科学院数量经济与技术经济研究所李军研究员与刘生龙副研究员合作完成。其中,李军研究员执笔的章节是:绪论、第一章、第二章、第三章、第四章第一节至第四节、第五章、第六章、第七章、第八章、第九章、第十章中的第一节至第四节、第十一章、第十四章第一节至第四节以及第六节和第七节,第十四章第五节由李军和刘生龙共同执笔;刘生龙副研究员执笔的章节是:第四章中的第五节、第十章中的第五节、第十二章和第十三章。

　　由衷感谢2012—2013年度中国社会科学院数量经济与技术经济研究所重点项目对与本书有关研究内容的前期资助。

　　由衷感谢中国社会科学院数量经济与技术经济研究所资深研究员周方老师对本书的审阅及提出的很有价值的意见。

　　不论是在经济理论还是在现实经济中,储蓄都是十分重要但又是十分复杂的问题,特别是随着经济社会与人口结构的发展变化,一些新问题仍将不断出现。本书对储蓄相关问题的研究仍是初步性、框架性的,尚有许多问题有待深入研究。由于我们能力有限,本书难免存在不足甚至错误,欢迎批评指正!

李军

2015 年 7 月 8 日于北京